U0127956

馮友蘭評傳

總　序

　　中華學術，源遠流長。春秋戰國時期，諸子並起，百家爭鳴，呈現了學術思想的高度繁榮。兩漢時代，經學成為正統；魏晉之世，玄學稱盛；隋唐時代，儒釋道三教並尊；到宋代而理學興起；迨及清世，樸學蔚為主流。各個時代的學術各有特色。綜觀周秦以來至於近代，可以說有三次思想活躍的時期。第一次為春秋戰國時期，諸子競勝。第二次為北宋時代，張程關洛之學、荊公新學、蘇氏蜀學，同時並興，理論思維達到新的高度。第三次為近代時期，晚清以來，中國遭受列強的凌侵，出現了空前的民族危機，於是志士仁人、英才俊傑莫不殫精積思，探索救亡之道，各自立說，期於救國，形成中國學術思想史上的第三次眾說競勝的高潮。

　　試觀中國近代的學風，有一顯著的傾向，即融會中西。近代以來，西學東漸，對於中國學人影響漸深。深識之士，莫不資西學以立論。初期或止於淺嘗，漸進乃達於深解。同時這些學者又具有深厚的舊學根柢，有較高的鑑別能力，故能在傳統學術的基礎之上汲取西方的智慧，從而達到較高的成就。

　　試以梁任公（啟超）、章太炎（炳麟）、王靜安（國維）、陳寅恪四家為例，說明中國近代學術融會中西的學風。梁任公先生嘗評論自

己的學術云：「康有為、梁啟超、譚嗣同輩⋯⋯欲以構成一種不中不西即中即西之新學派⋯⋯蓋固有之舊思想既根深蒂固，而外來之新思想又來源淺觳，汲而易竭，其支絀滅裂，固宜然矣。」（《清代學術概論》）所謂「不中不西即中即西」正表現了融合中西的傾向，不過梁氏對西學的了解不夠深切而已。梁氏自稱「適成為清代思想史之結束人物」，這未免過謙，事實上梁氏是近代中國的一個重要的啟蒙思想家，誠如他自己所說「為《新民叢報》、《新小說》等諸雜誌⋯⋯二十年來學子之思想頗蒙其影響⋯⋯其文條理明晰，筆鋒常帶感情，對於讀者別有一種魔力焉」。梁氏雖未能提出自己的學說體系，但其影響是深巨的。他的許多學術史著作今日讀之仍能受益。

　　章太炎先生在《菿漢微言》中自述思想遷變之跡說：「少時治經，謹守樸學⋯⋯及囚系上海，三歲不覿，專修慈氏世親之書⋯⋯乃達大乘深趣⋯⋯既出獄，東走日本，盡瘁光復之業，鞅掌餘間，旁覽彼土所譯希臘德意志哲人之書⋯⋯凡古近政俗之消息、社會都野之情狀，華梵聖哲之義諦、東西學人之所說⋯⋯操齊物以解紛，明天倪以為量，割制大理，莫不孫順。」這是講他兼明華梵以及西哲之說。有清一代，漢宋之學爭論不休，章氏加以評論云：「世故有疏通知遠、

好為玄談者，亦有言理密察、實事求是者，及夫主靜主敬、皆足澄心……苟外能利物，內以遣憂，亦各從其志爾！漢宋爭執，焉用調人？喻以四民各勤其業，瑕釁何為而不息乎？」這是表示，章氏之學已超越了漢學和宋學了。太炎更自讚云：「自揣平生學術，始則轉俗成真，終乃回真向俗……秦漢以來，依違於彼是之間，偈促於一曲之內，蓋未嘗睹是也。乃若昔人所謂專志精微，反致陸沉；窮研訓詁，遂成無用者，余雖無脄，固足以雪斯恥。」太炎自負甚高，梁任公引此曾加評論云：「其所自述，殆非溢美。」章氏博通華梵及西哲之書，可謂超越前哲，但在哲學上建樹亦不甚高，晚歲又回到樸學的道路上了。

王靜安先生早年研習西方哲學美學，深造有得，用西方美學的觀點考察中國文學，獨闢蹊徑，達到空前的成就。中年以後，專治經史，對於殷墟甲骨研究深細，發明了「二重證據法」，以出土文物與古代史傳相互參證，達到了精確的論斷，澄清了殷周史的許多問題。靜安雖以遺老自居，但治學方法卻完全是近代的科學方法，因而取得卓越的學術成就，受到學術界的廣泛稱讚。

陳寅恪先生博通多國的語言文字，以外文資料與中土舊籍相參

證，多所創獲。陳氏對於思想史更有深切的睿見，他在對於馮友蘭《中國哲學史》的《審查報告》中論儒佛思想云：「佛教學說，能於吾國思想史上發生重大久遠之影響者，皆經國人吸收改造之過程。其忠實輸入不改本來面目者，若玄奘唯識之學，雖震動一時之人心，而卒歸於消沉歇絕……在吾國思想史上……其真能於思想上自成系統，有所創獲者，必須一方面吸收輸入外來之學說，一方面不忘本來民族之地位。」這實在是精闢之論，發人深思。陳氏自稱「平生為不古不今之學，思想囿於咸豐同治之世，議論近乎曾湘鄉張南皮之間」，但是他的學術成就確實達到了時代的高度。

此外，如胡適之在文化問題上傾向於「全盤西化論」，而在整理國故方面作出了多方面的貢獻。馮友蘭先生既對於中國哲學史進行了系統的闡述，又於40年代所著《貞元六書》中提出了自己的融會中西的哲學體系，晚年努力學習馬克思主義，表現了熱愛真理的哲人風度。

胡適之欣賞龔定庵的詩句：「但開風氣不為師。」熊十力先生則以師道自居。熊氏矻矻獨造，自成一家之言，讚揚辯證法，但不肯接受唯物論。馮友蘭早年擬接續程朱之說，晚歲歸依馬克思主義唯物

論。這些大師都表現了各自的特點。這正是學術繁榮，思想活躍的表現。

　　百花洲文藝出版社有鑒於中國近現代國學大師輩出，群星燦爛，構成中國思想史上第三次思想活躍的時代，決定編印《國學大師叢書》，以表現近代中西文明衝撞交融的繁盛景況，以表現一代人有一代人之學術的豐富內容，試圖評述近現代著名學者的生平及其學術貢獻，凡在文史哲任一領域開風氣之先者皆可入選。規模宏大，意義深遠。編輯部同仁建議我寫一篇總序，於是略述中國近現代學術的特點，供讀者參考。

張岱年

1992年元月，序於北京大學

重寫近代諸子春秋

《國學大師叢書》在各方面的關懷和支持下，就要陸續與海內外讀者見面了。

當叢書組編伊始（1990年冬）便有不少朋友一再詢問：為什麼要組編這套叢書？該叢書的學術意義何在？按過去理解，「國學」是一個很窄的概念，你們對它有何新解？「國學大師」又如何劃分？……作為組織編輯者，這些問題無疑是必須回答的。當然，回答可以是不完備的，但應該是明確的。現謹在此聊備一說，以就其事，兼謝諸友。

一、一種闡述：諸子百家三代說

中華學術，博大精深；中華學子，向以自強不息、厚德載物之精神著稱於世。在源遠流長的中國學術文化史上，出現過三個廣開風氣、大師群起的「諸子百家時代」。

第一個諸子百家時代，出現在先秦時期。那時，中華本土文化歷經兩千餘年的演進，已漸趨成熟，老莊、孔孟、楊墨、孫韓……卓然穎出，共同為中華學術奠定了長足發展的基脈。此後的千餘年間，漢儒乖僻、佛入中土、道教蘗生，中華學術於發展中漸顯雜陳。宋明時

期，程朱、陸王……排漢儒之乖、融佛道之粹、倡先秦之脈、興義理心性之學，於是，諸子百家時代再現。降及近代，西學東漸，中華學術周遭衝擊，文化基脈遇空前挑戰。然於險象環生之際，又一批中華學子，本其良知、素養，關注文化、世運，而攘臂前行，以其生命踐信。正所謂「鐵肩擔道義，妙手著文章」，康有為、章太炎、嚴復、梁啟超、王國維、胡適、魯迅、黃侃、陳寅恪、錢穆、馮友蘭……他們振民族之睿智，汲異域之精華，在文、史、哲領域篳路藍縷，於會通和合中廣立範式，重開新風而成績斐然。第三個諸子百家時代遂傲然世出！

《國學大師叢書》組編者基於此，意在整體地重現「第三個諸子百家時代」之盛況，為「第三代」中華學子作人傳、立學案。叢書所選對象，皆為海內外公認的學術大師，他們對經、史、子、集博學宏通，但治學之法已有創新；他們的西學造詣令人仰止，但立術之本在我中華從而廣開現代風氣之先。他們各具鮮明的學術個性、獨具魅力的人品文章，皆為不同學科的宗師（既為「經」師，又為人師），但無疑地，他們的思想認識和學術理論又具有其時代的共性。以往有過一些對他們進行個案或專題研究的書籍面世，但從沒有對他們及其業

績進行過集中的、整體的研究和整理，尤其未把他們作為一代學術宗師的群體（作為一個「大師群」）進行研究和整理。這批學術大師多已作古，其學術時代也成過去，但他們的成就惠及當今而遠未過時。甚至，他們的一些學術思想，我們至今仍未達其深度，某些理論我們竟會覺得陌生。正如第一代、第二代「諸子百家」一樣，他們已是中華學術文化傳統的一部分，研究他們，也就是研究中國文化本身。

對於「第三代諸子百家」及其學術成就的研究整理，我們恐怕還不能說已經充分展開。《國學大師叢書》的組織編輯，是一種嘗試。

二、一種觀念：一代人有一代人之學術

縱觀歷史，悉察中外，大凡學術的進步不能離開本土文化基脈。但每一代後起學子所面臨的問題殊異，他們勢必要或假古人以立言、或賦新思於舊事，以便建構出無愧於自己時代的學術。這正是「自強不息、厚德載物」之精神在每一代學子身上的最好體現。以上「三代」百家諸子，莫不如是。《國學大師叢書》所沿用之「國學」概念，亦當「賦新思於舊事」而涵注現時代之新義。

明末清初，王（夫之）、顧（炎武）、黃（宗羲）、顏（元）四傑

繼起，矯道統，斥宋儒，首倡「回到漢代」，以表其「實學實行實用之天下」的樸實學風，有清一代，學界遂始認「漢學」為地道之國學。以今言之，此僅限「國學」於方法論，即將「國學」一詞限於文字釋義（以訓詁、考據釋古文獻之義）之範疇。

《國學大師叢書》的組編者以為，所謂國學就其內容而言，系指近代中學與西學接觸後之中國學術，此其一；其次，既是中國學術便只限於中國學子所為；再次，既是中國學子所為之中國學術，其方式方法就不僅僅限於文字（考據）釋義，義理（哲學）釋義便也是題中應有之義。綜合起來，今之所謂國學，起碼應拓寬為：近代中國學子用考據和義理之法研究中國古代文獻之學術。這些文獻，按清代《四庫全書總目》的劃分，為經、史、子、集四部。經部為經學（即「六經」，實只五經）及文字訓詁學；史部為史志及地理志；子部為諸子及兵、醫、農、曆算、技藝、小說以及佛、道典籍；集部為詩、文。由此視之，所謂「國學家」當是通才。而經史子集會通和合、造詣精深者，則可稱為大師，即「國學大師」。

但是，以上所述仍嫌遺漏太多，而且與近現代學術文化史實不相吻合。國學，既是「與西學接觸後的中國學術」，那麼，這國學在內

涵上就不可能，也不必限於純之又純的中國本土文化範圍。尤其在學術思想、學術理論的建構方式上，第三代百家諸子中那些學貫中西的大師們，事實上都借用了西學，特別是邏輯分析和推理，以及與考據學有異曲同工之妙的實證方法，還有實驗方法、歷史方法，乃至考古手段……而這些學術鉅子和合中西之目的，又多半是「賦新思於舊事」，旨在建構新的學術思想體系，創立新的學術範式。正是他們，完成了中國學術從傳統到現代的轉型。我們今天使用語言的方式、思考問題的方式……乃得之於斯！如果在我們的「國學觀念」中，將他們及其學術業績排除在外，那將是不可理喻的。

至此，《國學大師叢書》之「國學」概念，實指：近代以降中國學術的總稱。「國學大師」乃「近現代中國有學問的大宗師」之意。因之，以訓詁考據為特徵的「漢學」，固為國學，以探究義理心性為特徵的「宋學」及兼擅漢宋者，亦為國學（前者如康有為、章太炎、劉師培、黃侃，後者如陳寅恪、馬一浮、柳詒徵）；而以中學（包括經史子集）為依傍、以西學為鏡鑒，旨在會通和合建構新的學術思想體系者（如梁啟超、王國維、胡適、熊十力、馮友蘭、錢穆等），當為更具時代特色之國學。我們生活在90年代，當取「一代人有一代人

之學術」（國學）的觀念。

《國學大師叢書》由是得之，故其「作人傳、立學案」之對象的選擇標準便相對寬泛。凡所學宏通中西而立術之本在我中華，並在文、史、哲任一領域開現代風氣之先以及首創新型範式者皆在入選之列。所幸，此舉已得到越來越多的當今學界老前輩的同情和支援。

三、一個命題：歷史不會跨過我們這一代

中西文明大潮的衝撞與交融，在今天仍是巨大的歷史課題。如今，我們這一代學人業已開始自己的學術歷程，經過80年代的改革開放和規模空前的學術文化積累（其表徵為：各式樣的叢書大量問世，以及紛至遝來名目繁多的學術熱點的出現），應當說，我們這代學人無論就學術視野，抑或就學術環境而言，都是前輩學子所無法企及的。但平心而論，我們的學術功底尚遠不足以承擔時代所賦予的重任。我們仍往往陷於眼花繚亂的被動選擇和迫不及待的學術功利之中難以自拔，而對自己真正的學術道路則缺乏明確的認識和了悟。我們至今尚未創建出無愧於時代的學術成就。基於此，《國學大師叢書》的組編者以為，我們有必要先「回到近現代」—回到首先親歷中西文

化急劇衝撞而又作出了創造性反應的第三代百家諸子那裡去！

經過一段時間的困惑與浮躁，我們也該著實潛下心來，去重新瞭解和領悟這一代宗師的學術生涯、為學風範和人生及心靈歷程（大師們以其獨特的理智靈感對自身際遇作出反應的閱歷），全面評價和把握他們的學術成就及其傳承脈絡。唯其貫通近代諸子，我們這代學人方能於曙色熹微之中，認清中華學術的發展道路，了悟世界文化的大趨勢，從而真正找到自己的學術位置。我們應當深信，歷史是不會跨過我們這一代的，90年代的學人必定會有自己的學術建樹。

我們將在溫情與敬意中汲取，從和合與揚棄中把握，於沉潛與深思中奮起，去創建有中國特色的社會主義新文化。這便是組織編輯《國學大師叢書》的出版宗旨。當我們這代學人站在前輩學術鉅子們肩上的時候，便可望伸開雙臂去擁抱那即將到來的中華學術新時代！

錢宏（執筆）

1991年春初稿

1992年春修定

自 序

PREFACE ——————————————————————————

　　馮友蘭是中國現代學術史上著名的哲學家兼哲學史家，也是20世紀對中國哲學和中國文化作出劃時代貢獻的偉大學者。他的學術活動同他的生命一起，幾乎跨越了整個世紀。他的學術影響亦遍及中國甚至整個世界。

　　對於這樣一位既具有曲折而豐富的人生閱歷，又具有渾厚而深邃的思想體系的哲學家，要作出全面評價是很困難的。因為他的學術活動，時間跨度既大，而其學術成果、生平著述又極其繁多；同時，他既是一位學貫中西、融通新舊的學者，又是一位對祖國的前途、民族文化的命運進行深沉思考的思想家。在他的身上或在他的思想中，表現了中國傳統知識份子所特有的民族憂患意識和歷史責任感。因此，開展對馮友蘭學術思想的研究和探討，對於回顧和總結20世紀中國哲學和中國文化的歷史進程及其成果，展望21世紀中國哲學和中國文化發展的前景，都具有重要的理論價值和現實意義。

　　本《評傳》的撰寫，即是以上述思想為指導而展開的。它以馮友蘭一生的學術活動為基本線索，分別就馮友蘭的早期活動、留學生活、教書生涯、兩卷本《中國哲學史》、「貞元六書」的新理學體系、人生境界理論、中西文化觀、《中國哲學簡史》、「抽象繼承法」、《中

國哲學史新編》等十個方面，進行了剖析和評價。

　　《評傳》力圖按照歷史與邏輯統一的原則，追蹤這位哲學家一生活動的思想軌跡，從中探尋馮友蘭對中國哲學與文化的認識、理解和反思，以便於讀者去窺視這位學術大師的哲學睿智、精神境界和文化心靈。

　　然而，筆者在動筆前之所想，與動筆後之所成，並不能完全同一。此即馮友蘭生前常常談起的關於客觀的歷史與寫的歷史之關係。馮友蘭先生雖然離我們不遠，但畢竟已成歷史人物。其人其書作為一種客觀存在的歷史，已成定局。而對他的研究則成為「寫的歷史」。客觀的歷史與寫的歷史永遠不能完全重合，此為原本與摹本的關係。尤其在馮友蘭晚年，對中國哲學與中國文化的普遍關切，隨著其生命的有限延續，其情其意可謂愈老彌篤。

　　他經常引用《詩經》中「周雖舊邦，其命惟新」這兩句話，作為自己的座右銘。1983年，在筆者編《三松堂學術文集》時，馮友蘭在序中對自己的一生作了歷史的回顧，認為他所走過的道路及其著述，都是「跡」。此外還有「所以跡」。因此，人們不能只執著於「跡」，更重要的是瞭解或理解他的「所以跡」。他的「所以跡」是什麼呢？

他自己回答說：「中國處在現在這個世界，有幾千年的歷史，可以說是一個『舊邦』。這個舊邦要適應新的環境，它就有一個新的任務，即在新的歷史條件下，在這塊古老的土地上建設新的物質文明和精神文明，這就是『新命』。這個有『新命』的『舊邦』，就是我們現在常說的社會主義祖國。我上面所說的那些問題，都是圍繞這個主題而發的。怎麼樣實現『舊邦新命』，我要作自己的貢獻，這就是我的『所以跡』。」

馮友蘭的「所以跡」，即是他的精神境界。有了這樣的精神境界或「所以跡」，即有了他的生命寄託，也即有了他的哲學創作的源泉和動力。因此在他看來，「在『跡』上雖然有時路滑摔倒，但總還能爬起來繼續前進。60多年來的路程就是這樣走過來了」。

他還說：「『舊邦』指源遠流長的文化傳統，『新命』指現代化和建設社會主義。闡舊邦以輔新命，余平生志事蓋在斯矣。」（《康有為「公車上書」書後》）此即「修辭立其誠」的「誠」之所在。馮友蘭在其晚年，反覆強調自己「舊邦新命」的歷史使命，為此他亦從不動搖。在其長達近一個世紀的生命旅程中，儘管「這個旅程充滿了希望和失望，成功和失敗，被人理解和被人誤解，有時居然受到讚揚和

往往受到譴責。許多人，尤其海外人士，對我似乎有點困惑不解」，但馮友蘭仍頑強地走自己的路。這也即是他自己所說：「我理解他們的思想，既聽取讚揚，也聽取譴責。讚揚和譴責可以彼此抵銷。我按照自己的判斷繼續前進。」[1]

　　筆者隨從馮友蘭先生問學有年，每每揣摩馮先生的精神境界及其人格修養，企圖以此解答海內外的一些學者對馮友蘭先生的各種品評及責難。揣摩的結果雖不得所知，但我心中亦常有一種直覺，即馮友蘭先生似乎受到許多人的誤解。竊以為其中一個重要原因，就在於馮友蘭在哲學與文化研究上所持的「中道」立場。其境界及人格亦是儒家所稱的「中庸」。從廣義上說，「中庸」的思想即馮友蘭所推崇的「極高明而道中庸」。狹義的理解，即是方法上的不偏不倚。不偏不倚，不能理解為折衷，而是儒家的辯證法，後來被宋儒發揮為「一物兩體」。馮友蘭把「闡舊邦以輔新命」作為自己的「志事」所在，其中即包含著上述方法論的意義。在馮友蘭看來，就現在說，「中國就是舊邦而有新命，新命就是現代化」。因此，他的努力，即是在「兩點」上進行的。這就區別了非中庸的一點論思維。

1　《三松堂自序・明志章》。

對傳統哲學與文化作簡單的處理，「就是不懂得，現在是過去的繼續和發展」，沒有過去即沒有現在；相反，如果只執著於「舊邦」而無「新命」，即不考慮中國的現代化問題，就是不懂得過去只是過去的東西，只有發展為現在，過去的東西才有生命。也就是說，沒有現在，過去只是一潭死水。此即中國哲學史上常講的「因與革」、「常與變」的關係。不能只因無革，亦不能只革無因。只因無革或只革無因，都是違背中庸的。在這個意義上說，「現在應當包括過去的一切精華。這是解絕不同的文化矛盾衝突的自然方式。這種解決應當是黑格爾稱之為『奧伏赫變』的過程。這的確是一種很複雜的過程，是與簡單化針鋒相對的」[2]。

正因如此，馮友蘭在對待傳統與現代的關係上，是以辯證思維的方法處理的。他的努力亦是以此為依歸，一方面要「保持舊邦的同一性和個性」；「而又同時促進實現新命」。這兩者隨著時代或社會環境、政治環境的不同，有時又不是均衡的。「我有時強調這一面，有時強調另一面。」也正是因為如此，馮友蘭常常受到兩方面的表揚或攻擊：「右翼人士讚揚我保持舊邦同一性和個性的努力，而譴責我促

2　《三松堂自序・明志章》。

進實現新命的努力。左翼人士欣賞我促進實現新命的努力，而譴責我保持舊邦同一性和個性的努力。」

但無論如何，「一個時代的哲學的建立，是需要時間的。往往需要幾代人的時間，甚至幾個世紀的時間，它是一個活的東西，活的東西的發展都是需要時間的。它的內容也是歷史的產物。不是哪一個人或哪幾個人隨意確定的」。

總之，馮友蘭是一位哲學家，也是一位歷史家，因此他的精神境界和文化心靈都是以其敏銳的哲學睿智和濃厚的歷史意識表現出來的。如果說，歷史是一個巨大的儲存室，那麼哲學則是打開這個儲存室大門的鑰匙。此亦含有上文所謂歷史與邏輯統一的意思。要真正瞭解馮友蘭，也必須用哲學的鑰匙打開歷史的大門，除此則無任何捷徑可走。

一本合格的評傳，顧名思義，應該有「評」有「傳」。評者，議其得失；傳者，轉述歷史。議其得失，則需要有理論的眼光；轉述歷史，則需要有豐富的資料和選擇資料的本領。這二者的有機結合，亦即歷史與邏輯或觀點與材料的統一。話雖如此，一旦做起來卻很難。就材料說，馮先生的著作幾乎完整無缺。但也正因如此，材料的選擇

即成為一個主要矛盾。材料選得精，選得準，就有助於我們確切瞭解和把握傳主的思想；選得不好，就易造成浮泛或斷章取義。通常所謂治史貴在「信」字，即是指引發議論的材料首先要準、要真。但另一方面，即雖有信史，而無對信史的灼見，其議論則必有乖離。或是畫龍而無點睛，或是畫蛇而添其足。二者均不能給人以深刻的啟發，更不能準確地傳達理論資訊。若單就這一標準來衡量我所撰寫的《馮友蘭評傳》，則真有「如臨如履」之感。好在我不把它看作是研究的結束，而只是把它看作是研究的開始。

在此自序即將煞筆之時，我還要引用馮友蘭先生在《新原人・自序》中所說的一段話作結，以與學人同道共勉：

「為天地立心，為生民立命，為往聖繼絕學，為萬世開太平。」此哲學家所應自期許者也。況我國家民族，值貞元之會，當絕續之交，通天人之際，達古今之變，明內聖外王之道者，豈可不盡所欲言，以為我國家致太平，我億兆安心立命之用乎？雖不能至，心嚮往之。非曰能之，願學焉。

李中華
1995年仲夏於北京大學蔚秀園公寓

英文提要

P R É C I S

Feng Youlan（1895—1990）, styled himself Zhisheng, was born in Tanghe county of Henan Province. He was an outstanding philosopher and philosophical historian of the 20th Century China, who had made epoch-making contributions in China's philosophical research and studies. His academic activities had almost covered the whole century and his influence reached beyond China to the whole world.

It is very difficult to make an all-round evaluation of such a philosopher, both because of the long span of time he covered and the complicated nature of his academic achievements and his philosophical system. He was not only a learned scholar, competent in both the ancient and the modern Chinese and Western philosophy, but also a profound thinker who was constantly concerned with China's future. From him and his thought we see a sense of responsibility the traditional Chinese intellectuals feel for the nation. It is of great signifi cance and value to study Feng Youlan's life and academic career. Such an effort will result in the examination and summary of the progress and achievements in China's philosophical field and show its 20th Century prospect.

PRÉCIS ——

    The Critical Biography of Mr. Feng Youlan was written with the above mentioned considerations as its guidance. The book takes Mr. Feng Youlan's life-long academic activities as its chiefline, which was told in more than ten parts, such as his earlier life, life abroad, teaching career, his two-volume History of Chinese Philosophy, Six Books on Zhen Yuan, cultural views, Concise History of Philosophy, New Edition of the History of Chinese Philosophy, and "method of Abstact Inheritance".

    The Critical Biography abides by the principle of unifying history with logic, and presents the orbit of the development of this philosopher's thought. In so doing, it explores his understanding of and reflection on Chinese philosophy and culture, so that the reader may obtain glimpses of his wisdom and inner world.

目 錄

CONTENTS

第一章

傳統的啟蒙與時代的薰陶

1.1 童年與家世

　　1895年12月4日，馮友蘭出生在一個「世代書香」之家。他的故鄉—河南省唐河縣祁儀鎮，就坐落在漢江的一條小支流—唐河—的東部，是一個風光秀麗的小鎮。這條哺育著未來哲學家的小河，像流經中國廣袤土地上的千千萬萬條小河一樣，靜靜地流淌，默默地奉獻，以其無私的胸懷滋潤著它周圍的土地，養育著它智慧的兒女。唐河源出河南方城縣西北，向南流經青台、沘源，西南經新野至湖北襄陽會白河，入於長江大支脈—漢江。唐河縣即以唐河得名，古屬唐州，位於南陽、泌陽、新野三地之中樞，漢魏以來，曆為文人薈萃之地，嘗有人傑地靈之說。

　　馮友蘭的祖上並非河南人。「聽家裡傳說，祖上是從山西省高平縣來到唐河縣做小生意的，後來就在唐河縣的祁儀鎮落戶了。」[1]在祁儀鎮馮家是大族，有土地1500畝，三世同堂，人丁興旺，常有二三十口人吃飯。馮友蘭的祖父名玉文，字聖征，曾去考過秀才，但沒有被錄取，後來就不再應試，故一生未取得任何功名。馮玉文有三個兒子：長子名雲異，字鶴亭；次子名台異，字樹侯；三子名漢異，字爽亭。在中國傳統文化中，起名字是一門學問，它往往反映出父母對子女的某種寄託，特別是希望子女在未來人生道路上成才。在馮老先生三個兒子的名字中，都有「異」字，蓋老人希望子女長大後都能成為異於尋常的人。

　　馮友蘭的父親台異，在兄弟三人中排行第二，清光緒戊戌（1898

1　　馮友蘭：《三松堂自序》，三聯書店出版社，1984年版，第1頁。

年）科進士。其伯父、叔父都是秀才。在中國封建社會中，「一個人成了秀才，雖然不是登入仕途，但是可以算是進入士林，成為斯文中人，就是說成為知識份子了，以後他在社會中就有一種特殊的地位」[2]。如果成為進士，則更進一步，就算登入仕途，可以做官了。按照這樣的標準，馮友蘭的家族門第，在當時可稱為「書香之家」，把這種門第接下去，即稱為「耕讀傳家」。照封建社會的情況，「耕讀傳家」是以鄉紳地主階層為主的社會中層層系的基本特徵。因為上層社會的子弟條件優越，不必「耕」甚至不必「苦讀」便可承襲高官厚祿，而廣大的下層社會的農民，生活艱辛，沒有更多的財力支持自己的子弟讀書，因此只能「耕」，不能「讀」。只有鄉紳地主因財力有餘，其子女讀書入仕的機會比一般農民多得多，因此具備較多的上升流動的條件，但也有一部分因坐罪、破產或其他原因，脫離中層層系而向下流動，其知識份子往往因此較多地接觸下層民眾，反映到文化上，則可以表現較多的人民性。

馮台異自1898年進士及第，到1904年任武昌方言學堂會計庶務委員之間的8年中，一直作為仕途上的「候補」等待朝廷的正式任命。所謂「候補」，「就是等著哪一個縣的縣官有了缺，去補那個缺。補上了缺，稱為『得缺』」[3]。這就是說，「進士」作為科舉中人，可以做官，但不一定做得上官。因為在封建時代，特別是在封建時代的沒落時期，官場的腐敗已經成為一種不可逆轉的「定勢」，沒有官場上的後臺支持，沒有台前幕後的權錢交易，僅憑自己的學識和才幹，是

2　《三松堂目序》，第26頁。
3　《三松堂目序》，第4頁。

很難躋身於仕林的。馮台異雖是進士出身，但被排斥在官場之外達8年之久，直到1904年，張之洞在武昌辦新式教育，開了一所稱作「方言學堂」的外語學校，方謀得一個相當於現在總務長的「會計庶務委員」的職務。這一職務按當時的社會標準，還算不上官，只能算是為官府做事的「吏」而已。

因馮台異在武昌有了固定的差使，9歲的馮友蘭便與胞弟景蘭、胞妹沅君隨母親從唐河老家遷居武昌。這是童年時期的馮友蘭第一次由農村來到城市。熙攘喧鬧的城市對這位未來哲學家的成長一定有著潛在的影響。

馮友蘭隨父母在武昌住了三年，到1907年12歲時，因馮台異仕途「得缺」出任湖北崇陽知縣，馮友蘭又隨父母由武昌遷居崇陽。此次遷居與前次由唐河遷居武昌不同，此次乃其父以一縣之長的身份，坐鎮縣衙，算是正式進入仕途，成為皇權在崇陽一方的代表。幼小的馮友蘭對當時的縣衙做了許多觀察，尤其對衙門的建築格局、體制、衙門的辦公方式等產生了許多具體而形象的認識：縣官的公座公案設置在暖閣中，「暖閣的前邊有兩個高腳架子，一個架子上邊放一個黃布卷，另一個架子上邊放一個黃布包著的盒子。我猜想，這個盒子裡面應該是印，那個黃布卷裡面應該是敕。這兩件東西，表示縣官是皇權的代表」[4]。「就我所看見的，大堂上那兩個架子上面的東西都是空的：那個黃布卷裡面就是一根木棍，盒子裡也是空的。就是這兩個空的象徵，也是等縣官坐大堂的時候才擺出來，以嚇唬人民。」[5]「在

4　《三松堂自序》，第13頁。
5　《三松堂自序》，第13—14頁。

每個朝代的末期，政治越來越腐敗，當權的人不知道怎麼樣從根本上改變這種現象，而只是在上面多加機構，多設管官之官……這是疊床架屋的政治機構造成的結果。」[6]

在人的一生中，童年時代是轉瞬即逝的，然而也是最令人追憶和留戀的。但由於人生旅程的匆忙，人們對童年的回憶往往失之過簡，馮友蘭生前雖然寫了他的「自序」[7]，對其童年生活卻沒有為我們留下太多的材料，我們只知道，馮友蘭在唐河老家度過了無憂無慮的童年生活。樸實的農村環境，敦厚的民俗民風，對這位未來哲學家的成長產生了深遠的影響。馮友蘭一生質樸無華，他的活動是內在的，這恰似默默流淌的唐河河水，永不止息地從發源地一直奔向長江大海。

1.2　新舊兼備的啟蒙教育

還是在祁儀鎮的時候，按照馮家大家庭的規矩，男孩從七歲起開始上學接受教育。當時的社會，正處在新舊交替的過程中，新社會的曙光尚未出現，舊制度的喪鐘卻不斷地被敲響。這種社會變遷的資訊，在長期封建社會浸潤下的中國廣大農村，其傳遞速度是極其緩慢的。因此在農村，舊的傳統仍佔據著統治地位。就早期童年的啟蒙教育而言，一般都是在家裡請一位教書先生教孩子讀書，謂之「私塾」。

中國「私塾」的教育傳統，可一直追溯到先秦時代，由偉大的教

6　《三松堂自序》，第15頁。
7　「自序」即《三松堂自序》，是馮友蘭晚年的回憶錄。

育家孔子發其端，至漢代得到普遍的發展。《禮記・學記》有明確的記載：「古之教者，家有塾，黨有庠，國有學。」因此，「私塾」即私學，是私人設立的教學單位，亦可稱「家學」。在19世紀末，舊傳統沒有斷裂的廣大農村，「私塾」的教育方式仍是一種普遍的啟蒙教育形式。馮友蘭自不能例外，從7歲起便在家庭設立的私塾裡接受傳統教育。「在我上學的時候，學生有七八個人，都是我的堂兄弟和表兄弟。我們先讀《三字經》，再讀《論語》，接著讀《孟子》，最後讀《大學》和《中庸》。」[8]從此，馮友蘭告別了童年生活，開始了影響其一生的早期啟蒙教育。

《三字經》既押韻又簡潔，讀起來朗朗上口，同時又包含著豐富的傳統文化的資訊。但《論語》、《孟子》及《大學》、《中庸》就不同了。「四書」的思想性極強，它作為封建時代的普及性教本，既具有深刻的時代內容，又具有統治階級意識形態的性質。這對於只有7歲的孩子來說，讀起來可能相當困難。不僅讀，還要背。「一本書必須從頭背到尾，才算讀完，叫作『包本』。」[9]但馮友蘭在讀「四書」的時候，似乎很順利，沒有感到什麼壓力。因此，「於『四書』讀完之後，就讀經書，首先讀《詩經》」[10]，讀完《詩經》之後，馮友蘭就隨母親到武昌去了。此時馮友蘭還不足9歲。

在武昌，馮友蘭沒有上附近的小學，「因為父親相信，在學新知識以前，必須先把中文學好。他認為，沒有一個相當好的中文底子，

---

8   《三松堂自序》，第2—3頁。
9   《三松堂自序》，第3頁。
10   《三松堂自序》，第3頁。

學什麼都不行」[11]。馮台異對兒子的要求，為造就一位未來的哲學史家，奠定了語言文字的堅實基礎。60年代初期，曾有人評價馮友蘭的學術造詣，說他不僅具有哲學系一級教授的水準，而且同時可以兼具中文及歷史學一級教授的水準。這與馮友蘭早期教育中重視中文有密切關係。

按照家裡規定的讀書順序，讀完《詩經》之後，馮友蘭又讀完了《書經》、《易經》，接著又讀《左傳》。「那時候教小孩們讀經書，無論哪個先生也都是著重讀和背，只要熟讀了能背就行，本來就是不注重講解的。」[12]何況此時並沒有專業的教書先生，「四書」及《詩》、《書》、《易》、《春秋》四經，都是在父母監督下讀完的。「母親小時候上過幾年學，認識一些字。有些字只能讀其音，不能解其義」，「遇見母親不認得、念不出來的字，就記下來，等父親晚上回來再教」。[13]可見，馮友蘭接受的傳統教育，基本上是在家庭內部完成的，尤其是在母親的關懷下，循序漸進，從未間斷，從而為這位未來的哲學家鋪墊了通往智山慧海的人生大道。

馮友蘭隨父母在武昌住了3年。1907年馮友蘭12歲的時候，他的父親出任湖北省崇陽知縣，這時才有了正式聘請的教書先生。因經書讀過了，於是從教讀師爺讀古文。讀本是吳汝綸選編的《桐城吳氏古文讀本》，其中包括《過秦論》等歷史名篇。這些古文對已經讀了「四書」、「五經」（《三松堂自序》中未談到讀《禮》，因此實際上是

11　《三松堂自序》，第6頁。
12　《三松堂自序》，第6頁。
13　《三松堂自序》，第6頁。

讀了「四經」）的馮友蘭來說，自然顯得容易，但要讀懂也並不是一件輕鬆的事。「讀古文雖然還不能全懂，但是比經書容易懂多了。並且有聲調，有氣勢，讀起來覺得很有意思。」[14]讀古書一旦覺得有意思，就說明讀進去了，否則會味同嚼蠟。

「積財千萬，無過讀書」，是千百年來中國傳統家庭恪守的信條。但對於學童來說，並不能認識和瞭解讀書的目的，覺悟讀書的深義。中國的舊式教育，誠然多以熟讀硬記為手段，以博取功名為宗旨，但它在孩童幼小的心靈裡開啟了智慧的殿堂，培養了讀書的情趣。馮友蘭童年、少年時代的讀書，使「四書」「五經」這些中國傳統文化的經典著作深深紮根於這位未來哲學家的頭腦中，直到他的晚年，仍能朗朗上口地背誦古代經傳。馮友蘭晚年眼力枯竭，卻可以借助於早年的熟讀硬記，不用查對原文，便可順手引用經典，這種學問功夫自然應歸功於早年的啟蒙教育。

舊的啟蒙教育為馮友蘭日後成為傳統文化的繼承者——一個在中國文化的博大殿堂裡，「與先聖先賢並肩論道，弦歌不輟，永世長青地開啟著、建構著未來無數個世代的中國心靈」[15]的人——準備了條件。

1.3 外部世界

除了接受傳統的啟蒙教育，馮友蘭的青少年時期也並不是與外界

14　《三松堂自序》，第19頁。
15　高上秦：《一個中國古典知識大眾化的構想》，載臺北時報文化出版公司版《中國歷代經典寶庫》。

完全隔絕的。這一點對馮友蘭的未來成長起著十分重要的作用。馮友蘭9歲隨父母赴武昌，在武昌住了3年，又隨父母遷居崇陽。

武昌在當時的中國算是比較開放的地區，以張之洞為首的洋務派在湖北搞了不少洋務活動，其中包括設武備、築鐵路、開礦山、辦教育等等。張之洞在任湖廣總督時，還創辦了兩湖書院，開辦了方言館及新式學堂，十分注重教育。馮友蘭的父親馮台異所在的方言學堂即是張之洞的新政之一。方言學堂的監督梁鼎芬便是湖北洋務派的重要人物。馮台異在方言學堂任會計庶務委員時，還兼任了粵漢鐵路及川漢鐵路勘測隊的彈壓委員。馮台異在武昌所任的這兩個職務，可以說都是在張之洞的新政範圍之內，因此在馮台異的思想中，也一定受了新政思潮的影響。這些影響也在一定程度上傳給了少年時期的馮友蘭。「我們雖然主要是在家裡念書，但是也不是與當時武昌教育界完全隔絕。因為父親也在當時教育界之內。遇見一般學校都要作的事，他也要我們作。」[16]如當時武昌的學校，學生都要穿制服，「父親也叫母親給我們兄弟倆都作了一套」[17]。當時新式學堂都有《學堂歌》，馮家兄弟也在家裡跟著唱。馮友蘭晚年在回憶起少年時期的往事時，還能一句一句地背誦出當時《學堂歌》的內容：

天地泰，日月光，聽我唱歌贊學堂。
聖天子，圖自強，除卻興學別無方。
……

16　《三松堂自序》，第7頁。
17　《三松堂自序》，第7頁。

中國圓，日本長，同在東亞地球上。

……

論鄉賢，屈原尚，忠言力諫楚懷王。

這些朗朗上口的學堂歌，與「四書」、「五經」及古文讀本相比更能吸引孩子們的學習興趣，引發少年人對人生及外部世界的豐富想像力和好奇感。馮友蘭在其父親任崇陽知縣的一年中，即是以這種新學的啟蒙力所煥發出來的新奇感，吸收了傳統家塾教育以外的知識。

在崇陽縣衙內生活的一年，教師爺規定的功課半天即可完成。「我的大部分課外時間都消磨在父親的簽押房裡。」「我在簽押房總是趴在床上翻看那些新、舊書籍。當時有一種刊物，叫《外交報》，其中發表的文章，都是講世界知識和國際情況，這些文章我很愛看。」[18]從馮友蘭這些晚年回憶中，我們可以看到，馮友蘭少年時代不僅僅從傳統文化中吸取營養，而且兼收了傳統以外的新事物，特別是他父親的引導與教誨，使這位從小飽讀經書的少年時而把目光投向經書以外的世界。這種新舊兼備的啟蒙教育，為日後這位哲學家的成長，特別是為其東西文化融會的學養提供了豐沃的土壤和條件。可惜的是，馮友蘭的父親在知縣任上只做了一年，便與世長辭了。當時馮友蘭的實際年齡只有12歲半。

父親的早逝，為馮友蘭的學習和教育蒙上了陰影。家裡失去了頂樑柱，培養子女的重擔便完全壓在了母親身上。馮友蘭與弟弟景蘭、

18　《三松堂自序》，第19頁。

妹妹沅君又隨母親遷居唐河老家。在家鄉，馮友蘭又連續讀了兩年家塾，至1910年15歲時考入唐河縣立高等小學預科。從此，馮友蘭結束了私塾的傳統式教育。

　　縣立高等小學預科，相當於後來的初等小學。從現在看，15歲入小學，年齡算大了點，但在新、舊教育混雜的當時，只要通過考試，便可入學。馮友蘭在初等小學唯讀了不到一年，便又考入開封中州公學。所謂「公學」，是相對於官辦學校而言。「當時的老百姓對於清朝政府已經不信任，一般都認為，民間辦的學校，都比官辦的好。」[19]中州公學即是河南比較進步的紳士楊源懋所辦。楊的官銜是翰林院編修，所請的教員都是思想比較進步的人。「當時我感覺，這個中州公學，好像是同盟會在河南的一個機關，因此學生們對於他都很敬佩。」[20]馮友蘭入中州公學中學班，即相當於現在的初級中學。由初等小學一下子跳到初級中學，可見當時的教育還是比較開放的；同時也說明少年時期的馮友蘭已表現出讀書的天分。

　　馮友蘭在中州公學中學班讀了不到一年，便發生了震驚世界的大事——辛亥革命爆發——清朝皇帝被推翻。這個結束中國兩千多年封建君主專制制度的偉大歷史事件，使整個中國都受到了強烈的震盪。此時馮友蘭還不滿16歲。由於時局動盪，學校關閉，學生也紛紛回家，馮友蘭又回到了唐河。辛亥革命給少年時期的馮友蘭似乎沒有留下什麼特殊的影響，因為對於一個剛剛脫離稚氣的孩子來說，還沒有能力對這樣的大事評頭品足。日後馮友蘭在回憶當時感受時卻提出了

19　　《三松堂自序》，第28頁。
20　　《三松堂自序》，第30頁。

一個很精闢的見解。他認為，辛亥革命並沒有把勞動群眾發動起來，在鄉村，歡迎革命的都是比較開明的紳士，他們實際上也是知識份子。「我現在想起來，當時的鬥爭，是紳權和官權的鬥爭。」因此「辛亥革命的一部分動力，是紳權打倒官權，就是地主階級不當權派打倒地主階級當權派。」這些話雖然是馮友蘭晚年所說，卻可以從他青少年時期的經歷中找到歷史的原型。一位思想家思想體系的形成，離不開他在青少年時期的感性經歷所產生的潛在影響。

1.4　對邏輯的興趣

從1911年馮友蘭16歲時考入開封中州公學，在該校讀了實際不到一年的書，便於1912年夏天轉入武昌中華學校。年底，又由武昌考入上海中國公學。

當時的上海，不僅是中國的經濟、商業中心，而且是一個新思潮新風氣的集散之地，也是革命、保皇、民主、立憲等形形色色黨派、學派醞釀、發展的大本營。上海是中國近代史的視窗，近代史上的許多著名人物陳天華、鄒容、章太炎、孫中山、魯迅、胡適、陳獨秀等，無一不與上海有密切關係。1912年冬，作為中學生的馮友蘭也來到上海。馮友蘭在晚年回憶說：「這時候（指民國元年）中國公學又恢復招生，推舉黃興為校長。用黃興的名義向各省發出電報，叫各省選派學生。」[21]河南省很重視這件事，於是發出通告在開封招考，共選拔出20名優秀者，每人每年發官費200兩銀子，到上海中國公學上

21　《三松堂自序》，第35頁。

學。馮友蘭被錄取了。「我就於民國元年的冬天同其餘19人一起到上海，進中國公學。」[22]此時馮友蘭剛剛17歲。

中國公學有一段光榮的歷史。1905年，日本文部省公佈了《取締清國留日學生規則》，對中國學生入學作了嚴格限制。日本的舉措引起留日學生的強烈不滿，東京8000餘名中國留學生罷課抗議，陳天華憤而蹈海，中國留學生一時退學返抵上海者達3000餘人。為使歸國學生繼續學業，一批歸國留學生四方奔走，勸募經費，籌辦中國公學。1906年2月正式開學，共招生318人，分大學班、中學班、師範速成班、理化專修班，不少學生參加革命活動。民國成立，經費無著，幸賴孫中山扶持，黃興親任校長。1915年，梁啟超任董事長。此後，該校隨中國政局的變化，幾起幾落，終於在30年代中期關閉。

中國公學在中國近代教育史上佔有重要地位，這不僅是由於該校一直成為革命黨人活動的陣地，為中國資產階級革命散播了火種、培養了不少人才，更重要的是她為中國的學術界培養了如胡適、馮友蘭等一批時代巨擎。馮友蘭在晚年，一提起中國公學，便常常引為自豪。因為這位未來的哲學家與哲學結緣正是在這裡開始。

實際上，在中國公學雖然有邏輯課程，真正懂邏輯的老師卻很少。馮友蘭在回憶這段往事時，常常帶有遺憾的表情。「我有一門課程是邏輯，所用的課本，是耶芳斯（又譯成傑芳斯）的《邏輯要義》。先來了一位先生，他公開地把這本書當一本英文讀本來教。」[23]

22　《三松堂自序》，第36頁。
23　《三松堂自序》，第197頁。

馮友蘭的意思是說，這位教邏輯的先生只懂英文，不懂邏輯，因此學生從他那裡只能學到英文，而學不到邏輯。因為「當時上海的學校，無論什麼課程，都講究用『原本』，也就是英文本。可是學生的英文程度很差，先生對於課程的業務知識也不高明。無論講什麼課，其實都是講英文，把某一種科學的教科書，都當成英文讀本叫學生念。無論教什麼課，先生教的是英文，學生學的也是英文」[24]。馮友蘭的英文底子也是在這一時期奠定的。

沒有好的邏輯先生，馮友蘭就自己學習。他以英國邏輯學家穆勒的《邏輯體系》和耶芳斯的《邏輯要義》為藍本，參照嚴復的中譯本《穆勒名學》和《名學淺說》，進行了刻苦的學習。《邏輯要義》這本書的後面有很多練習題，對馮友蘭自學幫助很大。有一次馮友蘭在做邏輯練習時，有一道實在做不下來了，就去請教後來的一位教邏輯的先生，這位先生想了一會兒說：「等下一次告訴你。」可是，「他以後就再不來了」[25]。

馮友蘭在中國公學得到了初步的邏輯訓練，由此引導他走上了一條學院哲學家的道路。他在回顧這一往事時說：「我學邏輯，雖然僅僅是一個開始，但是這個開始引起了我學哲學的興趣。我決心以後要學哲學。對於邏輯的興趣，很自然地使我特別想學西方哲學。」[26]

對邏輯的偏好，使馮友蘭在以後的學術活動中，能自覺地運用邏輯分析方法研究中國傳統哲學，並且把中國文化與西方文化融會貫通

---

24 《三松堂自序》，第197頁。
25 《三松堂自序》，第198頁。
26 《三松堂自序》，第198頁。

起來，這都得力於他在中國公學對邏輯的選擇。關於這一點，馮友蘭在成名之後，還多次談到邏輯的作用和力量。他認為，西方哲學對中國哲學的永久性貢獻，就是邏輯分析方法，它的傳入「給予中國人一個新的思想方法，使其整個思想為之一變」[27]。馮友蘭就此還講了一個故事，說有個人遇見一位神仙，神仙問他需要什麼東西，這個人說需要金子。於是神仙用手指點了幾塊石頭，石頭立即變成金子。神仙叫他拿去，但他不拿。神仙問他還要什麼，他說要點石成金的手指頭。[28]在馮友蘭看來，邏輯分析法就是西方哲學家的手指頭。「正由於這個緣故，所以西方的哲學研究雖有那麼多不同的門類，而第一個吸引中國人的注意力的是邏輯。」[29]

馮友蘭後來的回憶與他在中國公學對邏輯的興趣是合拍的，其中沒有任何誇大或虛構。當然，對邏輯的興趣並不是每個人都有的。馮友蘭回憶說，創辦中國公學的時候，出了一個有名的學生，他就是胡適。而胡適在中國公學所受的影響顯然與馮友蘭截然不同。

胡適比馮友蘭大四歲，進入中國公學的時間卻比馮友蘭早六年。如果說馮友蘭在中國公學所受的影響是哲學和邏輯的，那麼胡適所受的影響則是革命的或史學的。胡適讀嚴復的《天演論》，一下子便被「適者生存，不適者淘汰」的優勝劣敗思想所吸引，深信這一進化論理論完全適用於社會和人中，認為「幾年之中，這種思想像野火一樣，燃燒著許多少年人的心和血」[30]。感動之餘，他便把自己的名字

27　《中國哲學簡史》，北京大學出版社，1985年版，第378頁。

28　《中國哲學簡史》，第378—379頁，亦可參見《三松堂自序》，第217頁。

29　《中國哲學簡史》，北京大學出版社，1985年版，第379頁。

30　胡適：《四十自述》，《胡適作品集》第一集，第54頁。

由原來的胡洪改為胡適。他讀梁啟超的文章也深感震撼，認為梁的文章字字句句都「抱著滿腔的血誠，懷著無限的信心，用他那枝『筆鋒常帶情感』的健筆，指揮那無數的歷史例證，組織成那些能使人鼓舞，使人悼哭，使人感激奮發的文章」[31]。嚴復的《天演論》，梁任公的卓越健筆，以及當時瀰漫中國公學的激進的政治氛圍等等，都使年少氣盛、才華橫溢的胡適走上了一條具有自由主義特質的思想啟蒙者的道路。與胡適相比，馮友蘭顯得循規蹈矩和安分守己。他對周圍環境的態度，有如黑格爾對瑞士終年積雪的崇山峻嶺無動於衷一樣：「理性想到這些山嶽的恒久性，或者看到人們稱之為巍峨崇高的風貌，也沒有發現一點什麼可以使它銘記不忘，使它不得不表示驚訝或讚歎的。」[32]

馮友蘭更關心的是邏輯和哲學。在他少年人的心田中撒下的是理性的種子。不久，這種子便在他的心中發芽並成長起來。

1.5　考進北京大學

1915年夏，馮友蘭結束了中國公學的學業，帶著對邏輯與西洋哲學的濃厚興趣考進了當時精英雲集的北京大學。

馮友蘭與北京大學結緣的因由也是哲學。因為當時只有北京大學有哲學系，當時稱為哲學門。馮友蘭回憶當時的情況說：「當時的北

31　胡適：《四十自述》，《胡適作品集》第一集，第57頁。
32　《黑格爾思想發展史資料》，載《黑格爾文集》，美國法蘭克福祖爾坎普出版社，1971年版，第一卷，第236頁。

京大學，有文、理、法、工四科，報考文科的預科畢業生很少，因為文科畢業在政治上沒有什麼出路，只可當個『教書匠』。於是當局就為文科大開方便之門，規定報考文科不要預科畢業文憑，只要有同等學力就行。」[33]

馮友蘭有預科畢業文憑，因此在他報考文科時，負責招生的人勸他報考法科，因為法科畢業後出路好。於是馮友蘭報考了法科，但到九月入學時，他還是改入了文科。馮友蘭報考北京大學的目的，是為了學習西方哲學。當時的北大照章程說，哲學系（當時稱哲學門）設三個哲學門：中國哲學門，西洋哲學門和印度哲學門。但「實際上印度哲學門壓根就沒人提。西洋哲學門，本來說是要在1915年開的，可是只找到了一位教授，名叫周慕西，不久他就去世，所以也開不成了」[34]。這就是說，當時的哲學系，只有中國哲學門的課程。

本來立志學西洋哲學的馮友蘭踏進了中國哲學的海洋。汪洋無際的傳統哲學的大海，使這位從小熟讀四書五經的青年學子，眼界豁然開朗。四書五經的豐富材料猶如一座高聳入雲的山峰，經過近代西洋哲學方法的透視，在馮友蘭的手下，終有一天會「點石成金」的。這時「我開始知道，在八股文、試帖詩和策論之外，還有真正的學問，這就像是進入了一個新的天地」[35]。不久，馮友蘭又發現：「於那個新天地之外，還有一個更新的天地。『欲窮千里目，更上一層樓。』我當時覺得是更上了一層樓。」[36]

33　《三松堂自序》，第198頁。
34　《三松堂自序》，第199頁。
35　《三松堂自序》，第201頁。
36　《三松堂自序》，第201頁。

馮友蘭所謂的「新天地之外」的「新天地」，乃是指當時席捲神州大地的新文化運動的蓬勃春潮。這洶湧奔突的時代激流及在這激流中弄潮的文化健兒此時都在向北京大學聚攏。因為新文化運動正是從馮友蘭考入北京大學的那一年開始的。由於這一運動反映了時代的脈搏，於是在中國知識界很快形成了一支文化大軍，開始向中國傳統包括政治的、倫理的、社會的、文化的等方面進行了無情的衝擊。

　　此時，馬敘倫、蔡元培、李大釗、陳獨秀、胡適、楊昌濟、章士釗、劉師培、陳漢章、黃侃、崔適、梁漱溟等一大批新舊學者、革命家、教育家雲集北大，有些則直接兼任哲學系的教授。特別是蔡元培，在馮友蘭入學的第二年，即1916年接任北大校長。蔡元培一到任，便以自由主義教育家的宏大氣魄，除舊佈新，相容並蓄，大刀闊斧地改革封建的教育體制，掃除陳腐習氣，並以西方資本主義大學為模式立志創辦一個具有「學術思想自由」的最高學府。此時陳獨秀正在上海創辦並主編《青年雜誌》（後改為《新青年》）。蔡元培看到後，大加讚賞，並立即聘陳獨秀為北大文科學長，主管文學、哲學、歷史等系。在此期間，陳獨秀不僅將《新青年》編輯部從上海遷至北京，奏響文學革命運動的號角，而且親自為哲學系講授「進化論的發展觀」。

　　在陳獨秀任北京大學文科學長的第二年，即1917年，因文學革命的宣導而聲名大噪的胡適，也應蔡元培的邀請，踏進北京大學任教授。他為哲學系開了《中國哲學史》、《中國名學》等課程。胡適本是馮友蘭在上海中國公學時期的高年級學長，現在卻地地道道成了馮友蘭的老師。但在馮友蘭的回憶中，似乎沒有談到他在北大哲學系聽

過胡適的課。馮友蘭回憶說:「到了1917年,胡適到北大來了。我們那時候已經是三年級了。胡適給一年級講中國哲學史,發的講義稱為《中國哲學史大綱》,給我們三年級講中國哲學史的那位教授,拿著胡適的一份講義,在我們的課堂上,笑不可抑。他說:『我說胡適不通,果然就是不通,只看他的講義的名稱,就知道他不通。哲學史本來就是哲學的大綱,說中國哲學史大綱,豈不成了大綱的大綱了嗎?』」[37]馮友蘭的這段回憶,道出了當時北大學術界的保守傾向。給他上課的那位教授是以不屑一顧的眼光看胡適的。也正是這位教授講中國哲學史,「從三皇五帝講起,講了半年,才講到周公」[38]。說明在胡適以前,中國哲學史仍是古代經學的講法。儘管如此,活躍在當時學術界的今古文經學大師仍堪稱地道的學問大家,在北京大學的國學講壇上,「古文大師劉師培與章太炎門下高弟黃侃、馬裕藻、沈兼士、錢玄同諸人坐擁皋比,注重考據訓詁,以治學嚴謹見稱,蔚為斯時北大的學統正宗」[39]。

無論是新的,還是舊的,對以求學為第一要務的馮友蘭來說,都具有重要的啟迪作用。因為在沒有進北京大學之前,馮友蘭少年時期所打下的國學基礎,用當時的標準看,無疑還是一團未經梳理的亂麻或是一塊未經雕琢的璞玉,只有在博採眾家的治學方法之後,方能有比較研究的可能。顧頡剛在後來回憶哲學門的情況時也談到了這一點:「哲學系中講《中國哲學史》一課的,第一年是陳白發先生(漢章)。他是一個極博洽的學者,供給我們無數教材,使得我們的眼光

---

37   《三松堂自序》,第200頁。
38   《三松堂自序》,第200頁。
39   肖超然等著:《北京大學校史》,上海教育出版社,1981年版,第37頁。

日益開拓，知道研究一種學問應該參考的書是多至不可計的。他從伏羲講起，講了一年，只講到商朝的《洪範》。」[40]這位陳白瓞先生即是前面提到的嘲笑胡適《中國哲學史大綱》不通的那位教授。他在學術觀點上主張不分今、古、漢、宋，一切都加以容納。即使像陳漢章這樣的守舊學者，尚能「使得我們的眼光日益開拓」，足見當時北大對馮友蘭進學的意義。

當時北大還有一位舊學保壘中的碩儒—嚴守今文家專門之學的國學大師崔適。據顧頡剛回憶，崔適為哲學系學生講《春秋公羊》學，「崔先生發給我們的講義是他用了畢生精力做成的一部《春秋複始》，他以《公羊傳》為主，輔之以董仲舒《春秋繁露》和何休《公羊解詁》等書，把一部《公羊傳》分類解釋，要使人們從這裡看出孔子的《春秋》大義。他說《谷梁傳》和《左氏傳》都是古文學，就都是偽經，絕對不是孔子的意思。他年已七十，身體衰弱得要扶了牆壁才能走路，但態度卻是這般地嚴肅而又勤懇，我們全班同學都很欽敬他」[41]。對崔適，馮友蘭回憶說：「蔡元培把他請來，給我們這一班開課，他不能有系統地講今文經學，也不能有系統地講公羊春秋……他上課，就抱著他的書，一個字一個字地念。我們當時的水準，也提不出什麼問題。他就是那麼誠誠懇懇地念，我們也恭恭敬敬地聽。」[42]所有這些，都給如饑似渴求學的學子們以潛移默化的影響。

馮友蘭置身於北京大學這塊人才薈萃的學術園地裡，所受的影響

40　見《古史辨》第一冊《自序》，第36頁。
41　《秦漢的方士與儒生序》，載《古史辨》第30冊。
42　《三松堂自序》，第326—327頁。

是多方面的。許多與馮友蘭同時代的學者在回憶北京大學這段歷史時，都有一個基本傾向，即強調受新文化運動思潮的影響大大多於受舊學的影響。前面提到的顧頡剛，比馮友蘭大兩歲，在北大哲學門讀書時卻比馮友蘭低一屆。他們在哲學系聽同樣的課，有些感受是相同的，如上述對陳漢章和胡適的看法即如此。但也有不同的，比如對宋代理學的看法，顧頡剛回憶說：「那時大學中宋代理學的空氣極重。我對於它向來不感興味，這時略略得了一些心理倫理的常識之後再去看它，更覺得觸處都是誤謬。……他們要把必不可能之事歸之於聖人，見得聖人的可望而不可即；更用迷離恍惚的字句來搖亂學者的眼光，使得他們捉摸不著可走的道路，只以為高妙的境界必不是庸愚之質所可企及……我對於這種昏亂的思想，可以不神秘而竟神秘的滑頭話，因課業的必修而憎恨到了極點，一心想打破它。」[43]正是對宋代理學的憎惡，才使顧頡剛走上了疑古的道路，使他的治學路徑偏重於訓詁考據而傾向漢學的傳統。這當然也與他和當時具有「漢學遺傳性」的胡適及古文大師黃侃高足傅斯年等人從往過密有一定關係。北大當時雖然在學術上由推崇漢學的古文大師「坐擁皋比」，但對馮友蘭影響似不大。在北大期間，馮友蘭聽過劉師培的課，但僅一次而已。馮友蘭後來的學術發展道路、他的「宋學」的治學方法也許就受到在北大讀書時「宋代理學空氣極濃」的影響。這也許就是他的《中國哲學史》比胡適的《中國哲學史大綱》高出一籌的原因之一。

馮友蘭在北大受到現代思潮的影響，為他日後成為哲學大家奠定了堅實的學術基礎。但與他的學長胡適的早慧相比，此時的馮友蘭可

43　《古史辨》第一冊《自序》，第34—35頁。

謂是「大器晚成」。

1918年6月，馮友蘭結束了在北京大學的學習生活，帶著青年人的理想走向了社會。

1.6　結婚

結婚成家是人生中的一件大事。儘管在中國各式各樣的人物傳記中，很少談到個人的家事，甚至人物越大，家事談的越少，以致長期以來在人們心目中形成一個普遍的印象，即偉大人物在家事上往往是一片空白，因為談多了會影響偉大人物的形象。馮友蘭早年的一位朋友—美國賓夕法尼亞大學（University of Pennsylvania）教授卜德（Derk Bodde）先生感慨地說：「中國有由來以久的文章不表露個人感情的傳統。當代中國以前的許多作品都有不帶個人色彩的共同特點。這同西方所十分強調的個人主義形成鮮明的對比。然而，肯定地說，無論是普遍的還是個別的，無論是帶個人色彩還是超然的不帶個人色彩的東西，對於瞭解像馮友蘭這樣的人的思想和生活，都同樣重要。」[44] 鑒於這種看法，我們還是寫了這一節。

馮友蘭的婚姻同這位哲學家的哲學創作一樣，都帶有近代啟蒙的色彩。因為按照中國當時的一般傳統，婚姻大事總離不開「父母之命，媒妁之言」。而馮友蘭的婚姻則似乎打破了這種封建傳統。還是在1914年，馮友蘭在上海中國公學讀書時，經同學介紹，與他的同鄉

44　見《馮友蘭先生紀念文集》，北京大學出版社，1993年版，第22頁。

任載坤訂婚。任載坤是辛亥革命的前輩任芝銘先生的第三個女兒。據馮友蘭在《三松堂自序》中的回憶：「任芝銘先生是清朝的舉人，但是他反對清朝，在他的本縣新蔡縣反抗縣官，還組織人劫獄，因此他的舉人被革了，還受通緝，長期不能在家。」[45]任芝銘先生沒有兒子，只有6個女兒，任載坤是他的第三個女兒。由於任芝銘先生早年參加同盟會，思想激進，具有強烈的反封建意識，因此他最先在河南提倡婦女解放，叫自己的女兒們都放腳，並送她們去外邊上學。這樣，任芝銘老先生的大女兒任馥坤、二女兒任緯坤、三女兒任載坤便都在清朝末年或民國初年進了當時女子的最高學府—北京女子師範學校接受現代教育。

馮友蘭與任載坤訂婚時，正是任載坤在女子師範讀書的時候。於是兩家相約：在載坤畢業後方能結婚。據馮友蘭自己的回憶，當初他與任載坤訂婚時，先徵得了任芝銘老先生的同意，然後才寫信告訴母親。沒想到，母親很快回了信，也同意這門親事。「這一點也可以見母親的開明。」[46]因為在此之前，任載坤的二姐緯坤，是自由戀愛結婚的。這在當時確是一種創舉，自然也招來許多物議甚至誹謗。這些對任家的誹謗之詞，也傳到了馮友蘭母親那裡。在這種情況下，仍同意馮友蘭與任家訂婚，足見這位母親的胸懷是何等開闊。因為在這位母親的心目中「向來主張女子要讀書」，而且「願意有一個讀書的兒媳婦」[47]。

45　《三松堂自序》，第50頁。
46　《三松堂自序》，第50頁。
47　《三松堂自序》，第50頁。

1918年夏天，馮友蘭在北京大學哲學系畢業，恰好任載坤也讀完了北京女子師範學校的全部課程。二人雙雙拿到了兩所高等學府的畢業文憑，並一同回到開封結婚。此時馮友蘭23歲，任載坤24歲。他們結婚以後，就一同回到唐河老家，去看望仍然生活在故土的母親，這也是任載坤結婚以後第一次得以拜見婆婆的機會。「當時有人擔心，怕回到唐河以後，母親就不讓載坤再出來了，也許要留她在家裡幫助照料。我知道不會的。果然到家以後，住了幾天，開學的日期快到了，母親就催著我們走。」[48]這位慈祥的母親還一再表示：「我不要媳婦在家幫助照料，也不要媳婦在我面前伺候，我不要媳婦這樣，我只希望你們在外面好好地作事，有了小孩我替你們照管。」[49]於是馮友蘭夫婦又回到開封。從此，這兩位喜結連理的青年夫妻共同邁向了曲折而坎坷的人生大道，共同經歷著風雲變幻的時代所給予他們的酸甜苦辣，共同分享著喜悅、榮譽、幸福和憂傷。

　　馮友蘭作為一位哲學家，他頭腦中經常思考的是社會、人生和哲學。這種職業使他逐漸遠離了家庭生活的日常操持，家庭生活的重擔完全落在了出身世家而又受過高等教育的任載坤身上。因此馮友蘭的成就與這位賢妻良母式的知識女性實在不能分割。正因有這樣一位賢妻良母，才使馮友蘭「不相累以庶務」，專心從事創作。馮友蘭在《祭母文》中還孜孜不忘妻子的恩惠，在抗戰的艱苦歲月裡頂起了家庭的半邊天：

48　《三松堂自序》，第51頁。
49　《三松堂自序》，第51頁。

維抗戰之七載，媳備著於辛勞，日斤斤於鹽米，夜頻頻於尺刀，胼雙手於瀚浣，疲一身於廚庖，致愛護於夫子，盡養育於兒曹，幸痼疾之已去，勉支持於作操。[50]

在「文革」期間，馮友蘭屢遭抄家，備受欺凌，又多虧任載坤的多方護佑方使得馮友蘭在精神上有一隅之安。也正是在「四人幫」倒臺，馮友蘭又遭批判之際，任載坤因患肺癌醫治無效而溘然長逝，她帶著千般無奈和萬般淒涼離開了人世。從1918年夏至1977年秋，這對真正可以稱得上同甘苦共患難的夫妻共同走過了五十九年的漫長道路，為此，馮友蘭自擬挽聯云：

在昔相追隨，同患難，共安樂，期願望齊眉，黃泉碧落汝先去；從今無牽掛，斷名韁，破利鎖，俯仰無愧怍，海闊天空我自飛。[51]

五十九年前，馮友蘭是無論如何也不會想到有如此結局的。因為對於這位哲學家來說，愛情、婚姻、家庭和任何事物一樣，雖然都有一個過程，但其本質是穩定的。正如他在20年代初的一首詩中所說：

「人有悲歡離合，月有陰晴圓缺，此事古難全。」

但這算什麼呢？

他雖是圓了會缺，卻究也缺了會圓。

況「自其不變者觀之」，那陰晴圓缺，與月的本體，有什麼相

50　《三松堂自序》，第119頁。
51　蔡仲德編：《馮友蘭先生年表》，載《馮友蘭先生紀念文集》，第493頁。

干？

　　那悲歡離合，與愛的本體，有什麼相干？[52]

　　在馮友蘭這位哲學家的心目中，「愛的本體」，生活的本體，早
已與他生命的本體融在一處而成為一種永恆，那還會有什麼牽掛呢！

52　馮友蘭：《中秋別內子將往美洲（三）》，原載《心聲》二卷一期，1920年1月。
　　現收在《三松堂全集》第十四卷，第11頁。

第二章

莘莘學子天涯路

2.1 「五四」的迴響

馮友蘭北大畢業後回到開封，第一件事是結婚成家，邁出了人生的第一步。此後，馮友蘭便在開封找到了一份工作─在河南第一工業學校教國文和修身。

在馮友蘭離開北京大學之前，中國社會已經醞釀著革命的風暴。在馮友蘭於北大讀書的三年中（1915─1918），中國政治舞臺上先後發生了影響至深的幾件大事。1915年下半年，袁世凱和他的黨羽大肆製造民主共和不適於中國、中國必須實行帝制的輿論。同年12月12日便正式宣佈實行帝制，改中華民國為「中華帝國」，並模仿封建帝王頒佈年號的做法，規定1916年為「洪憲元年」，並準備於1916年元旦舉行「登極大典」。此次復辟活動，引起普遍不滿，雲南、貴州、廣西等省紛紛舉起反袁大旗，宣佈獨立，終於迫使袁世凱於1916年3月宣佈撤銷帝制，並於該年6月憂憤而死。袁世凱死後，中國封建復辟逆流並未停止。1917年7月，行伍出身的張勳，擁兵入京，擁溥儀「重登大寶」。但張勳復辟的醜劇好景不長，前後不到半個月便樹倒猢猻散。接著上臺執政的是日本帝國主義的走狗段祺瑞。段祺瑞利用日本的財政支持，擴充實力，對內變本加厲地實行軍閥獨裁統治，對外則聽從日本的唆使，出賣中國主權。1917年8月對德宣戰，並充當日本進行反蘇俄戰爭的附庸軍。

從1915年至1918年，在整整三年的時間裡，中國面臨著嚴重的政治危機，最後終於導致1919年「五四」運動的爆發。「五四」運動在佈滿乾柴的中國大地上，點起了熊熊燃燒的烈火，拉開了中國近代史

上曠日持久的反帝反封建的新民主主義革命的序幕。作為「五四」運動發源地的北京大學，則為中國向現代的轉變提供了從思想到行動、從理論到組織、從輿論到人才等各方面的準備。

馮友蘭沒有趕上1919年5月4日那一天，但他一再強調「我也是五四運動時代的人」[1]。因為馮友蘭在北京大學讀書的三年中，正處在「五四」風暴的前夜。袁世凱稱帝、張勳復辟、段祺瑞執政、革命派的約法等等，對於當時北京大學的學生來說，都具有很大的刺激作用。因此，無論保守派還是革新派，對當時中國的現實都懷有極大的不滿情緒。

馮友蘭在回憶這段歷史時，曾談到他對袁世凱的看法。他說：「袁世凱果然不滿足於中華民國總統的地位，想當皇帝，行帝制，完全恢復封建統治。玩弄一些製造輿論、強姦民意的辦法，看起來好像王莽篡漢的時候所行的那一套。」[2]這儘管是馮友蘭在其晚年說的話，但這件事情發生在馮友蘭在北大讀書的時間裡，因此可以多少反映年輕的馮友蘭對當時時局的一些看法。正因為如此，像「五四」時期許多知識份子一樣，馮友蘭也不能自外於新文化運動的影響。於是他與在開封的幾個朋友商議，也要在河南宣傳新文化，「我們大約有十幾個人，每人每月出五塊錢，出了一個月刊，叫《心聲》」[3]。馮友蘭被推舉為編輯，並為該雜誌的創刊號撰寫了發刊詞，表示了《心聲》的宗旨乃在於：「輸入外界思潮，發表良心上之主張，以期打破社會

1　《三松堂自序》，第49頁。
2　《三松堂自序》，第45—46頁。
3　《三松堂自序》，第49頁。

上、教育上之老套，驚醒其迷夢，指示以前途之大路而促其進步。」[4]

這裡所謂「老套」，多指過時的舊傳統，「夫老套本先王已陳之芻狗，適於古或不適於今……傳統既久，真意全失，精神既亡，惟餘流弊。是故法老套者，必不能得老套之利而反受其弊，所謂『不學李白作詩，只學李白吃酒』者也」[5]。馮友蘭深深感到，當時的中國社會被「老套」束縛而日趨退化，而世間事物不進則退。「進者，變動不居，日新又新之謂也。不進者，一成不變，因襲老套之謂也。」[6]在馮友蘭看來，中國的落後即在於因襲傳統太多，因而失去了民族對時代發展的適應性，從而泯滅了民族的創新能力。此時馮友蘭明顯地受到進化論的影響，把中國社會比作有機體，認為：「凡天下之有機體，未有不感覺外界之趨勢，而曲以適應之者也。植物且然，而況動物，而況動物中之最高等者耶？」[7]從這一立場出發，馮友蘭深感地處中原的河南比之外省要落後得多，更何遑比於外國？就河南而言，「無論歐美之進步，絕塵而馳，為我萬萬不敢望；即濱海各省之思潮，我亦瞠目無見，充耳無聞。處鐵路四達之區，猶且杜門自守，若世外桃源，不知有漢，何論魏晉。若果能常處於世外，則不知魏晉，誠亦自有其清福；但恐漁夫闖進，未必容我長此逍遙耳」[8]。其實，當時中國早已無世外桃源，何止「漁夫」闖進，更有盜賊橫行。就此，他向社會大聲疾呼：

4　馮友蘭：《心聲》雜誌創刊號《發刊詞》，《三松堂全集》第十三卷，第820頁。
5　馮友蘭：《心聲》雜誌創刊號《發刊詞》，《三松堂全集》第十三卷，第817頁。
6　馮友蘭：《心聲》雜誌創刊號《發刊詞》，《三松堂全集》第十三卷，第817頁。
7　馮友蘭：《心聲》雜誌創刊號《發刊詞》，《三松堂全集》第十三卷，第819頁。
8　《三松堂全集》第十三卷，第819頁。

動物之眠者聞大聲則醒，其蟄者聞春雷則驚。同人等，於社會既有深愛，而不忍視其長此終古，則安能不大聲疾呼，以招其魂，醒其夢，驚其蟄耶！[9]

在馮友蘭呼喚「春雷」驚蟄的時候，也正是「五四」運動在北京大學醞釀的時候。因此，馮友蘭雖然沒有在北京趕上5月4日那一天，但就其思想來說，他早已與「五四」新文化運動的脈搏一起跳動了。在北大讀書時，馮友蘭還是一個默默無聞的學生，但一旦走向社會，北京大學所給予他的影響便頓時迸發出來。上述文字是馮友蘭離開北大後不到三個月寫出來的，離「五四」運動的爆發還有七八個月，足見北大新思潮對學生的影響是何等深巨。

《心聲》發刊詞是馮友蘭邁向社會後的第一篇文章。雖然其內容與文字尚顯稚嫩，甚至遠不如比他出道稍早的胡適更具文采和鼓動性，但它畢竟反映了一個最基本的事實，即馮友蘭在北京大學所受到的新思潮的影響，使他在不同程度上與舊傳統實行了決裂。這一點使他在未來的事業中受益無窮。

在對待傳統文化的態度方面，與胡適的慷慨陳詞相比，馮友蘭則顯得平心靜氣，這可能與他早期所受到的邏輯訓練有關。在《心聲》創刊號上，我們還可以從馮友蘭另一篇文章中窺見上述特點。他認為形式上的改革不可謂新，只有「深察宇宙之現象，熟究社會之情形，一草一木，一顰一笑，皆當視如考試之問題，作文之材料，而不輕放

9　《三松堂全集》第十三卷，第819頁。

過焉」[10]。馮友蘭強調讀書是手段，切合實用是目的。因此新、舊學生的區別乃在於：「新學生注重實際，舊學生注重空談。」[11]注重實際與注重空談不僅僅是新舊學生的區別，同時也是新舊學術、新舊思想的區別。由於注重空談，不求實際，所以造成「崇拜老套，達於極點」的壞學風，從而導致：「覺古聖之言論，先王之憲章，皆可放之四海而皆準，行之萬世而不悖。視紙片以外，遂若無所謂學問者。此所以數千年來，永為紙片所束縛，沉沉無一毫生氣也。國之不振，民之無援，皆由於此。」[12]

　　「紙片」、「老套」是書本上的學問，要打破「老套」，超越書本，就必須「不求壯紙上之觀瞻，但求切現在之實際」，這樣才能「順其潮流」，走入新的世界。但這也並不是「一切書籍，盡可燒毀」，或扔到茅廁，「吾亦非謂古書盡不可觀也」，「不過謂吾人為學之際，須知書籍之外，正有吾人莫大之事業」等待我們去開發。這個「莫大之事業」，在馮友蘭看來即整個社會和人生。因此，他反對「名士派」的作風，認為：

　　人類之在世間，非合群不足以自存，此理之至易明者也。而舊學生之習慣，則以隱遁山林為高，以不治生產為雅，以矜奇立異，蕩檢逾閑，為風流自賞。其歸多為「名士派」，而所謂名士派，最不適合於群眾生活者也。[13]

10　《新學生與舊學生》，原載《心聲》創刊號，《三松堂全集》第十三卷，第620頁。
11　《三松堂全集》第十三卷，第622頁。
12　《三松堂全集》第十三卷，第619—620頁。
13　《三松堂全集》第十三卷，第621頁。

這種平談的論述，入世的情懷，既區別了對傳統的妥協、遷就，也不同於對傳統的勇猛鞭撻和劍拔弩張。馮友蘭的心境始終是平和的，這一風格在他初出茅廬時便表現得很充分。

2.2　在東西文化碰撞的激流中

馮友蘭既主張在教育及文化上打破「老套」，又主張「非謂古書盡不可觀」、「非謂一切書籍盡可以燒毀」。這種態度，在當時東西文化之爭中，具有特殊的地位，同時也蘊藏著以後馮友蘭在文化觀上所走的特殊道路。

在北京大學讀書的三年中，馮友蘭並未直接參與當時社會上的文化論戰，也未參與北京大學校內的新舊兩派之爭。他在晚年回憶這段往事時，只強調了在北大三年的收穫，乃在於「在新天地之外，還有一個更新的天地」。馮友蘭雖然沒確指這個「更新的天地」是什麼，但從當時的情形看，無疑是指包括政治、經濟、文化等在內的中國近代化和現代化問題。「五四」前後，人們所關心的也正是這個近代化和現代化問題。因此，中國如何走向近代化和現代化，在當時引起激烈的爭論。從文化角度看，「五四」運動的爆發，也正是這種爭論在政治上的表現，它預示著中西文化矛盾的加劇。

馮友蘭在北京大學目睹了新舊兩派在文化上的爭論，而且爭論的雙方有的就是馮友蘭的老師或朋友，這不能不引起他的深思。陳獨秀1916年到北大任文科學長，此時他已經是中西文化論戰中的一名健將。在北大期間，他接連在《新青年》上發表了《東西民族根本思想

之差異》、《近代西洋教育》、《今日中國之政治問題》、《質問〈東方雜誌〉記者》、《本志罪案之答辯書》等一系列文章，矛頭直接指向中國的舊文化。他認為西洋民族「好戰健鬥」，遂養成「力抗艱難之氣骨」，所以他們能「以小抗大，以鮮血爭自由」，「歐羅巴之全部文明史無一字非鮮血所書」。[14]反觀中國，崇尚「安息雍容文雅」，「惡鬥死，寧忍辱」，「民族而具如斯卑劣無恥之根性，尚有何等顏面高談禮教文明而不羞愧！」[15]中國人不僅在性格上如此，就是在體質、儀錶上也不如西洋人。陳獨秀引譚嗣同的話說：「觀中國人之體貌，亦有劫象焉。試以擬之西人，則見其委靡，見其猥鄙，見其粗俗，見其野悍，或瘠而黃，或肥而弛，或萎而傴僂。其光明秀偉有威儀者，千萬不得一二。」[16]這是什麼緣故呢？陳獨秀認為：「就是中國教育大部分重在後腦的記憶，小部分重在前腦的思索。訓練全身的教育，從來不大講究。所以未受教育的人，身體還壯實一點，惟有那般書酸子，一天只知道咿咿唔唔搖頭擺腦的讀書，走到人前，癡癡呆呆的歪著頭，弓著背，勾著腰，斜著肩膀，面孔又黃又瘦，耳目手腳無一件靈動中用。這種人雖有手腳耳目，卻和那跛聾盲啞殘廢無用的人，好得多少呢？」[17]從教育自然聯想到孔子。新文化運動的健將們，把「四體不勤，五穀不分」的舊教育的結果完全歸到孔子身上。於是有易白沙的《孔子平議》，吳虞的《吃人與禮教》等反孔文章接連在陳獨秀主編的《新青年》上發表。

14　陳獨秀：《東西民族根本思想之差異》，載《青年雜誌》一卷4號，1915年12月。
15　陳獨秀：《東西民族根本思想之差異》，載《青年雜誌》一卷4號，1915年12月。
16　陳獨秀：《東西民族根本思想之差異》，載《青年雜誌》一卷4號，1915年12月。
17　陳獨秀：《近代西洋教育》，載《新青年》三卷5號，1917年7月。

易白沙、吳虞的反孔言論，得到陳獨秀、胡適等人的大力回應。陳獨秀在給吳虞的信中說：「竊以無論何種學派，均不能定為一尊，以阻礙思想文化之自由發展。況儒術孔道，非無優點，而缺點則正多。尤與近世文明社會絕不相容者，其一貫倫理政治之綱常階級說也。此不攻破，吾國之政治、法律、社會道德，俱無由出黑暗而入光明。神州大氣，腐穢蝕人。西望峨眉，遠在天外。瞻仰弗及，我勞如何！」[18]此時胡適也到北京大學任教，他在《新青年》上連續發表了《歷史的文學觀念論》、《致錢玄同》、《建設的文學革命論》、《貞操問題》等重要文章，矛頭也都是指向舊傳統的。

1918年5月，《新青年》4卷5號發表了魯迅的《狂人日記》。書中借「狂人」之口，道出了中國的歷史乃「吃人」的歷史，中國的傳統文明，不過是安排給闊人享用的人肉筵席而已。魯迅的這一大膽揭示，無疑為當時的反封建、反傳統的思想大潮增添了無窮的助力，使當時的一些頑固守舊人士目瞪口呆。為了與《新青年》及新文化運動相抗衡，當時的守舊派人士在新文化思潮的刺激下，也不甘寂寞。如杜亞泉以《東方雜誌》為據點，發表了一系列反擊新文化運動的文章；後又有劉師培、林琴南等人籌畫復刊《國粹學報》和《國粹彙編》，以保存國粹為名，與新文化運動相對抗。雙方的鬥爭十分激烈。這一點，可以從魯迅當時的一封信中看出端倪：「中國國粹，雖然等於放屁，而一群壞種，要刊叢編，卻也毫不足怪。該壞種等，不過還想吃人，而竟奉賣過人肉的偵心探龍做祭酒，大有自覺之意。」[19]

18　載《新青年》二卷5號。
19　魯迅：《致錢玄同》，《魯迅全集》第十一卷，人民文學出版社，1982年版，第351頁。

在魯迅眼裡，「國粹等於放屁」；「一群壞種──想吃人」。針對這種情況，魯迅毫不畏懼地道出：「敝人當袁朝時，曾戴了冕帽，獻爵於至聖先師的老太爺之前，閱歷已多，無論如何復古，如何國粹，都已不怕。」[20]魯迅毫不妥協地與封建復古思潮作鬥爭，其動力乃是來自對「五四」前後中國社會腐敗黑暗所作的親身體察。他親身經歷了袁世凱統治時期為復辟帝制而搞的尊孔祭孔活動。曾幾何時，袁世凱便身敗名裂。由此可知，復古、國粹的逆流便也不會長久。但也應該看到，這股復古、國粹逆流，包藏禍心，故「不可不防」，因為：「該壞種等之創刊屁志，係專對《新青年》而發，則略以為異，初不料《新青年》之於他們，竟如此其難過也。然既將刊之，則聽其刊之，且看其刊之，看其如何國法，如何粹法，如何發昏，如何放屁，如何做夢，如何探龍，亦一大快事也。國粹叢編萬歲！老小昏蟲萬歲！」[21]

　　魯迅的這封信是於1918年夏天寫給另一位反傳統的大將錢玄同的。當時馮友蘭還沒有離開北大。儘管馮友蘭當時不可能看到這封信，但魯迅的《狂人日記》及其他的反傳統文化的激烈言辭，馮友蘭當有所接觸。但在馮友蘭當時或以後的文章及言談中，均未從中西文化論爭的角度對上述激烈的言辭有所評論。他所關心的，似乎還是他在中國公學時便產生濃厚興趣的邏輯與哲學。

　　如果說陳獨秀、魯迅、胡適等「五四」時期的新文化運動的健將

20　魯迅：《致錢玄同》，《魯迅全集》第十一卷，人民文學出版社，1982年版，第351頁。
21　《魯迅全集》第十一卷，人民文學出版社，1982年版，第351頁。

們，在抨擊傳統文化時，更注重東西文化在政治層面上的差異，從而把進攻的矛頭集中在當時黑暗腐朽的封建專制主義和阻礙新文化傳播的復古守舊思潮上面，那麼馮友蘭則更注重研究這些現象背後的「理念」或「觀念」上的差異，這也許是哲學家與詩人、文學家、歷史學家對同一事物的所見不同。由於這一點，便產生了各自不同的研究領域、研究方法及研究結果。這一點甚至影響到各自的性格、個性的不同。從陳獨秀、魯迅、胡適等人所留給我們的豐富的思想文化遺產中，從他們反對舊傳統舊文化的言詞中，我們不難發現，他們都有強烈的憤世嫉俗的情懷和孤傲自遣、獨立前行的個人品格，以及由此產生的有時是劍拔弩張、有時又是沉鬱雋永的「酣暢淋漓實則不失含蓄蘊藉的文風」。在這一點上，尤以魯迅最為典型。他是一個「個性張揚、率性而為的人」，因此在他大量的雜文、小說及學術研究中，都體現了「任情」、「率性」的特點。與這些大師相比，馮友蘭是晚輩後學，而重要的是在他的身上始終體現「任理」的特點。因此，他既反對「蕩檢逾閑，風流自賞」的「名士派」，又不贊成脫離實際的空談，更不贊成把古書扔進茅廁或焚之以火的主張。作為一位哲學家，他的心境始終是平和的。

以這樣的心境看待中西文化，就正如他自己所言：兩個天地的矛盾，「是兩種文化的矛盾。這個矛盾，貫穿於中國歷史的近代和現代。……東西文化不同，因為其根本思想不同。它們的根本思想，就是它們的『哲學』」[22]。「因為矛盾是客觀存在，是一般人都感受到的，所不同者是對這個矛盾的認識和解釋。當時百家爭鳴，多是矛盾

22　《三松堂自序》，第201頁。

的體現，對於矛盾的廣泛解釋和評論，還是比較少的。」[23]這是馮友蘭晚年對「五四」前後東西文化論爭的基本看法，即認為從哲學和理論思維的角度去研究中西文化問題，在當時來說還是不夠深入的。他也曾經帶著這樣的問題，企圖在哲學上尋找答案：「我生活在不同的文化矛盾衝突的時代。我所要回答的問題是如何理解這種矛盾衝突的性質，如何適當地處理這種衝突，解決這種矛盾，又如何在這種矛盾衝突中使自己與之能適應。」[24]

於是，馮友蘭在東西文化碰撞的激流中，懷著尋求真理的渴望，踏上了去西方求學的道路。

2.3　負笈西游──入哥大研究院

馮友蘭在開封第一工業學校只工作了一年多，便通過了河南省的考試和教育部的複試，取得了官費留學資格。當時的中國，雖然處於混亂和騷動之中，但對於選拔青年出國深造、培養和儲備優秀人才還是盡了不少力。僅就河南一省而言，從民國元年至「五四」運動前後，就送出幾十名學生出國。當時，馮玉祥任河南省督軍，很重視教育。他指定把全省的契稅作為教育專款，不准隨便挪用，甚至不經過省財政廳而單獨由教育部門經理。馮友蘭考取的官費留學，其經費就出自這筆「教育專款」。

1919年深秋，馮友蘭告別了久居的故土和慈愛的母親、妻子，乘

23　《三松堂自序》，第201頁。
24　《三松堂自序》，第362頁。

上了「南京號」客輪駛離上海。面對茫茫無際、充滿活力的大海，這位未來的哲學家不知想了些什麼。然而，不論他想到什麼，站在甲板上觀海的時候，那大海的波濤定會引起他的沉思，就像站在巨大的歷史的瞬間上，這是一個由此岸到彼岸、由一種理想變遷到另一種理想的歷史瞬間。

12月，馮友蘭踏上了美國的土地。次年1月在紐約上了哥倫比亞大學研究院。「當時在美國，上研究院是很容易的，上本科倒是很難，要經過各種考試。上研究院不需要經過任何考試，因為北京大學是他們承認的大學，只要拿出北京大學的文憑一看，就報上了名，入了學了。」[25]這一點，馮友蘭總比他在中國公學時的學長胡適幸運得多。胡適是於1910年從中國公學考入美國康奈爾大學的。中國公學是大學預科，學歷相當於高中。因此胡適上美國大學的本科，則費了九牛二虎之力，不僅為準備考試，「閉戶讀了兩個月的書」，而且在第二場考試中，包括高等數學、動物學等自然科學都考得很糟。幸虧在頭場考試中的中文和英文考得好，方得考取前55名而被錄取。馮友蘭與胡適在求學歷程上，走的幾乎是相同的路。胡適在結束了康奈爾大學本科學習後，於1915年考入哥倫比亞大學研究院。這樣，兩人同在中國公學讀過書，胡適比馮友蘭早6年；兩人又同在哥倫比亞大學研究院讀研究生，胡適又比馮友蘭早4年。當然，胡適比馮友蘭大4歲，即都是在24歲時考入哥倫比亞大學研究院的。

馮友蘭一到美國，便強烈地感到美國與中國大不相同。他帶著一

25　《三松堂自序》，第52—53頁。

種實際考察的眼光和好奇的心態，觀察著他周圍的事物。如同任何一個頭一次跨出國門的中國人一樣，對於美國，馮友蘭「覺得樣樣新奇，跟中國不同」。差別和不同本來是客觀存在的，任何一個外國人頭一次來到中國，也會感到新奇。因此，問題不在於有什麼樣的不同，而在於這些不同本身所具有的本質特性。「我們這些北京大學畢業的和其他經過五四運動的人，同當時別的中國留學生顯然有些不同。不同的是，對於中國的東西知道得比較多一點，對於中國政治和世界局勢比較關心。」[26]正因為有對中國自身的瞭解和體驗，再加上「五四」前後新文化運動的啟蒙，馮友蘭對美國的觀察不僅有參照物，而且具有文化比較的意義。

在觀察和比較中，馮友蘭最大的感受是：「中國的無論什麼東西，都是帶官氣的。」[27]「那些在政界混的人，上自大總統，下至班長衙役（現在改叫什麼司法巡警—作者原注），本來就都是前清老人物，現在名字雖說改了，然而是換湯不換藥。」[28]就是商界，「一個鋪子，要略微大一點，不說他那老闆，就是夥計的架子，可也就不小，你要進去買一點東西，他連正眼也不瞧你一瞧。同他說話，他半天答應一句；帶理不理的拿出一樣東西扔給你，愛要不要。你要叫他換一換，他就露出很不耐煩的樣子。所以中國的各色人等，只有窮下力人是不帶官氣的」[29]。

中國自古以來，便是一個「官本位」的國家。比如商鞅有「貴長

26　《三松堂自序》，第56—57頁。
27　《中國的官氣與美國的商氣》，《三松堂全集》第十三卷，第822頁。
28　《中國的官氣與美國的商氣》，《三松堂全集》第十三卷，第822頁。
29　《中國的官氣與美國的商氣》，《三松堂全集》第十三卷，第822頁。

而尊官」、韓非有「以吏為師」等名言。這些封建傳統的遺存，使中國幾千年的政治都帶有一種不容懷疑的權威性，從而造成了與現代民主精神的嚴重衝突。「官本位」所散發出來的「氣」，瀰漫於社會生活的各個角落，這些「官」，無論名字如何改，但「氣」總是有的，甚至「走起路來，都要斷絕交通，實行那『肅靜』、『回避』四個大字」[30]。

「我們在中國聞慣官氣的人，一到美國，鼻子裡就覺得換了一種氣。什麼氣呢？也不是炭氣，也不是氧氣，是一種商氣。」[31]馮友蘭帶著中國人特有的敏感，以一個青年留學生的身份，對美國的觀察和體驗是非常細微的。他覺得，和中國相比，「美國無論什麼事，都是帶點商業性質。他總生法叫對手的人覺得非常便利而且舒服」[32]。商界、教育界且不說，就是國家大事，也往往用商業廣告的方式宣佈出來。如招兵，海軍打出的廣告是「加入海軍，周遊世界」；陸軍則明言「入陸軍既學本事又能賺錢」。「他們以利益相號召，並不用『切切此令』等形式。其實這種分別就是封建主義和資本主義的分別。」[33]

在哥倫比亞大學研究院讀書期間，馮友蘭經歷了一次美國總統大選。這是他到美國後初步接觸美國的社會政治，所以給他很深的印象。因為這類選舉，在中國是看不到的。美國的大選，先是經歷了「間接選舉」的方式。所謂「間接選舉」，是說選民所直接選舉的並

---

30 《中國的官氣與美國的商氣》，《三松堂全集》第十三卷，第822頁。
31 《中國的官氣與美國的商氣》，《三松堂全集》第十三卷，第822頁。
32 《中國的官氣與美國的商氣》，《三松堂全集》第十三卷，第822頁。
33 《三松堂自序》，第53頁。

不是總統，而是總統選舉人；各州的選舉人都選出來以後，他們再集中到一起，選舉總統。後來，間接選舉改為直接選舉，但並未改變選舉的形式。也就是說，在形式上仍是間接選舉，「但是在各黨所提名的選舉人的旁邊加上幾個字：『為某人』，這個『某人』就是這個黨的總統候選人的名字。這就是說，這些選舉人都是要投那個『某人』的票的。這樣，這個間接選舉在實質上就變為直接選舉了。可以說是形式上沒改，而內容上改了」[34]。美國選舉制度的變遷，使馮友蘭聯想到中國當時的社會政治，仍是一種傳統的延續，即官僚主義的辦事方法和徒重外表的形式主義。這兩點相結合，構成中國社會政治的一大弊害。在馮友蘭看來，中國辦事靠官僚，而官僚主義在辦事時，常常是「瞞上不瞞下」或「欺上瞞下」。因為掌管人事升遷大權的人是更大的官僚，下面的官僚只需在形式上有一點佈置，瞞住上面官僚的眼就可以了。至於人民有什麼意見，他是不管的。「笑罵由他笑罵，好官我自為之，這是官僚們做官的一個妙訣。」[35]由此，馮友蘭得出結論：「中國有句話說：『換湯不換藥』，說的是只改形式，不改內容。美國的這種辦法，可以叫作『換藥不換湯』。他們講究的是實際不是形式，而中國這一方面倒是只講形式不講實際。我想這也是資本主義和封建主義的一種不同吧。」[36]

在紐約，馮友蘭的生活並不寬裕。按著當時官費留學的生活標準，每月只有90美元。如果再扣除學費，所剩也就不多了。再加上由於中國國內的政治動盪所引起的各方面危機，經濟也近於崩潰，因此

34　《三松堂自序》，第55頁。
35　《三松堂自序》，第55—56頁。
36　《三松堂自序》，第55頁。

經費不能如期寄達，造成靠官費留學的學生們生活困難。馮友蘭原計劃在1922年夏天結束在哥倫比亞大學的學習，再轉往歐洲遊學。但由於經濟上的困難，他遊學歐洲的計畫遂成泡影。1922年初，馮友蘭在給梁漱溟的信中曾簡略提到當時的困境：「在此一切如恒，惟官費近來受政局影響，時時欠發，生活、學業尚能支持，而亦作難不少矣。原擬今夏在此校作一收束，即赴歐洲，今則無錢，一事不能辦，故仍留此。」[37]

為瞭解決生活上的困難，馮友蘭也像大多數留學生一樣，「在附近找些小事，得一點報酬」。所幸馮友蘭不僅找到了在餐館刷盤子的工作，而且找到一份相當於中文補習性質的差事—為英文生字注中文，每天可收入半個美元。後來，他又在哥倫比亞大學圖書館管理中國報紙，工資每月可得八個美元。「當時我有這三個財源，每月收入三十多元，再加上斷斷續續的官費，維持生活也就夠了。」[38]回顧近代以來遊學異國的莘莘學子，無不飽嘗生活困頓帶給他們的憂患，然而，他們也正是在這種憂患中勵精圖治，增長才能，積蓄著在未來事業中騰飛的力量。馮友蘭也是如此。此亦如孟子所言：「天將降大任於是人也，必先苦其心志，勞其筋骨，餓其體膚，空乏其身，行拂亂其所為，所以動心忍性，曾益其所不能。」[39]馮友蘭三年半的異國求學，為他開拓了知識、才學、方法、閱歷、經驗等諸多方面的視野，也為他日後成為學貫中西的哲學及哲學史大家奠定了基礎。

37　馮友蘭：《與梁漱溟論東西文化書》，載《學人》第四輯。
38　《三松堂自序》，第59頁。
39　《孟子·告子下》。

2.4　嶄露哲學家頭角

馮友蘭早年酷愛哲學和邏輯，立志學習西方哲學，因此他一入哥倫比亞大學研究院，便如魚得水，一頭鑽進西洋哲學的大海中。從古希臘的亞里斯多德、柏拉圖，到德國古典哲學的黑格爾、康得，馮友蘭都下了很大的功夫。西方古典哲學，特別是康得、黑格爾對馮友蘭的影響，應該說是資產階級哲學家在反對封建主義世界觀過程中所建立的近代理論體系和哲學方法，這些都在馮友蘭以後創立自己的新理學體系中有所反映。

對於初次接觸西方哲學的馮友蘭來說，普遍地閱讀西方重要哲學家的著作，是一個基本的要求。歷史進入20世紀，特別是西方經歷了第一次世界大戰的浩劫，在哲學理論方面，人們多把注意力投入到西方現代哲學上。馮友蘭也是如此。他在哥倫比亞大學研究院的哲學系讀書期間，指導他學位論文的導師正是美國的實用主義哲學家杜威。而當時的哥倫比亞大學，又恰好集中了美國現代哲學流派的一些主要代表人物。杜威是美國實用主義哲學流派中影響最大的哲學家。他先是任教於密西根大學，並深受英國新黑格爾主義影響。後來又在芝加哥大學任哲學系主任長達10年之久，並由此時轉向實用主義。1905年起，任哥倫比亞大學教授，在哥大執教24年，直至1929年退休。杜威一生出版了30餘部著作，發表論文近千篇，其影響波及整個世界。

在哥大，現代哲學流派的另一位代表人物是蒙塔古（舊譯蒙太格或孟特叩）。他是新實在論哲學在美國的重要代表人物之一。當杜威由芝加哥大學到哥倫比亞大學去任教時，正值新實在論運動在美國哲

學思潮中處於前列的時期。因此，早在蒙塔古之前，哥倫比亞大學就有以伍特布裡奇（Woodbridge）為代表的新實在論思潮的影響，後來又有哥大教授斯特朗（C.A.Dtrong，1862—1940）的批判實在主義的出現，這使哥倫比亞大學成為美國新實在主義思潮的中心。

除上述兩大思潮外，當時在美國流行的還有以法國哲學家柏格森（Henri Bergson，1859—1941）為代表的生命派哲學和以叔本華、尼采為代表的意志論哲學等等。

從當時馮友蘭的文章及譯文看，上述西方現代哲學思潮對其均有影響。其中尤顯突出的是實用主義和新實在論。馮友蘭在晚年回憶中說：「實用主義和新實在論是當時在中國比較流行的西方哲學思想。……我在哥倫比亞大學研究院的時候，在這個大學中恰好也有這兩個學派。杜威在那裡講實用主義，還有兩位教授講新實在論。因此這兩派我比較熟悉。在我的哲學思想中，先是實用主義佔優勢，後來新實在論佔優勢。」[40]馮友蘭所受上述兩派的影響，主要體現在他以後的哲學創作中。就當時來說，馮友蘭還未形成自己的哲學體系，因此其所受西方哲學的影響是多方面的。而這些影響比較多地是通過他向中國國內介紹這些流派而表現出來。

馮友蘭最早向中國介紹西方現代哲學流派始於1921年，也是他進入哥倫比亞大學研究院的第二年。這一年的暑假，他撰寫了《柏格森的哲學方法》一文。此文發表在《新潮》第3卷1期。在文尾，馮友蘭作了一個說明。他說：「我覺得國人的西洋思想史的知識有些差池；

40　《三松堂自序》，第210頁。

此文前段有論智識主義的一段，似乎可以對國內研究柏格森的人，多少有點貢獻。所以我趁年假的幾天空閒，把他整理出來，寄回發表。」[41]這是說，由於研究柏格森的人對柏氏哲學有誤解，所以需要給以澄清。馮友蘭這篇文章，雖然是以介紹柏氏哲學的形式出現，但反映了馮友蘭對當時盛行的生命派哲學的看法，尤其反映了馮友蘭對此派哲學方法的推崇。柏格森認為，世界的本質或基礎是一種生命的衝動，這種生命的衝動是通過「綿延」、「基本的自我」或「自我意識狀態」等最基本的存在體現出來的。因此，「唯一實在的東西是那活生生的、在發展中的自我」。因為本體世界是生生不息的「生命之流」，因此對它的認識就不能用經驗的或理性的方法。在他們看來，無論經驗或理性，都只能把握凝固、靜止的東西，而不能把握處於運動中的生命這種最真實的存在。他們認為唯一正確的認識方法，是用直覺的方法，即從生命本身去把握生命，這樣，在認識論上既排除了經驗論也排除了智識論，「直覺」便成為超感覺、超理性的神秘主義或只可意會不可言傳的「內心體驗」。馮友蘭對柏格森的這種直覺主義的認識方法給予了充分肯定，認為它所攻擊的目標正是極端的智識主義，「而歐洲極端智識的壞處，就在執著概念；概念是什麼，那東西一定是什麼」[42]。這就如同照相，不能不用照相機給他留下一個影子，這是不得已的。「不過我們要知道這個概念是那個活東西的死影子」[43]，因此不可執著於這個死影子。

---

41 馮友蘭：《柏格森的哲學方法》，原載《新潮》三卷1期，現收在《三松堂全集》第十一卷，引文見該書第18頁。

42 馮友蘭：《柏格森的哲學方法》，原載《新潮》三卷1期，現收在《三松堂全集》第十一卷，引文見該書第11頁。

43 《三松堂全集》第十一卷，第11頁。

馮友蘭對柏格森哲學的吸取，是方法論部分。他所強調的是不能固守已得到的概念，「直覺只是叫人從真實向概念，不從概念向真實」[44]。因此他認為，柏格森的直覺主義「並不是叫人不要概念」，「直覺是分析以後的事，主張直覺的，只反對以分析為究竟，但並不反對分析。若以為主張直覺，便是不要分析，便為大錯」[45]。他甚至對當時西方哲學家對柏格森的批評也作了評論：「美國新實在論派的人如斯保丁（E.G.Spaulding）攻擊柏格森說他既反對分析，而他所講的話，仍是從分析來的。羅素（B.Russell）說，柏格森說言語不完全，卻偏要用言語做書。我覺得他們都有點冤枉柏格森。至於有些頭腦不清的人，以直覺為藉口，以自文其籠統，那更為柏格森之罪人了。」[46]

　　馮友蘭對柏格森直覺主義方法的評介，是他以自己的知識水準去理解和把握西方哲學的第一次嘗試，同時也是他以中國或東方人的哲學思維同西方哲學思維的首次接觸。這些嘗試和接觸，表現出馮友蘭的哲學天分和他在哲學上的獨立思考能力。

　　在深入研究西方哲學的同時，馮友蘭始終沒有忘記自己到西方求學的使命：從哲學上解答中西文化的關係問題。他在晚年回憶說：「一九一九年我到美國後，和西方文化有了直接的接觸，上面所說文化矛盾的問題，對於我更加突出。」[47]因為當時正是美國在第一次世界大戰勝利後的繁榮時期，西方的富強，中國的貧弱，更成了鮮明的

44　《三松堂全集》第十一卷，第14頁。
45　《三松堂全集》第十一卷，第18頁。
46　《三松堂全集》第十一卷，第18頁。
47　《三松堂自序》，第202頁。

對比。「當時我經常考慮的問題是：自從中國與西方接觸以來，中國節節失敗，其原因究竟在哪裡？」[48]

為了尋找這一答案，馮友蘭在哥大期間寫了兩篇關於中西文化關係的文章：一篇題為《為什麼中國沒有科學──對中國哲學之歷史及其後果的一種解釋》，另一篇題為《論「比較中西」──為談中西文化及民族論者進一解》。在這兩篇之外，馮友蘭還訪問了當時在美國講學的印度詩人泰戈爾，並以問答的形式寫成《東西文明之比較觀》一文，發表在《新潮》3卷1號上。《中國為何無科學》，以英文寫成，作為馮友蘭的學年論文，曾在哥大哲學系的討論會上宣讀過，後來又發表在美國的一家雜誌上。

在上述文章中，馮友蘭用他所學到的西方哲學的觀點和方法解釋中國哲學及其文化，同樣表現了馮友蘭的哲學天分和素養，同時也可以明顯地看到他所受到的西方現代哲學思潮的影響。如他在解釋一個民族的歷史成因時，正是採取了當時西方最流行的觀點─意志論。他說：「地理、氣候、經濟條件都是形成歷史的重要因素，這是不成問題的。但是我們心裡要記住，它們都是使歷史成為可能的條件，它們都是一場戲裡不可缺少的佈景，而不是它的原因。使歷史成為實際的原因是求生的意志和求幸福的欲望。」[49]馮友蘭以「求生的意志」和「求幸福的欲望」為歷史發展的實際動因，實際上是受到了從康得、費希特到詹姆斯、杜威，甚至叔本華和尼采的影響。

48　《三松堂自序》，第202頁。
49　馮友蘭：《中國為何無科學》，《三松堂全集》第十一卷，第32頁。

把上述「意志信仰」的原理運用到對文化的分析上，便可解決中西文化孰優孰劣的問題。馮友蘭認為，文化與民族性，「是個包羅一切的總名」，因此，「徒空言不解決此大問題」。若要解決這一問題，須在「行為」上下功夫。「若在行為方面找解決，那就正用著詹姆斯所說的『意志信仰』了。」[50]在馮友蘭看來，中華民族及其所創造的文化，在幾千年的歷史發展中，轟轟烈烈，從未遇見敵手，現在忽逢勁敵，故急於比較孰優孰劣，以想對策。但中西文化孰優孰劣的問題，恰似一個邏輯的悖論，很難在理論上得到一個圓滿的解答，「就是康得《純粹理論批判》中所謂之Antinomy，就是俗話中所謂『公說公有理，婆說婆有理』」[51]。既然在理論上不能證實孰是孰非，「那麼我們為什麼不『用意志去信仰』呢？我們若信中國文化，至少與西洋平等，那就證實我們的才能，至少亦與西洋人平等，我們就膽大氣壯，而只此膽大氣壯，就是我們得勝之重要條件，因之就能使我們之所信為真」[52]。最後，馮友蘭得出結論：「空口談論文明及民族性之優劣，是沒有用的。他們的優劣，全靠我們的信仰，我們的此時此地！Here and Now！」[53]

　　很清楚，馮友蘭在其早期關於中西文化比較的文章中，其立場、觀點及方法基本上是他的指導老師杜威的實用主義哲學。他把「行為」歸結為「意志信仰」，實際上正是詹姆斯和杜威的「行為主義」與「唯意志主義」的結合。因此，與其說《論「比較中西」》是一篇

50　馮友蘭：《論「比較中西」》，載《三松堂全集》第十一卷，第57頁。
51　馮友蘭：《論「比較中西」》，載《三松堂全集》第十一卷。
52　馮友蘭：《論「比較中西」》，載《三松堂全集》第十一卷，第58頁。
53　馮友蘭：《論「比較中西」》，《三松堂全集》第十一卷，第59頁。

討論中西文化的著作，倒不如說它是一篇實用主義哲學論文。而《中國為何無科學》一文，則是一篇中國哲學史的著作。這樣，在馮友蘭留學哥倫比亞大學期間，即已為他日後為之奮鬥的終身事業做好了哲學理論的準備，並在這些準備中嶄露了哲學家頭角。

2.5　博士論文

1923年，是馮友蘭在哥倫比亞大學研究院讀書的最後一年。在這一年的上半年，他用英文完成了博士論文的寫作。論文題目是：Comparative study of life ideals（《天人損益論》，又名《人生理想之比較研究》）。

為什麼選擇這樣的題目作博士論文？馮友蘭在晚年有一個解釋。「我在《中國為何無科學》一文中主張文化的差別就是東方、西方的差別。這實際上是當時流行的見解。可是待我一深入研究哲學史，就發現這種流行的見解並不對。我發現，向來認為是東方哲學的東西在西方哲學史裡也有，向來認為是西方哲學的東西在東方哲學史裡也有。我發現人類有相同的本性，也有相同的人生問題。這個看法後來就成為我的博士論文的主要論題。」[54]

由上面的引文可見，馮友蘭的博士論文寫作的動機，仍是出於對中西文化問題的關切。所不同的是，他不再囿於「五四」時期所強調的東西文化的差異，而是企圖打破所謂東、西的界限，從中探尋中西

54　《三松堂自序》，第363頁。

文化的共同點。

《天人損益論》共分11章，除第一章緒論外，其餘10章分述中西哲學史上的十大派別。在十大派別中，馮友蘭又根據各派別對「天然」與「人為」的不同看法，歸類為三大系統，即損道、益道和中道。馮友蘭認為，人類就其生理構造及心理活動來說，基本上是相同的，因此各民族的哲學家所提出的理想人生，也有很多相同之處。其不同只在於對其理想人生闡述的透徹或不透徹，在其民族的行為上產生影響的大小而已。基於這一前提，「我書中特意將所謂之東西界限打破，但將十樣理想人生，各以一哲學系統為代表，平等的寫出，而比較研究之」[55]。

在所謂「損道」系統中，馮友蘭首列以老莊為代表的道家為十大派別中的浪漫派。「中國之道家哲學，老莊之流，以為純粹天然境界之自身，即為最好；自現在世界減去人為，即為至善。」[56]就道家的「道」論而言，其以道解釋天地萬物之起源，即郭象謂道「無所不在，而所在皆無也」[57]。馮友蘭認為，西方哲學中的斯賓諾莎所說的「上帝」，與老莊所說的道極為相似。因為老莊哲學雖主張「減損」，以天然境界為好，但不否認現世，故稱其為浪漫派。在「損道」系統中的第二派，馮友蘭稱之為「理想派」。這一派以西方哲學中的柏拉圖為代表。其基本特點是以為現在的世界之上，尚有一完美的理想世界。這一理想世界的概念是絕對的，而現在世界之事物是相對的。就

55　馮友蘭：《天人損益論》序言，《三松堂全集》第一卷，第580頁。
56　《人生哲學》第二章，《三松堂全集》第一卷，第362頁。
57　見郭象：《莊子・大宗師注》。

此，柏拉圖提出「宿慧說」與「概念說」，來證明其「兩個世界」的理論。因其對於實際世界的失望，遂將概念客觀化於理想的世界。「現在的世界可見而不可思，理想世界可思而不可見」，故稱其曰「理想派」。在理想派一章中，馮友蘭實際列舉了自泰勒斯至柏拉圖期間的許多古希臘哲學家的名字和思想，表現了他對西洋古典哲學的理解和批評。損道系統的第三派，馮友蘭稱為「虛無派」。此派思想以叔本華為代表，認為「大意志乃世界之本原」，而知識又為意志的工具。所以知識的功用在於「伺候」意志，而非發現真理。只有由「愛」而得到的「超越的知識」，方可經久，且與宇宙為一體。但在現象世界中，這些都是分離的，故造出許多痛苦。有意志即有需要，有需要即有苦受。所以要避免世間苦楚，則唯有完全否定意志。意志完全滅絕後，將一切皆無。此說多與佛教「分別因緣生滅相」、「止一切境界相」等說相符，故叔本華與佛教哲學皆可歸於「虛無派」。

「益道」系統的人生論亦有三派。此與「損道」系統的人生理論相反，認為現在世界雖有不好，而比之過去，卻已好得多；其所以仍有種種不好，是因人類文明和進步還未達到極境，因此更需人類加倍努力，「以人力勝天行，竭力奮鬥，庶幾將來樂園不在『天城』而在『人國』」[58]。由於益道諸哲學，所「益」程度不同，故其中亦有派別之分。馮友蘭以中國哲學史上主張及時行樂的楊朱哲學為益道系統的第一派。因其以目前最大快樂為最好，當下舒適，即是「樂園」，故名此派為快樂派。西洋哲學中與此派相當者為施勒尼派（又譯作居勒尼，Cyrenaic）。此派以「尋求快樂和愉快的感覺」為人的本質，以肉

58　《三松堂全集》第一卷，第359—360頁。

體的快樂為在精神的快樂之上。伊比鳩魯派亦在原理上與楊朱派相合。益道系統的第二個派別是功利派。馮友蘭以中國的墨家為此派的代表，認為「功利派之哲學，雖以快樂為人生所應求，而但謂吾人應犧牲目前享受，以圖將來快樂」[59]。西洋哲學中與此派相應者，當屬邊沁（Jeremy Bentham）與霍布斯。邊沁強調，幸福、快樂需以理性、法律來維持。此即墨家所謂「智」。以理智對待利害關係，即得「吾人所應取者，乃大利而非目前之利；所應避者，乃大害而非目前之害」[60]。在功利的實現方面，墨家不僅提倡「天志」、「明鬼」以設宗教制裁，而且主張「上同而不下比」的政治制裁。霍布斯亦強調國家的權威應需絕大，其權威的絕對性有如上帝。依墨家之意，政治制裁之外不須有社會制裁，即宗教的制裁必為政治制裁的附庸。此意亦與霍布斯思想相合。霍布斯亦以為教會不能立於國家之外而有獨立的主權。這就是說，在中西哲學中，特別是在墨家與霍布斯的思想中，都主張宗教與王權的統一。此為功利派的大概。益道系統的再一派為進步派。馮友蘭以西洋哲學中的笛卡兒、培根、費希特為此派代表。馮友蘭認為此派的根本觀念，「乃以為人與天然，兩相對峙，而人可以其智力，戰勝天然也」[61]。笛卡兒以其求知方法和懷疑精神，追求「確切」，故對未來抱有希望，「以為最高的好即對於真理的知識」，人類有了這些知識，「即可成為天然界之主人及佔有者」。培根也是一樣，他教人注重權力，「人的知識與人的權力，此雙生子，真常在一處」，「知識之真正目的，乃所以恢復人在此世界中所原有之主權

59　《三松堂全集》第一卷，第417頁。
60　《三松堂全集》第一卷，第418頁。
61　《三松堂全集》第一卷，第438頁。

及權力」。[62]人有權力之後，人類的危機並未減輕，且人將用其知識權力以自相殘害。如何避免這一結果，故又有費希特主張道德進步之說。費希特以為人生之最高境界是能夠實現的，其最根本的原因即在於「因有我在」。在費希特的哲學中，「絕對的我」是宇宙原理，而個體的「有限的我」則是「絕對的我」在現象世界中的表現。因此「有限的我」必須積極前進，因有「我」在，即可斷言人生之最高境界必可得到。在這一節中，馮友蘭並未指出與此派思想相對應的中國哲學中的派別，只引了「愚公移山」的故事。「笛卡兒、培根、費希特，皆北山之愚公也。」[63]

中道系統的人生論，馮友蘭列出了儒家、亞里斯多德、新儒家（宋元明儒家）及黑格爾四派。馮友蘭認為此四派有共同特點，即皆強調「合內外之道」。儒家及新儒家的中道、中庸、中和思想，都反對「過」和「不及」，而亞里斯多德亦強調道德即在中之中。「中者，無過與不及之謂；道德即吾人特意所成之心理的狀況，能合乎中者也。」[64]黑格爾的哲學力圖打破「我」與「非我」、主觀與客觀的二元對立，即破除「損道」與「益道」之兩個極端。在黑格爾那裡，世界一切，皆絕對精神的表現，而絕對精神原本即是統一的、調合的「一」。但人類在發展過程中，原始的、直接的統一遭到破壞、發生分裂，因此出現「在自」與「為自」的矛盾。經過人類精神的衝突、鬥爭，然後能自覺，故可重新得到統一。此統一已非原始直接的統一，乃自覺的統一，「為自」的統一，即「絕對精神必須自知其為精

62　《三松堂全集》第一卷，第445—446頁。
63　《人生哲學》，《三松堂全集》第一卷，第456頁。
64　《人生哲學》，《三松堂全集》第一卷，第483頁。

神」[65]。此即所謂「理論的理性與實踐的理性之相合，所謂合內外之道者也」[66]。馮友蘭把黑格爾作為中道系統的最大代表，說明其受黑格爾影響之至深。

《天人損益論》把三個系統的十派哲學平列起來。其中，中西哲學家各占一半，平分天下，且不分彼此，不分高下，此即馮友蘭在《論「比較中西」》一文中對「中國文化至少與西洋平等」之立意的進一步發揮。由此我們可窺見馮友蘭對中西文化看法的轉變，即由原來對中國文化所持的批評態度轉向客觀的比較。因此他的博士論文也是中國學術史上對比較哲學研究的開始。這正如馮友蘭在晚年回憶中所說：「我把中國哲學史和西方哲學史聯合起來，選出一些哲學家作為代表，以為說明。這實際上是一種中西哲學史比較研究的工作。」[67]

從哲學史的比較研究的角度看，馮友蘭的博士論文確有開先河的作用，其方法及立意也都有獨到之處。但作為一篇哲學論文，卻顯得純度不夠。因其引文太多，影響了其哲學觀點的發揮。馮友蘭後來解釋說：「《天人損益論》也不是一部哲學史，它引用哲學史中的大量材料，是用以說明它的論點。那就是，人的思想不分國界，哲學不分東西。」[68]但大量的材料畢竟淹沒了他的上述論點，使他的博士論文倒真像一篇哲學史的著作。有的章節如墨家一章，引文竟占本章文字的三分之二。「兼愛」一節，引文近3000字，而其他說明文字還不足

65　《人生哲學》，《三松堂全集》第一卷，第503頁。
66　《三松堂全集》第一卷，第507頁。
67　《三松堂自序》，第204頁。
68　《三松堂自序》，第211頁。

300。儘管如此，他的博士論文仍不失為一部成功之作。該論文在博士答辯會上通過不久，便改名《人生理想之比較研究》（英文）由商務印書館在上海出版。出版後，哥大研究院便正式授予馮友蘭哲學博士學位。後來，馮友蘭又在此基礎上作了補充，更名為《人生哲學》，並於1926年作為當時高級中學的教科書出版。

第三章

桃李之下自成蹊

3.1　燕京大學

　　1923年夏天，馮友蘭同其胞弟景蘭一起，取道加拿大回國。三年半的遊子生涯總算結束了。出國前馮友蘭已有一女名鐘璉，此時剛滿四歲。家庭的團聚，故國的情懷，使馮友蘭興奮不已。這時候，河南的教育界也起了變化，原先的留學歐美預備學校，改為河南的省立大學，定名為「中州大學」。因馮友蘭是河南派出的留美名額，回來自然要為河南本省效力，故早在其回國之前，便被中州大學內定為文科主任（即後來的文學院長）。因此，馮友蘭一回到開封，便走馬上任，被聘為中州大學教授、哲學系主任、文科主任。此時馮友蘭尚未到「而立」之年，可謂年輕有為而躊躇滿志了。

　　河南雖地處中州，但就學術文化的氛圍講，還遠不能與當時的北京、上海相比。而就政治方面說，當時的廣州是中國革命的中心，許多有志於革命的青年知識份子都嚮往它。馮友蘭也是如此，「我當時是想當一個革命的人，就決定去了」[1]。1925年八九月間，馮友蘭「抱著國共合作的希望」和「想當一個革命的人」之心願來到廣州。但是一到那裡，他的所見所聞都是國共的分裂和國民政府內部的鬥爭，這使馮友蘭很失望。雖然廣東大學（即後來的中山大學）聘他為教授兼哲學系主任，他也無心留任。特別是當他看到廣州的群眾運動時，更使他感到恐懼：「成千上萬的人排著隊伍，拿著標語，喊著口號，像潮水一般湧過來。這是我從來沒有見過的場面。我和那位朋友差不多同時都說『可怕！可怕！』。」[2]後來，他在分析「可怕」的思想背景

1　《三松堂自序》，第63頁。
2　《三松堂自序》，第64—65頁。

時曾衷懇地表示：「按我的家庭出身和個人所受的教育，我的思想感情都打上了紳權的烙印。所以我看到群眾遊行的隊伍，就覺得『可怕』。」[3]馮友蘭一生都謹小慎微，這固然與其出身、家庭環境及個人修養有關，但20年代中國革命的生死決戰對他也不無影響。這種影響在一定程度上決定了馮友蘭一生都走教育與學術研究的道路，雖然在政治上也時有表露，但都限制在學者所能承受的範圍內。

馮友蘭的廣州之行，雖然只有幾個月，但終究像一場夢，給他留下了深刻的印象。從此他開始尋找自己真正的「安身立命之地」。於是，他應朋友之邀，於1926年初又回到北京，進入了燕京大學任教。

鴉片戰爭以後，西方人到中國傳教，設立教會，同時亦辦了許多學校。這些教會學校用教育手段宣傳西方的宗教、科學和文化，這對當時西學的輸入和中西文化的交流都起到了重要作用。五四運動以後，中國民族意識覺醒，教育亦隨之發展。在大學的品質和數量方面形成了壓倒教會學校的優勢，這促使教會學校由原來的分散狀態轉向集中聯合，以與中國政府所辦的學校競爭。燕京大學即是教會學校集中聯合的產物。它是由美國教會與晚清所創辦的三所大學—北京匯文大學、華北協和女子大學及通州協合大學合併而成。其三校合併之議始於1919年，並聘請當時在南京神學院講授拉丁文和古希臘文的司徒雷登教授為總監。當時為了決定校名，還延聘了蔡元培、吳雷川、胡適、傅增湘、王厚齋為議定校名的五人委員會。

燕京大學因建於清末廢園——淑春園的基礎之上，故向以風景幽

3　《三松堂自序》，第65頁。

雅著稱。淑春園又名十笏園，早在乾隆中葉以前即見記載。據說後來乾隆帝把它賜給當時恩寵倍加、權極一時的吏部尚書協辦大學士和珅。現在北大校園中的未名湖、湖中石舫等即是和珅時代的遺物。隨著中國近代政治的動盪，淑春園亦屢易其主，幾經興衰。至民國初年，該園落到陝西軍閥陳樹藩手裡。燕京大學以六萬銀元的高價從陳處買下。[4]燕大得到這塊基地以後，就在美國募捐，並由畢業於耶魯大學的美國建築師亨利・墨菲設計規劃，建成後來的燕京大學。由於這樣的歷史經歷，燕京大學掌故甚多，其建築物的名稱及裝飾物亦多有來歷。如現在的辦公樓，原名「貝公樓」，據說是有個叫Baker的人捐建的；未名湖中島亭，當初叫「思義亭」，它是由美國《生活》和《時代》兩大刊物的創辦人亨利・路思（Henry.R.Luce）捐資興建的。路思出生在中國，他父親曾擔任過燕京大學副校長。為紀念他的父親，由他設立了「亨利・路思基金會」。該會為促進中美間的文化學術交流，作出了積極貢獻。[5]

提起「未名湖」，它要算是燕京大學的象徵了。然而，其名稱的由來，卻是燕京大學諸多歷史掌故中最富奇異色彩的一個。據說，「未名湖」自開鑿後，因景色絕佳，文人學士一直未能起一個恰當的名字去概括它，因此一直到燕大建校尚未得名。據侯仁之先生回憶：「未名湖是怎樣得名的，我不知道。為此我曾去問過謝冰心老師，因為她是1926年的夏天留美歸來開始到新建成的燕京大學任教的。」[6]據謝冰心回憶，當時還沒有「未名湖」這個名稱。侯仁之先生於1932

4   參見侯仁之：《燕園史話》，北京大學出版社，1988年版。
5   參見侯仁之：《燕園史話》，北京大學出版社，1988年版。
6   侯仁之：《燕園史話》。

年考入燕京大學，「從那時起，『未名湖』這三個字就銘刻在我的記憶之中」[7]。這說明，1932年時，「未名湖」便已得名。無獨有偶，錢穆先生在80年代初回憶他在燕大任教時說：「⋯⋯園中有一湖，景色絕勝，競相提名，皆不適，乃名之曰『未名湖』。此實由余發之。」[8]錢穆於1931年入燕大任教，與侯仁之先生所憶「未名湖」之得名，在時間上不悖。未名湖邊，有一松竹掩映的幽雅建築，今稱「臨湖軒」，當年為司徒雷登所居，據侯仁之先生的考證，「臨湖軒」之名稱，乃由謝冰心所命。未名湖畔的水塔，當初叫「博雅塔」，其名則是根據當時在燕大任教的美籍教授博晨光（Lucius.C.Porter）的名字命名的。博氏是「哈佛—燕京中國研究社」（簡稱哈佛燕京學社）創立時期燕大一方的負責人，他也是馮友蘭初入燕大及該研究社任教的引薦人。哈佛燕京學社對中國古代文化的研究，在當時國內外均發生過重要影響。

1925年春天，在馮友蘭去廣州之前，他便接到博晨光約他到燕京的信。「信中說，燕京大學同哈佛大學合作，辦了一個哈佛——燕京中國研究社，找了些人作研究工作。⋯⋯他約我到燕京，一半時間在哈佛——燕京社作研究工作，一半時間在燕京講一兩門課。」[9]這樣，當馮友蘭對廣州之行失望後，便於1926年初毅然來到燕京大學。

在燕大，馮友蘭被聘為該校哲學系教授和哈佛燕京學社研究員。同時還兼任由當時在北京的外國人組織的「華語學校」的一些課程。

7　　侯仁之：《燕園史話》。
8　　錢穆：《師友雜憶》，嶽麓書社，1986年版。
9　　《三松堂自序》，第63頁。

「我在華語學校，開了一門課，講《莊子》，每星期講一次。」[10]除了講《莊子》，馮友蘭還負責組織華語學校的中國文化講演，也是每週舉行一次。為組織教學，他還專門請了梁啟超、王國維、黃侃、顧頡剛等當時一些大師級人物。顧頡剛當時雖然還不能與梁、王、黃比肩，但他所鼓吹的疑古、辨偽工作，異軍突起，對當時學術界造成強烈震撼。

馮友蘭在華語學校只兼了一年課，燕大搬到西郊後，便全部投入到燕大的教學和研究中。這一時期，他撰寫了《柏拉圖哲學略述》、《孟特叩論共相》；翻譯了《赫拉頡利圖斯殘句》、《歐洲十八及十九世紀思想之比較》等西方哲學著作。還將其《人生理想之比較研究》改寫成中文，並補寫了《一種人觀》作為書的最後兩章，總其名為《人生哲學》作為當時高中教科書由商務印書館出版。上述西方哲學的研究，一直是馮友蘭的志願，他在晚年回憶說，在這段時間裡，「我的主觀志願是想向中國介紹西方哲學。客觀的機緣使我作了一些向西方介紹中國文化的工作，最後歸到研究中國哲學史。這個最後的機緣是一九二七年燕京大學給我一個任務，講中國哲學史」[11]。

從1926年夏至1928年夏，馮友蘭在燕京大學的主要工作便是教授中國哲學史。這使他得到一個重新審視中國哲學的機會。在這一歷史性的機緣中，胡適已經為他開闢了道路。但馮友蘭並不滿意胡適的方法，他要在重新研究的基礎上走自己的路（詳見本書第4章第1節）。

10　《三松堂自序》，第66頁。
11　《三松堂自序》，第217頁。

馮友蘭雖然在燕京大學只待了兩年，但對他一生的影響是重大的，因為馮友蘭真正的學術研究是從燕京大學開始的。

3.2　任教清華

　　清華大學是中國現代史上一所著名的綜合性大學。她的創建有著特殊的歷史背景：她經歷了清華學堂時期（1911—1912）、清華學校時期（1912—1928）和國立清華大學時期（1928年以後）三個不同的歷史發展時期。她的發展過程反映了中國近代學術的發展過程，也是中國的高等教育和近代學術逐漸擺脫殖民主義而走向獨立的過程。

　　清華學堂是清華大學的前身。而清華學堂又是在「遊美肄業館」的基礎上成立的。1900年，清政府在庚子之役中戰敗，第二年，帝國主義列強（八國聯軍）脅迫清政府簽訂《辛丑合約》，其中規定向侵略者「賠款」，本息數額高達10億兩白銀，史稱「庚子賠款」。1908年，美國與清政府商定，由美國自認向中國索取賠款「實屬過多」而「退還」部分「庚子賠款」，中國政府用此款派遣學生到美國留學。1909年，清政府在北京設立遊美學務處，並籌建「遊美肄業館」。1911年2月，遊美學務處和籌建中的遊美肄業館遷入清華園，並正式改名為「清華學堂。」從1909年到1911年，遊美學務處先後選派三批留美學生共180人。胡適、梅貽琦、趙元任等即在這三批學生之中。

　　辛亥革命後，遊美學務處被撤銷，清華學堂亦改名清華學校。其中包括留美預備部、大學部和國學研究院三個部分。1925年成立的國學研究院聚集了如王國維、梁啟超、趙元任、陳寅恪等當時第一流的

國學大師，此時乃為清華學校的輝煌時期。辛亥革命後，雖然建立了共和，但勢力並未達到北方，直到1928年，「蔣介石聯合閻錫山、馮玉祥繼續北伐，趕走了張作霖，勢力一直達到北京」，清華學校方借北伐軍的餘威，開始了重要的改革。清華學校正式改名為「國立清華大學」。

馮友蘭與清華大學的因緣，正是從這一時期開始的。據馮友蘭晚年回憶，他在燕京大學任教時，常常感到燕大的宗教氣味太濃。「燕京大學是一個教會學校，我本來是反對教會學校的，我覺得，教會學校出身的人，有一種教會味，其精神面貌，跟中國人辦的學校出身的人，有顯著的不同。」[12]因此他總覺得在燕京大學「不是長久之計」。在這一點上，我們可看到在馮友蘭身上所潛在的傳統文化對他的影響。他雖然在西方接受現代教育，但西方的宗教文化對他絲毫不起作用。正是基於對教會學校的反感，他在給傅斯年的信中斷言「燕京不是我們的安身立命之地」[13]。

正當馮友蘭感歎燕京非安身立命之地的時候，他在北大時期的同學羅家倫被南京政府任命為國立清華大學校長。羅家倫是北大中文系的畢業生，在還是北大學生的時候，就與傅斯年、徐延之、顧頡剛、楊振聲等人組織「新潮社」，鼓吹新倫理、新文化，因此受到當時新文化運動的代表人物陳獨秀、李大釗、胡適等人的支持和讚賞，成為五四時期激進的青年學生領袖之一。馮友蘭與羅家倫的交往除北大學生時期外，在美國留學時也常有來往。羅家倫當時在普林斯頓大學研

12　《三松堂自序》，第73頁。
13　《三松堂自序》，第74頁。

究院，距離紐約不遠，所以羅家倫常去紐約與馮友蘭等北京大學的同學聚會。羅回國後從事政治活動，後來當上了蔣介石的秘書，於1928年被任命為清華校長後，當年暑假未過，便到北京接手清華。

羅家倫一進入清華，頭一件事便是組織班子。於是，馮友蘭、楊振聲這幾個原北大同學和原「新潮社」成員便都成為羅家倫邀請的對象。楊振聲被聘為教務長，馮友蘭被聘為清華大學秘書長兼哲學系教授。從此馮友蘭找到了自己的「安身立命之地」，開始了在清華大學長達二十四年的教授生涯。

由於清華是用美國退還的部分庚子賠款創建的，因此在校務建設、辦學方針、培養目標及學術、學風等方面無不受美國的影響和控制。「在清華學校的校長之上，還有一個太上校長，叫董事會。」美國駐中國的公使是董事之一，但實際上就是董事長。在學校內部，職員的地位高於教員，外國教員高於中國教員，洋文高於中文，洋課程高於土課程。這些都是當時半殖民地教育的結果。因此，羅家倫組織的校務領導班子上任後首要任務，便是改變清華學風和爭取獨立自主權利。1929年4月，馮友蘭代表清華教授會赴南京列席清華董事會會議，力爭清華自主權。後來羅家倫又親往南京交涉，終於使南京政府撤銷了清華董事會和基金會，同時也批准清華改制，使清華納入教育系統。

在此期間，馮友蘭為爭取清華及國人的學術獨立奔走呼號。他想到的是清華學術、教育應儘早擺脫殖民主義控制而走向獨立，從而為社會和國家作出貢獻。他有感於「清華牆外，烽火連天」，「我們在

清華牆裡面，應該怎樣利用我們的機會，使國家社會能得到我們最大的、可能的貢獻」[14]。於是他提出：「我們要想叫現代學術在中國發達，也非叫現代學術說中國話不可。」在馮友蘭看來，「豈真中國學術已竟能獨立了嗎？」為爭得學術獨立，「我想學校應該定一種辦法，使教授能從教學、研究及翻譯三方面出其所長，以貢獻於國家社會」[15]。

清華大學秘書長的官銜，馮友蘭只做了半年就辭去了，接著兼任清華大學文學院長、哲學系主任。1930年5月，羅家倫辭職，清華在近一年的時間內沒有校長。馮友蘭在文學院長任上被推舉為校務會議主席，主持清華校務會議及清華日常工作。在沒有校長的情況下主持校務會議，這實質上就是校長的工作。從1928年9月馮友蘭任清華秘書長起，至1931年12月梅貽琦接任清華大學校長止，在其間三年多的時間裡，馮友蘭的主要精力放在清華的行政工作上。而這一時期又正是清華大學由原來的清華學校向完全的綜合性大學過渡的時期，加上當時複雜的政治鬥爭局勢，使馮友蘭在其人生道路上，第一次嘗試了為官的滋味，而且這「官」不是欽定的，而是由教授會推舉的。這三年多的行政工作的磨煉，充分表現了馮友蘭作為一位學者，同時具有幹練的行政能力。在他主持校務工作的三年中，清華大學行政上的一切興革計畫、教師隊伍的建設及課程實施等重大問題均未受到影響。據當時的記錄稱：「查本校自羅校長辭職後，校務由教務長、秘書長及各院長組成之校務會議維持，所有計劃照常進行；學生學業絲毫未

14　馮友蘭：《一件清華當作的事》，《清華週刊》三十卷2期，1929年10月。
15　馮友蘭：《一件清華當作的事》，《清華週刊》三十卷2期，1929年10月。

受影響；經費則自去春起由美使館按月撥給，中華文化基金委員會依法定手續轉交本校正式當局，本校基金亦由該會保管，不受任何方面干涉。」[16]這就是說，當時的清華大學正處在籌措初期，百事待舉，而在沒有校長又有政局擾亂的形勢下，「學校行政亦能超出政潮獨立進行」，使清華學子「在兵戈擾攘之中」，有一安心求學之處，實屬不易。這與馮友蘭主持校務會議是分不開的，這是馮友蘭對清華大學的重要貢獻。

馮友蘭一面主持清華行政工作，一面同他的清華同事們一起進行清華的學術建設和學科建設。1929年，清華大學正式組建了文學院、法學院、理學院，1932年又正式成立了工學院。同時清華還設立了理科、文科及法學等三個研究所。至此，清華的「四院三所」奠定了清華大學以後發展的基本框架。按清華的制度，文、法、理、工四院院長出席「評議會」，為當然評議員。而評議會又是由教授會的代表和行政當局組成。這樣，評議會就成了教授會的常務委員會，此即後來所謂的「教授治校」的基本形式。馮友蘭自辭去清華秘書長之職後，從1931年起，一直任文學院院長兼哲學系主任。因此，他雖然離開了秘書長的領導崗位，卻又以文學院院長的資格參加清華的校務會議。這即是說，馮友蘭在清華大學任教期間，一直是清華上層參與決策的成員。1931年12月，梅貽琦任清華大學校長後，馮友蘭仍在文學院長任上。當時清華流傳著梅貽琦的一句名言：「大學者，非謂有大樓之謂也，乃有大師之謂也。」[17]梅貽琦的這句話，可以反映當時清華的

16　《國立清華大學教授會宣言》，《國立清華大學校刊》191期，1930年6月27日。
17　《水木清華的眷戀》，《清華大學教育研究》校慶80周年增刊。

辦學方針，即十分重視師資隊伍的建設。也正是在這種辦學方針的指導下，30年代的清華大學，可謂人才薈萃：在理工方面的教師有吳有訓、周培源、薩本棟、黃子卿、熊慶來、趙訪熊、莊圻泰、華羅庚、葉企蓀、張子富、劉仙洲、顧毓秀等著名科學家；人文科學方面，除清華前期的王國維、梁啟超、趙元任、陳寅恪四大導師外，又出現了馮友蘭、楊振聲、張申府、聞一多、朱自清、吳宓、楊樹達、俞平伯、金岳霖等後起才俊。不勝枚舉的名流學者，一時雲集於清華園執教，他們共同開啟了清華教育史上的黃金時代，譜寫了中國現代學術史上的輝煌篇章。

　　一所學校有如此眾多的大師雲集，其培養的學生便可想而知。30年代，清華培養了一大批填補世界學術空白的人物，楊振寧、陳省身、夏鼐、錢鐘書、季羨林等等，他們青出於藍而勝於藍，為中華民族的學術獨立和文化復興貢獻了自己的才智。清華大學30年代的輝煌與清華早期的慘澹經營是分不開的，它同時反映出馮友蘭在此之前所提出的「叫現代學術在中國獨立和發達」的呼喊逐步變為現實。因為馮友蘭親身參與了清華大學的創建，目睹了她的成長和發展，因此他與清華有一種特殊的感情，認為他在清華的幾十年是他一生中最幸福的。馮友蘭逝世前所寫的最後一篇文章也是關於清華的。他在這篇文章中回顧了清華的發展過程以及自己與清華的關係。他說：「我有一個想法，清華由遊美學務處發展到現在，其發展過程反映了中國近代學術的發展過程，是中國近代學術走向獨立的過程。清華校史不僅有一校的意義，而且反映中國近代學術逐漸走向獨立的歷史。我能在這個過程中出過一些力，覺得很是榮幸的。我在清華的幾十年是我一生

中最幸福的時代。」[18]

3.3　遊學歐洲

　　早在美國留學期間，馮友蘭就計畫去歐洲遊學。因為在馮友蘭看來，「美國是沒有歷史的。這並不是說它真沒有歷史，只是說它的歷史不在美國而在歐洲，美國是歐洲的延伸。要知道美國的來龍去脈，那就非到歐洲去看看不可」[19]。但由於當時經濟拮据，去歐洲的願望未能實現。直到1933年10月，馮友蘭得到一個出國機會。因為照清華的制度，教授任職滿五年，即可申請出國休假一年，並由學校資助往返路費和在國外的生活費用。馮友蘭於1928年到清華，至1933年夏正滿五年。於是他接受了「英國各大學中國委員會」之邀，於1933年底開始了歐洲之行。

　　歐洲之行的第一站是義大利。馮友蘭在此只逗留了很短一段時間便匆匆趕到英國。按著「英國各大學中國委員會」的邀請內容，是要完成十幾次演講。這些演講雖然都屬中國文化的內容，但亦需要認真地準備，寫出講稿，然後由該委員會分發到英國各大學，再由這些大學根據自己的需要，選擇演講題目。因此時間還是很緊張的。馮友蘭一邊準備講稿，一邊在倫敦大英博物館看書，同時還抽空參觀遊覽倫敦的名勝古跡。大約有一個月的時間，近十餘所大學回信請馮友蘭去講演。於是他帶著講稿，周遊了這些大學，當然也就周遊了大半個英

18　馮友蘭：《清華發展的過程是中國近代學術走向獨立的過程》，載《水木清華的眷戀》。

19　《三松堂自序》，第90頁。

國。每到一處，馮友蘭都住在該大學的一位教授家裡，「雖然總的時間不長，但也覺得，對於英國社會的這一部分，有比較深一點的瞭解」[20]。

　　馮友蘭在英國歷時近6個月，分別到10所大學，共講演了17次。這次英國之行對馮友蘭來說，講演並不是主要的，而仔細考察英國的社會、教育、風俗和政治，卻是馮友蘭既定的目標。和當時遊歷英國的大部分中國人比較，他對英國的印象並不是太美好。從教育方面說，他認為「像牛津、劍橋那樣的大學，重點不在於傳授知識，而在於訓練學生怎樣生活，生活包括有玩耍，明顯一點說，就是教學生怎樣享福。這是封建貴族傳下來的學風」[21]。從教育品質看，馮友蘭對英國的大學似乎也無好感，因為歐洲的大學學期短，假期長，在學期中間還有許多紀念日，「一個學年上課的時間大概不多於半年」。「課程也比較簡單，主要是一些基礎課。」馮友蘭引用當時一個笑話說：「如果光從課程表看，中國北大、清華的畢業生，可以教美國的哈佛；哈佛的畢業生可以教英國的牛津、劍橋。」[22]

　　從社會、政治及禮儀上看，馮友蘭觀察到英國的許多傳統沒有太大變化，基本上是一種保守主義。如英國對待王室的態度，「在一般心理上、一般道德觀念上，他都有很大力量」[23]。「英王差不多是人民觀念中大英帝國的中心。推其源，總因為他們去封建時代尚不太久

20　《三松堂自序》，第82—83頁。
21　《三松堂自序》，第84頁。
22　《三松堂自序》，第84頁。
23　馮友蘭：《在英國所得之印象》，原載《北平晨報》1934年10月30日，現收在《三松堂全集》第十三卷，第858頁。

的緣故。是即形成極濃厚的保守色彩。」[24]不僅英國如此，歐洲的大陸國家如法國、德國也是如此。「如只到美國，沒到歐洲，以為西洋的文化，根本就是這樣好，但是如果到過歐洲或看過西洋歷史的人，便知中外的文化根本相同。」[25]

馮友蘭於5月間離開英國，在法國巴黎住了一個月，然後又到瑞士和德國。他在法國、瑞士、德國住的時間都不長，六月底便從柏林起身到列寧格勒、莫斯科，又到烏克蘭的哈科佛，最後從基輔到奧德薩，在蘇聯待了一個月零七天。結束了在蘇聯的遊歷後，馮友蘭又經過維也納到捷克的布拉格，參加在那裡舉行的國際哲學會第八次會議。會議結束後，馮友蘭於1934年10月上旬回到清華。

當時國內正在興起新一輪的中西文化辯論的高潮。政治上國共兩黨也正處在尖銳的矛盾對立之中。日本繼「九一八」事變之後，又變本加厲地侵佔上海。中國向何處去的問題又引起國人的強烈關注。在這種局勢下，國內對歐洲，特別是對蘇聯的情況都有極大興趣。馮友蘭一回到國內，便有許多人找他談話，請他作講演。於是他於10月24日、10月29日及11月6日，分別為清華大學、燕京大學等校師生作了題為《在蘇聯所得之印象》、《在英國所得之印象》、《遊歐印象》等多次講演，這些講演都分別發表在《北平晨報》上。通過對歐洲幾個國家的考察，馮友蘭更加確信：「這次我到歐洲遊歷，看到許多歐洲的事物，和中國相同，這樣使我更相信，我以前的，只有古今之分，

24　馮友蘭：《在英國所得之印象》，原載《北平晨報》1934年10月30日，現收在《三松堂全集》第十三卷，第859頁。
25　《遊歐印象》，《三松堂全集》第十三卷，第866頁。

而無中西之別的意見。」[26]

　　30年代中期，中西文化的討論不但在繼續著，而且愈加尖銳和複雜化。著名的「全盤西化」論者陳序經於1932年出版了《中國文化的出路》一書，全面系統地提出「全盤西化」的主張。在此之前，胡適為《中國基督教年鑒》所寫的一篇英文短文，也提出了「全盤西化」（Whole sale westernization）的概念，並在陳序經發表《出路》一書後，胡適在《獨立評論》發表《我是完全贊成陳序經先生的全盤西化論》一文，表示「我主張全盤的西化，一心一意的走上世界化的路」。馮友蘭雖然沒有參加30年代中期的「全盤西化」論與「本位文化」論的論戰，但在其《遊歐印象》文中，卻針對胡適的觀點發表了自己的看法：

　　胡適之先生以為西洋是汽車文明，中國是洋車文明。其實汽車並不是西洋固有的，乃是近年所發明的。建築亦是這樣，中西的不同，只是在形式方面及所用的材料上。[27]

　　胡適之先生曾經提出中國許多的毛病，如「八股文」、「打屁股」、「纏小腳」、「暗娼」。但是如到歐洲的博物院看一下，西洋也是這樣。如中世紀宗教家對於耶穌復活，他胸前的疤是否存在，和一個針尖上能站幾個天使等問題的探討，寫了許多部書。我覺得這種無聊的工作，是八股中之八股，可稱之為九股、十股了。至於打屁股的問題，如我們到歐洲的博物院看一看，他們古代的刑具，我們便可以

26　《遊歐印象》、《三松堂全集》第十三卷，第864頁。
27　《遊歐印象》，《三松堂全集》第十三卷，第864頁。

相信，這不是中國特有的了。纏小腳，雖然外國沒有這種風俗，如我們到博物院看他們婦女的種種奇形怪狀的服裝，和中國婦女的纏足也差不多。[28]

在中西文化論戰中，保守派曾有一個邏輯：西洋一切好的東西，在中國都是「古已有之」。馮友蘭把這個邏輯顛倒一下，認為中國一切壞的東西，在西洋亦是「古已有之」。這個邏輯看起來很特別，但仔細推敲，卻正合馮友蘭「中西文化只有古今之分而無中西之別」的看法。因此他認為中西文化的比較，只可把二者擺在同一時代裡才有意義。也就是說，「在同一制度之下，人的作為是完全相同的」[29]。文化的差別，從根本上說是經濟制度的不同所造成的。因此，「我們不能離開經濟狀況批評人家的長進與否，和離開社會制度來抽象地談論某人的」[30]。

馮友蘭從經濟制度、社會制度方面評價東西文化，這與他去蘇聯考察訪問有很大關係。蘇聯是世界上第一個以馬克思主義為指導而立國的國家，故引起世界的普遍關注。特別是關於蘇聯革命後的情況，「有人把它說成是天國樂園，有人把它說成是人間地獄」。馮友蘭親自考察的結果，使他「對社會主義發生了好感」[31]。因此在他回國後的幾次講演中，針對西方報紙所渲染的「蘇聯沒有信教自由」、「蘇俄割斷歷史，消滅文化」、「蘇俄廢除家庭」等傳聞，進行了真實的

28　《遊歐印象》，《三松堂全集》第十三卷，第864—865頁。
29　《遊歐印象》，《三松堂全集》第十三卷，第865頁。
30　《遊歐印象》，《三松堂全集》第十三卷，第866頁。
31　《三松堂自序》，第91頁。

描繪：

　　蘇俄現在，實行了革命方法上的共產主義，屬於社會理想的一部分尚未達到，但是它向那方面的努力是不含糊的。[32]

　　在莫斯科公園中，我曾經看見許多夫婦，帶著小兒遊玩。在蘇俄，家庭的樂趣仍舊有的。蘇俄所廢的是家庭的負擔，是足以妨害家庭幸福的成分，真正幸福的家庭蘇俄並未曾廢。[33]

　　蘇俄政府的政策是不要宗教的，可是並不強迫人民不信宗教，而是以科學知識去宣傳，把宗教思想從人民腦中驅逐出去。人民自己的信仰仍是很自由的，願作禮拜的可以去教堂作禮拜，政府並不禁止。[34]

　　實在說，蘇俄是最推崇知識份子的。……在蘇俄，報紙上從不登載某要人夜車入京一類之消息，而在他們國裡又從來不曾有財富之人，所以他們唯一敬愛的就是有知識的人，如在一個鄉村裡，小學教師會像神明一樣的受人崇拜。[35]

　　從上述這些具體事實出發，馮友蘭又企圖在理論上加以說明，認為上述諸問題，皆與社會制度有關。他以蘇俄當時男女平等為例：「俄國的男女平等，女人所以能到外面做事，是因為有好的制度。」[36]相比之下，當時的中國卻做不到這一點，「這是受制度限制的」。馮

32　《在蘇聯所得之印象》，《三松堂全集》第十三卷，第852頁。
33　《在蘇聯所得之印象》，《三松堂全集》第十三卷，第854頁。
34　《在蘇聯所得之印象》，《三松堂全集》第十三卷，第856—857頁。
35　《在蘇聯所得之印象》，《三松堂全集》第十三卷，第855頁。
36　《遊歐印象》，《三松堂全集》第十三卷，第867頁。

友蘭認為，「離開制度來批評什麼是對的和什麼是錯的」，就不能得到正確答案。因為建基於經濟制度之上的政治制度、社會制度，「是一套一套的，就像象棋和圍棋一樣，用象棋的方法，不能下圍棋。在一種社會內，有一種制度。有這種經濟制度，才能有這種社會制度和政治制度」[37]。也就是說，社會制度和政治制度要受經濟制度的制約，而一種經濟制度的產生和發展，又是其自身的規則，不是人們隨意製造的。從這一意義上說，「這就是唯物史觀的主要意思」[38]。

馮友蘭的蘇俄之行，使他在思想上靠近了馬克思主義的唯物史觀。他在一次講演中，以《秦漢歷史哲學》為題，闡述了當時他所理解的唯物史觀的基本內容：（一）歷史是變的。「各種社會政治制度，行之既久，則即『窮』而要變。沒有永久不變的社會政治制度。」[39]（二）歷史變化的動力，非主觀精神的，而是以一種客觀的經濟制度為基礎。「不論人願意不願意，歷史是要這樣走的。……依照唯物史觀的說法，一種社會的經濟制度要一有變化，其他方面的制度，也一定跟著要變。」[40]（三）因為歷史是客觀的，其發展是一環套一環，因此，「在資本主義的社會完全成功的時候，也就是他應該，而且必須讓位的時候」[41]。（四）歷史演變有其自身的規律，體現辯證的發展，「在歷史的演進中，我們不能恢復過去，也不能取消過去。我們只能繼續過去。歷史之現在，包含著歷史的過去。這就是說歷史的演

37　《遊歐印象》，《三松堂全集》第十三卷，第866頁。
38　《遊歐印象》，《三松堂全集》第十三卷，第866頁。
39　《秦漢歷史哲學》，《三松堂學術文集》，第346頁。
40　《秦漢歷史哲學》，《三松堂學術文集》，第346頁。
41　《秦漢歷史哲學》，《三松堂學術文集》，第348頁。

變所遵循的規律是辯證的」[42]。（五）個人在歷史中的作用不是絕對的，歷史發展的方向，「是他源頭的形勢所決定的」，因此，「人力所能作的，就是疏通他以加快他的流，或防範他以延緩他的流。所以我們不忽視人力及領袖，不過我們反對那專就人力及領袖的力量來看歷史的說法」[43]。

《秦漢歷史哲學》的講演，集中反映了馮友蘭30年代中期通過考察歐洲及蘇俄所取得的思想理論上的進步。尤其個人及領袖在歷史上的作用、資本主義社會必須讓位、歷史的發展是客觀及辯證的等觀點，對當時的國民黨政府及自詡民族領袖的蔣介石來說，都有相當大的刺激。也正因為如此，在發表這些講演後不久，即1934年11月28日，馮友蘭突然遭到國民黨特務的逮捕，並被戴上手銬押解至保定行營。

對於這突如其來的災難，馮友蘭完全是所料不及，他雖然冷靜自若地度過了一天一夜的「囚犯」生涯，但此事在他心中所產生的強烈震撼及這一震撼對他以後人生道路的選擇和學術創作都產生了極其微妙的影響。因為從馮友蘭的個性來說，他一生都謹小慎微，對政治並不抱興趣，也沒有野心。但對這樣一位始終以學術自許的學者，政治卻常常與他開玩笑。在他被逮捕的第二天，國民黨特務拿出軍政部長何應欽的電報，稱「馮友蘭如無重大嫌疑，著即釋放」。很顯然，這是一場精心策劃的政治遊戲，其目的在於恐嚇知識份子不能背離政府，要知識份子在言論行為上都要與他們保持一致。30年代中期，國

42　《秦漢歷史哲學》，《三松堂學術文集》，第350頁。
43　《秦漢歷史哲學》，《三松堂學術文集》，第347頁。

民黨正是通過這種方法，步步走向獨裁和法西斯專制。馮友蘭的被捕，曾引起魯迅先生的注意。魯迅在這一時期的書信中對國民黨政府揭露說：他們做事，「只有壓迫、破壞，他們那裡還想到將來」[44]；「安分守己如馮友蘭，且要被逮，可以推知其他了」[45]。馮友蘭在晚年回憶這段歷史時說：「我在這個時候，好像走到一個十字路口。我可以乘此機會與南京政府決裂，大鬧一場，加入共產黨領導的革命隊伍的行列。或者是繼續我過去的那個樣子，更加謹小慎微，以避免特務的注意。……可是我沒有那樣的勇氣，還是走了後一條路。」[46]

3.4　西南聯大

1937年，日本帝國主義侵佔華北，爆發了震驚中外的「七七」盧溝橋事變。為應付變局，北大、清華、南開三所大學被迫南遷，先在湖南成立長沙臨時大學，後又遷至雲南昆明，長沙臨時大學亦改名為西南聯合大學，簡稱西南聯大。

西南聯大在中國現代教育史上留下了光輝的業績，此不獨為日本所迫而局促江南之最高學府，更重要的是，它以文化的力量支撐於抗日戰爭的大後方，對於國難深重的中華民族，鼓吹救亡圖存之行動，喚起民族自覺之意識，無不起到任何黨派所起不到的作用。此正如馮友蘭在聯大紀念碑碑文中所說：「萬物並育而不相害，道並行而不相

44　魯迅：《致劉煒明》，1934年11月28日，《魯迅全集》第12卷，人民文學出版社，1981年版，第577頁。
45　魯迅：《致楊霽雲》，1934年12月18日，同上書，第607頁。
46　《三松堂自序》，第95頁。

悖，小德川流，大德敦化，此天地之所以為大。斯雖先民之恒言，實為民主之真諦。聯合大學以其相容並包之精神，轉移社會一時之風氣，內樹學術自由之規模，外來『民主堡壘』之稱號，違千夫之諾諾，作一士之諤諤。此其可紀念者三也。」[47]

西南聯大屹立於昆明達八年之久，先後畢業學生二千餘人，從軍旅者八百餘人，其與八年抗戰相終始，為抗日戰爭和民族的復興培養和輸送了許多優秀人才。「聯合大學之終始，豈非一代之盛事，曠百世而難遇者哉！」[48]

西南聯大集北大、清華、南開三校之精華，人才濟濟，學者如林，實為中國教育史上之空前者。其中設理、工、文、法、師範五院，馮友蘭繼胡適任文學院長。按聯大制度，由三校校長組成常務委員會，主持校務，五院院長列席常務委員會。因此馮友蘭與在清華時一樣，是學校的核心與決策成員。西南聯大的建設與發展，浸透了馮友蘭的心血和智慧。

還是在長沙臨時大學時，文學院設在南嶽衡山腳下。馮友蘭開設了「朱子哲學」課，金嶽霖講「知識論」課，湯用彤寫他的中國佛教史，聞一多擺開一案子的書考訂《周易》，學術空氣非常濃厚。此時馮友蘭正在撰寫他的哲學著作《新理學》一書，因此他講「朱子哲學」課的內容，多是借用朱子哲學的範疇概念，發揮自己的哲學體系。

47　《三松堂自序》，第355頁。
48　《三松堂自序》，第355頁。

在困難當頭、作客他鄉之際，學者們難得湊集在一起，這為交流思想、切磋學術提供了良機，同時也為學界留下不少佳話。錢穆當時是北大歷史系教授，與馮友蘭早在北京時就相熟。在長沙臨時大學，兩人時有往來。據錢穆晚年回憶，在南嶽時，一日傍晚，馮友蘭出其《新理學》書稿，請錢穆批評。錢穆告以中國理學家論理氣必兼論心性，兩者相輔相成。「今君書，獨論理氣，不及心性，一取一捨，恐有未當。又中國無自創之宗教，其對鬼神亦有獨特觀點，朱子論鬼神亦多新創之言，君書宜加入此一節。今君書共分十章，鄙意可將第一章改為序論，於第二章論理氣下附論心性，又加第三章論鬼神，庶新理學與舊理學能一貫相承。芝生云：『當再加思』。」[49]查現在通行本《新理學》一書，確有「鬼神」一章。錢穆亦言：「芝生來昆明，文學院即擬遷蒙自。臨時集會，請芝生講演。芝生告余，南嶽所言，已在河內醫院中細思，加入鬼神一章。即以首章移作序論。惟關心性一部分，屢思無可言，乃不加入。」[50]今本《新理學》有「性心」章，而不作「心性」章。馮友蘭對於學術研究，向持此態度，即善於聽取別人意見，但又不完全苟同於人，《新理學》之所以未以專章論心性，自有其不列專章的道理，此正是新理學自成體系之重要表現。錢穆先生又稱：「是日講演，芝生謂『鬼者歸也，事屬過去。神者伸也，事屬未來。』指余言曰：『錢先生治史，即鬼學也。我治哲學，則神學也。』是芝生雖從余言增鬼神一章，而對余餘憾猶在，故當面揶揄如此。」[51]此蓋錢穆先生莫大之誤解。馮友蘭治學，最善於吸收

49　錢穆：《師友雜憶》。
50　錢穆：《師友雜憶》。
51　錢穆：《師友雜憶》。

不同意見，廣聽博取，向不以一家之說自隔門戶，其增鬼神一章即是明證。前所謂鬼學神學之別，只在分殊史學、哲學之不同而已，此中足見馮友蘭處世之幽默與學術造詣之淵深，他對於好的意見感謝常嫌不及，何揶揄之有？馮友蘭晚年，筆者常以弟子之分，向他提出學術上的意見，從未見他有揶揄之意。

當時馮友蘭與錢穆還有一則軼事，不可不書。因為在這則軼事中，同樣可以反映馮友蘭的志趣和心胸。當時有兩位同學要到延安去，同學們在露天廣場集會歡送，請馮友蘭和錢穆赴會演講。「芝生先發言，對赴延安兩生倍加獎許。余繼之，力勸在校諸生須安心讀書。不啻語語對芝生而發。」[52]會後，兩人發生辯論，結果不歡而散。「然芝生此後仍攜其新成未刊稿來盼余批評，此亦難得。」[53]這裡，錢賓四先生也承認，雖然二人在政治上有不同傾向，並且發生激烈爭論，但並未因此而影響二人在學術上的往來，此足見馮友蘭思想境界之一斑。

艱苦的生活條件和戰爭所帶來的心理負擔，並未壓倒聯大師生抗日救國、光復家園的企盼。他們在工作中有勤奮，生活中有幽默，處處表露學者的智慧和真情。當時由於條件所限，教員不分系別地住在一起，四人一室，自擇同室。錢穆與吳宓、聞一多、沈有鼎住在同一房間。「室中一長桌，入夜，一多自燃一燈置其座前。時一多方勤讀《詩經》、《楚辭》，遇新見解，分撰成篇。一人在燈下默坐撰寫。雨生則為預備明日上課抄筆記寫綱要。……沈有鼎則喃喃自語：『如此

52　錢穆：《師友雜憶》。
53　錢穆：《師友雜憶》。

良夜，盡可閒談，各自埋頭，所為何來？』雨生加以申斥：『汝喜閒談，不妨去別室自找談友。吾則早自上床，可勿在此妨礙人。』有鼎只得默然。」[54]時錢穆是北大歷史系教授。吳宓、聞一多是清華中文系教授。沈有鼎最年輕，是清華哲學系教授。此四人亦師亦友，亦如兄弟般無忌無猜，實為學界一段佳話。當時在文史哲三系中，還流傳著聞一多為嘲戲哲學系的人而作的一首詼諧詩，詩中涉及當時五位教授，也一時傳為佳話。詩云：

惟有哲學最詭恢：

金公眼罩鄭公杯，

吟詩馬二評紅袖，

占卜冗三用紙枚。

馮友蘭在《三松堂自序》中為此詩作了注解：哲學系的金嶽霖眼睛怕光，經常戴一副眼罩，而康得哲學的專家鄭昕教授喜歡喝酒。鄭昕是早年南開中學的學生，與周恩來是同校學友，筆者在北大讀書時，即常聞鄭昕先生能豪飲。馬二是「馮」的拆字，指馮友蘭。吳宓善作詩，當時吳詩中有「相攜紅袖非春意」之句，馮友蘭認為不夠得體。聞一多詼諧詩的第三句即指此。「冗三」指沈有鼎。當時他正在研究周易筮法，用紙枚代替蓍草排卦。據錢穆先生回憶，當西南聯大文學院自蒙自遷至昆明時，錢穆、湯用彤、賀麟、吳宓、沈有鼎等七位教授正借居在蒙自的一家廢棄了的舊時法國醫院。該醫院距空軍基

54　錢穆：《師友雜憶》。

地不遠，當有空襲，則成危險地帶。「沈有鼎自言能占易。某夜，眾請有鼎試占，得節之九二，翻書撿之，竟是『不出門庭凶』五字。眾大驚。遂定每晨起，早餐後即出門，擇野外林石勝處，或坐或臥，各出所攜書閱之。」[55]這些異聞趣事反映了西南聯大期間，各校學者間的親密友好關係。這些，在馮友蘭為聯大所撰碑文中，亦多有所涉。他說：「文人相輕，自古而然，昔人所言，今有同慨。三校有不同歷史，各異之學風，八年之久，合作無間。同無妨異，異不害同；五色交輝，相得益彰；八音合奏，終和且平。此其可紀念者二也。」[56]

當時的西南聯大，無論是教師還是學生，生活條件都非常艱苦。因為通貨膨脹，物價飛漲，教師們的工資入不敷出，有些人只能靠賣字賣文維持生計。「當時有人說，現在什麼都值錢，就是錢不值錢。」[57]為此，聯大的部分教師還曾經組織了一個公開賣文賣字賣圖章的合作社，馮友蘭也列在賣字的行列中。聞一多善刻圖章，為了要賣字，他還特意為馮友蘭刻了兩枚大圖章以備使用。即使這樣，也還解絕不了困難，據說梅貽琦夫人曾約集聯大家屬，親自動手製作糕點送食品商店代銷。馮友蘭夫人任載坤也在自家院子裡炸麻花賣給聯大學生吃。此外，還有潘光旦教授吃耗子肉的事，也盛傳一時。[58]

艱苦的歲月，顛沛流離的生活並沒有妨礙馮友蘭的哲學創作。相反，民族的興亡與歷史的變遷反倒激勵了馮友蘭的寫作激情。他一邊教書，一邊寫作，在將近十年的蹉跎困厄中，他寫了六部傳世之作，

55　錢穆：《師友雜憶》。
56　《三松堂自序》，第355頁。
57　《三松堂自序》，第384頁。
58　《三松堂自序》，第108頁。

即《新理學》、《新事論》、《新世訓》、《新原人》、《新原道》、《新知言》，他統稱之為「貞元之際所著書」，簡稱「貞元六書」（詳見第5章）。這六部書，是馮友蘭一生哲學創作的高峰，也是他在抗日戰爭最艱苦的歲月裡，用自己的心血和智慧為民族文化所作出的卓越貢獻。以「貞元六書」為代表的「新理學」體系，以其獨特的理論形態和豐厚的中國文化之涵養，揭櫫了中國近代哲學形態經歷了長期「難產」而達到的理論上的成熟，同時也反映了抗日戰爭時期中國民族資產階級在民族民主革命中的理論覺醒。用馮友蘭的話說，這六部書，實際上只是一部書。這一部書的主要內容，是對於中華民族的傳統精神生活的反思。「凡是反思，總是在生活中遇見什麼困難，受到什麼阻礙，感到什麼痛苦，才會有的。如同一條河，在平坦的地區，它只會慢慢地流下去。總是碰到了岩石或者暗礁，它才會激起浪花，或者遇到了狂風，它才能湧起波濤。」[59]

司馬遷在《太史公自序》中說：「昔西伯拘羑裡，演《周易》；孔子厄陳、蔡，作《春秋》；屈原放逐，著《離騷》；左丘失明，厥有《國語》；孫子臏腳，而論兵法；不韋遷蜀，世傳《呂覽》；韓非囚秦，《說難》、《孤憤》；《詩》三百篇，大抵賢聖發憤之所為作也。」[60]史公所述，蓋陳我民族憂患之所由生，鴻篇巨制之所由作。但此皆個人所遭歷史之困厄，馮友蘭所處時代，乃整個民族所處存亡絕續之際，非只個人之困厄，此即《新原人》自序中所說：「況我國家民族，值貞元之會，當絕續之交，通天人之際，達古今之變，明內聖外

59　《三松堂自序》，第245頁。
60　《史記・太史公自序》。

王之道者，豈可不盡所欲言，以為我國家致太平，我億兆安心立命之用乎？」

早在1938年西南聯大成立初期，為表達抗戰必勝的信心，聯大為制定校歌校訓，專門成立了以聞一多、朱自清、羅庸、羅常培、馮友蘭為成員的五人委員會。校歌歌詞幾經選擇，最後決定採用馮友蘭所作的歌詞。歌詞曰：

萬裡長征，辭卻了、五朝宮闕。暫駐足、衡山湘水，又成離別。絕徼移栽楨幹質，九州遍灑黎元血。盡笳吹、弦誦在山城，情彌切。千秋恥，終當雪。中興業，需人傑。便一成三戶，壯懷難折。多難殷憂新國運，動心忍性希前哲。待驅除仇寇、複神京，還燕碣。[61]

這着涼悲壯的歌詞，充滿了對民族的熱愛。它催人淚下，又使人奮進；它飽含憂患，又滿懷信心。祖國的一山一水在這位哲學家的心目中，都是神聖不可侵犯的，收復河山，復興中華的期盼溢於言表。八年抗戰，最終證實了這位哲學家的預言，1945年8月，日本宣佈無條件投降。1946年5月，聯大亦宣告結束，馮友蘭又為聯大撰寫了《國立西南聯合大學紀念碑碑文》。在碑文中，馮友蘭把三校南遷與中國歷史上的三次南渡作了比較。他說：「稽之往史，我民族若不能立足於中原，偏安江表，稱曰南渡。南渡之人，未有能北返者：晉人南渡，其例一也；宋人南渡，其例二也；明人南渡，其例三也。『風景不殊』，晉人之深悲，『還我河山』，宋人之虛願。吾人為第四次之

61　《三松堂自序》，第384頁。

南渡，乃能於不十年間，收恢復之全功。庾信不哀江南，杜甫喜收薊北。此其可紀念者四也。」[62]

第四次南渡之所以能北返者，蓋多歸於中華文化之力。因前三次南渡，皆為中國境內少數民族南侵，在文化上，這些少數民族皆以漢民族的文化為依歸，故侵入中原後，中國文化不但未發生斷裂，反而加強了中國文化的統一，並由此促成中國歷史上多民族的融合。而第四次南渡，乃是日本帝國主義武裝加文化的侵略。它遠非境內少數民族入侵中原之可比。日本侵略中國，是不同民族、不同文化的入侵，故引起整個中華民族的覺醒。全民族奮起抗戰，從本質上說，乃是為保存民族血脈、維護中華文化延續的生死鬥爭。正因如此，這種鬥爭顯示了我民族文化的強大凝聚力。因此，抗日戰爭的勝利固然有多種原因，但絕不能完全歸功於某個黨派、某個團體、某個個人或某個領袖。它完全應歸功於整個民族及哺育這個民族成長的偉大文化。這也是馮友蘭在聯大紀念碑文中所說：

我國家以世界之古國，居東亞之天府，本應紹漢唐之遺烈，作並世之先進。將來建國完成，必於世界歷史，居獨特之地位。蓋並世列強，雖新而不古；希臘、羅馬，有古而無今。惟我國家，亙古亙今，亦新亦舊，斯所謂「周雖舊邦，其命惟新」者也。曠代之偉業，八年之抗戰已開其規模，立其基礎。今日之勝利，於我國家有旋乾轉坤之功，而聯合大學之使命，與抗戰相終始。此其可紀念者一也。[63]

62　《三松堂自序》，第355頁。
63　《三松堂自序》，第355頁。

貞元六書，除《新原道》一部外，其餘五部都是馮友蘭在西南聯大時完成的。它是外族入侵所激起的民族覺醒的波濤，它同聯大校歌歌詞、聯大紀念碑碑文一起，成為馮友蘭為西南聯大乃至中華民族所樹立的一座不朽的精神紀念碑。

3.5　迎接解放

　　西南聯大於1946年5月4日結束。三校開始忙於分家並準備北歸。馮友蘭於五月中旬離開昆明，輾轉了兩個月，才於7月中旬抵達北平。

　　從1937年9月清華南遷，至1946年7月返回北平，其間長達九年的歲月。如今又回到了這闊別九年的古都，回到當年幽雅恬靜的清華故園，馮友蘭心中自然有無限的感慨。

　　回到北京，「只覺得滿目蕭條，街上行人稀少，兩旁房屋陳舊失修，有些地方還有敗瓦頹垣。遭了八年的破壞，北京已經不是當年的北京了」[64]。清華園雖然仍舊完好，但恢復正常教學還需一些時日。而此時正值美國賓夕法尼亞大學（University of Pennsylvania）邀請馮友蘭去該校講學，於是馮友蘭回到清華後，停留不到一個月，便於8月初啟程赴美。

　　賓夕法尼亞大學在美國費城。那裡有馮友蘭的老朋友—《中國哲學史》的英譯者—卜德先生（Derk Boade）。馮友蘭此次來美講學，

64　《三松堂自序》，第121頁。

即是卜德先生在美國代為申請的。任務是一邊講授中國哲學史，一邊幫助葛德繼續翻譯《中國哲學史》下卷。馮友蘭此次到美國，與他26年前在美國求學時有許多不同感受。馮友蘭在會見他的老師杜威時，杜威給他講了兩個故事。一個故事說，有一位有錢的老太太，向一位天主教的主教說，若能保證她死後靈魂得救，她就把全部財產捐獻給教會。那個主教毫不猶豫地回答說，當然保證。另一個故事講一位哲學家受某工會之邀參加該工會的晚會活動。演了幾個節目後，請該哲學家講哲學，接著是魔術、雜技等，該哲學家感到很不是滋味。散會後，這位哲學家恰好與那位魔術師住同一旅館，魔術師見哲學家鬱鬱不樂，便安慰說，幹咱們這一行的人，往往遇見觀眾不大歡迎的情況，這是常有的事，請不必介意。這兩個故事，說明當時美國社會，哲學已和魔術差不多，一會兒這樣說，一會兒又那樣說，實在不能為人所寄託，因此只好像那位有錢的老太太一樣，把希望寄託在宗教上面。這裡暗含著馮友蘭對美國哲學界的不滿和對美國社會的批評。

最使馮友蘭感到遺憾的，還是當時西方學者對中國文化的研究方法和態度。這些學者「是把他們所研究的對象作為博物館裡的東西來研究」，因此馮友蘭感到：「我在國外講些中國的舊東西，自己也成了博物館裡面的陳列品了，心裡很不是滋味。」[65]「原來西方的漢學家們，把中國文化當作一種死的東西來研究，把中國文化當作博物院中陳列的樣品。我那時在西方講中國哲學史，像是在博物院中作講解員。講來講去覺得自己也成了博物院中的陳列品了，覺得有自卑感，

65　《三松堂自序》，第124頁。

心裡很不舒服。」[66]再加上當時國內，正進行著國共兩黨的生死搏鬥，內戰的熊熊戰火燃遍每個角落。在當時許多人看來，中國的前途不容樂觀，因此有些朋友勸馮友蘭在美國長期居住下去。馮友蘭卻堅定地說：「俄國革命以後，有些俄國人跑到中國居留，稱為『白俄』。我絕不當『白華』。」[67]馮友蘭客居異國，時刻牽掛著自己國家民族的命運。此時他常常想起王粲的《登樓賦》：「情眷眷而懷歸兮，孰憂思之可任。……悲舊鄉之壅隔兮，涕橫墜而弗禁。昔尼父之在陳兮，有歸歟之歎音。……人情同於懷土兮，豈窮達而異心？惟日月之逾邁兮，俟河清之未極。冀王道之一平兮，假高衢而騁力。……」此時此刻，馮友蘭同滯留海外的其他知識份子一樣，懷著一顆思鄉報國的赤子之心，想到的是「首先要把自己的國家搞好」。因此他用《登樓賦》裡的兩句詩表達他在美國時的心情：「雖信美而非吾土兮，夫胡可以久留？」他擔心「全國解放了，中美關係斷絕」。於是他毅然放棄在美長期居留權，於1948年2月回到祖國。

但回到清華後，馮友蘭又面臨著重大抉擇。因此時國共兩黨軍事鬥爭的勝負已見分曉，「人民解放軍節節勝利，南京政府搖搖欲墜」。是跟共產黨走，還是跟國民黨走，這對當時許多著名學者、專家、教授及知識份子來說，的確是一次關係重大的選擇。如按中國自家民族的分合歷史看，此次國民黨的全面失敗，從北向南，必將出現新一輪的「南渡」。中國知識份子對「南渡」不但記憶猶新，而且需要下大決心。但此次面臨的「南渡」，又非不同民族文化鬥爭的結果，它完

66　《三松堂自序》，第369頁。
67　《三松堂自序》，第124頁。

全是同一民族、同一文化中由於不同的利益衝突，不同的政治理想所造成的，實際上是中國歷史上常見的一次改朝換代。因此，它與日本侵略中國所造成的重心南移有本質的不同，與東晉、南宋、南明的政權南移也略有不同。此次分裂所造成的知識份子的選擇，主要是政治的和心理的，而不是種族或民族的。因此，無論是「南渡」還是「北歸」，都是暫時的現象，都是一次政治性的選擇。這如同一個家庭中的兩兄弟，為財產分配不均或為治家的方法、原則不同而發生分裂一樣，先是猜忌、詈罵，然後加以拳腳，再後便是持杖械鬥。敗者被趕出家門，勝者便取得持家權。國民黨似一家庭中之長兄，只是吃喝嫖賭，不務正業，空耗祖宗留下的遺產，結果被小弟以正義、真理的名義趕出家門，偏居一隅，閉門思過。在這種情況下，一家之成員，當然跟從小弟者多。這種比喻，會有人上綱批評，但平心想來，吃喝嫖賭、腐敗無能不正是地主、資產階級的本性嗎？共產黨革國民黨的命，正是順應了歷史潮流和人心所向，套用一句「八股」似的話說，此乃「無產階級對封建地主階級、官僚資產階級的革命，是一場你死我活的階級鬥爭」。馮友蘭順應歷史潮流，毅然留在大陸而未再「南渡」，說明馮友蘭此時的立場具有鮮明的進步性。他是為「治理好中國」而不是為某黨某派留下的。他在晚年回憶說：「當時我的態度是，無論什麼黨派當權，只要它能把中國治理好，我都擁護。」[68]

　　主意一定，馮友蘭留下來的決心也就大了。到12月上旬，清華園空氣緊張。在面臨解放的形勢下，南京委派青年部長陳雪屏來清華。梅貽琦請陳吃飯，並約了一些清華教授坐陪。席間，陳雪屏宣佈，南

68　《三松堂自序》，第126頁。

京方面已準備好一架專機，來接諸位先生，如果願意去，就可以同他一起出發。陳雪屏原是北大教育系教授，後來當了西南聯大的訓導長，此次來清華，則是以國民黨政府青年部長的身份，勸說大家去南京。雖然大家都是熟人，但在座的人都相顧無言。又過了幾天，梅貽琦召集校務會議。散會後，大家都走了，梅貽琦對馮友蘭說：「我是屬牛的，有一點牛性，就是不能改。以後我們就各奔前程了。」[69]「他已經知道我是堅絕不走的，所以說了這一番告別的話。」[70]古人常說，「各保其主」。其實，無論對梅貽琦來說，還是對馮友蘭來說，他們都是同時代的師友，在他們心中，「各保其主」的觀念是沒有地位的，只是古人的另一句話，「人各有志」而已。

馮友蘭留在大陸，正值中年，雖然在以後長達半個多世紀的人生旅途中，未得到一時一刻的平靜與安寧，但他始終無悔。他在晚年回憶說：「自此以後，雖然歷經人事浮沉，但我很安慰，我畢竟是依附在祖國的大地上，沒有同祖國片刻分離。」[71]

1948年12月中旬，梅貽琦離開清華。校務會議成員商量善後事宜，一致推舉馮友蘭為校務會議主席，維持清華日常工作。當時清華雖面臨解放，但解放軍還沒有到，清華園一帶成為「真空」地帶。為維護清華校內秩序，保護學校財產和安全，以迎接清華的最後解放，在馮友蘭的主持下，校務會議決定成立以周培源為主任的清華大學保衛委員會，率領校衛隊維持治安。同時又召集了全校職工大會，宣佈

69　《三松堂自序》，第128頁。
70　《三松堂自序》，第128頁。
71　見《中國現代科學家傳略》，山西人民出版社，1982年版，第43頁。

清華先北京城而解放，「眼前的任務是維持校內秩序，保護學校財產，聽候接管」。馮友蘭主持清華校務一直到1949年5月，中共文管會進校，改馮友蘭校務會議主席為校務委員會主任委員。在解放軍全部控制北京以後，吳晗以軍代表的身份進駐清華，從此以後，清華校務實際上就由吳晗主持了。這種局面維持到南京解放，中共掌握了全國政權，於是清華校務委員會隨即改組，由清華物理系教授葉企蓀代替馮友蘭任主任委員。此後不久，馮友蘭辭去校務委員會委員和文學院長職務，同時辭去清華的一切兼職，只保留了哲學教授的職銜。

以1949年新中國成立為界，馮友蘭同中國的廣大知識份子一樣，隨同整個中國進入了一個新天地。這的確是一個翻天覆地的大變化。這變化如同北京夏季天空的滾雷，還未來得及想到雨，卻已被傾盆大雨淋個透心涼。此時馮友蘭還未來得及作全面思考，便被捲進一系列政治運動的旋渦。表面看起來這並不奇怪，因為從舊社會過來的知識份子，身上或多或少都帶著舊社會的痕跡，思想深處的東西就更不用說了。為了讓舊知識份子體會新社會的優越性，學習和認識新政權領導下的各種舉措和活動都是代表廣大人民利益的，1949年冬，馮友蘭開始參加北京郊區的土地改革；1950年8月，哲學界開始批判新理學，隨之馮友蘭亦開始進行自我批判。就此拉開了改造知識份子的序幕。這一年，馮友蘭撰寫並發表了《土改工作中的群眾路線》、《土改的教育功用》、《參加土改的收穫》、《對於中國近五十年教育思想進展的體會》、《參加河南省人民代表會議的體會》、《我找到了馬克思列寧主義》、《美國的文化是為誰服務的》、《實用主義的本質》、《新理學底自我檢討》、《從〈新理學底自我檢討〉說到新舊哲學的區別》

等一系列文章。從這些文章的標題就可以看出,「體會」、「收穫」、「檢討」成為文章的主題。

　　1951年夏天,馮友蘭參加了由中國政府組織的文化代表團,應邀赴印度和緬甸訪問。這是馮友蘭在50年代初,以「新天地」的成員身份出國訪問,也是他在如火如荼的建設新中國的浪潮中,對中國及中國以外的事物得以重新反省和重新認識的一次機會。因為這個出訪團是新中國成立後第一個比較大型的團,因此不僅得到國內最高當局的重視,也受到印、緬兩國的隆重接待。團長丁西林,副團長是李一氓、鄭振鐸,秘書長是劉白羽。團員中除馮友蘭外,還有陳翰笙、季羨林、錢偉長、吳作人、常書鴻、張俊祥、周小燕等一批聲譽卓著、有代表性的學者、文學家和藝術家。代表團既緊張又輕鬆,緊張的是:「全國十幾個人馬不停蹄,跋山涉水,幾乎是一天換一個地方,宛如走馬燈一般,腦海裡天天有新印象,眼前時時有新光景。」[72]輕鬆的是:由於團裡的人能和睦相處,氣氛融洽,故玩笑、幽默驅走疲勞。鄭振鐸先生身軀高大魁梧,嗓音清脆洪亮,同誰都談得來,也喜歡開玩笑,而最愛抬槓。為此代表團成立了一個抬槓協會,公推鄭先生為槓協會長。「芝生先生看上去很威嚴,說話有點口吃,但有時也說點笑話,足見他是一個懂得幽默的人。」[73]「而鄭振鐸開玩笑的對象往往就是芝生先生。他經常喊芝生先生為『大鬍子』,不時說些開玩笑的話。有一次,理髮師正給芝生先生刮臉,鄭先生站在旁邊起

72　季羨林:《生命不息睿思不止——悼念馮芝生先生》,《馮友蘭先生紀念文集》第3頁。

73　季羨林:《生命不息睿思不止——悼念馮芝生先生》,《馮友蘭先生紀念文集》第3頁。

哄，連聲對理髮師高呼：『把他的絡腮鬍子刮掉！』理髮師不知所措，一失手，真把鬍子刮掉一塊。這時候，鄭先生大笑，旁邊的人也陪著哄笑。然而芝生先生只是微微一笑，神色不變，可見先生的大度包容的氣概。」[74]

　　從組團學習、準備，到圓滿結束訪問回到北京，共花去近半年的時間。在代表團裡，大家熟悉而不褻瀆，親切而互相尊重，關係友好而融洽。與國內緊張的階級鬥爭關係恰成鮮明對照。1952年春節前後，馮友蘭一回到北京，便立即參加「三反」運動，多次檢討1949年前的言行，卻一直不能過關。有一次，金岳霖先生專為此事來家中看望馮友蘭。本為安慰而來，但兩人一見面，多少往事浮上心頭，二人禁不住抱頭痛哭。一位是邏輯大師，一位是理學大師，此時此刻卻袒露真情。儘管在這一段時間裡，馮友蘭又寫了《抗美援朝對我的啟示》、《關於〈武訓傳〉筆談》、《學習〈實踐論〉的收穫》、《對於三年來新社會的幾點認識》、《三反運動以來我的思想的轉變》等一系列自我改造和收穫體會文章，但仍不能得到寬恕，不能自內於這個新的世界。因為在當時的政策看來，像馮友蘭這樣從舊社會過來的知識份子，不來一次「脫胎換骨」的改造，是絕不能站在無產階級一邊的。馮友蘭的確進入了他一生從未進過的「新天地」。從此，這位年過半百的哲學家，不論他心中願意不願意，喜歡不喜歡，都與這個新天地糾纏在一起，欲進而不彰，欲罷而不能。而且這一切，都是剛剛開始。

74　季羨林：《生命不息睿思不止──悼念馮芝生先生》，《馮友蘭先生紀念文集》，第3頁。

3.6　重返北大

　　隨著新中國成立以來的一系列政治運動，年輕的共和國在經濟、政治、國防、軍事等方面都得到了加強和鞏固。國土的統一，經濟的恢復，使廣大人民群眾，包括知識份子在內，很快在政治上接受並認同了共產黨領導的新政權。群眾被發動起來，這個新政權比以往歷史上任何一個政權都更為徹底地以政治力量向社會滲透。因此文化、教育、新聞、出版、思想、學術等意識形態方面的改革便被提到議事日程上。1952年上半年，在全國高校教師範圍內開始了大規模思想改造運動，接著便進行了全國高校的院系大調整。實際上就是按照當時蘇聯的教育模式和教學體制來改造舊中國的高等學校，這在中國現代教育史上是一件大事。

　　在調整過程中，北大、清華這兩個國民黨時期的教育重鎮變動最大。清華以工科為主，所以北大工科方面的院系歸併清華。北大為綜合性大學，故清華文法科方面的院系歸併到北大。北大也由城裡的沙灘搬到了西郊原燕京大學舊址。在大變動中，哲學系又為大中之大者。全國各大學哲學系除北大外全部取消，其他大學哲學系的教師都集中在北大哲學系。這樣，全國就只有一個哲學系。

　　哲學是系統化、理論化的世界觀，是時代精神的精華。按舊義，哲學即智慧。故柏拉圖有「哲學王」之說，認為常人和政客以變動不居的可感世界為對象，只能認識到意見，而哲學家卻以永恆不變的理念世界為對象，具備最高的知識，能洞悉萬物的本原，把握至善，並按照至善治理自己、他人和整個國家，故哲學家才能作王者。中國哲

人的最高理想也是所謂的「內聖外王」。但歷史常常和哲學家開玩笑，哲學家不但成不了王，反而有時連生命都不保。柏拉圖的老師蘇格拉底，是古希臘大哲學家，卻被迫飲鴆而死；中國的孔子，一生都棲棲遑遑，如喪家之犬。哲學給人智慧，卻也常給人帶來禍端。因此，歷史上，哲學往往成為婢女，不是宗教的婢女，便是政治的婢女。

正因哲學是「更高的懸浮於空中的思想領域」，哲學家們便容易用自由主義的隱蔽的抽象思維去剖析宇宙人生。它給政治帶來的影響是摸不著，看不見，卻是至關重要的。「好」的哲學和哲學家會引導社會更健康發展；「壞」的哲學和哲學家則能在社會造就異端邪說，從而破壞政治家們既定的治國方略。因為社會上的任何一個人，他的行為都是受世界觀支配的。鑒於這樣的認識，上述的院系調整，特別是哲學系的調整，便是可以理解的了。也就是說，把哲學家集中起來，更便於政治上的管理，同時也便於對哲學家施以思想改造，以利於年輕共和國在意識形態上的長治久安。

院系調整後，馮友蘭告別了他多年生活和工作過的清華園，又重新回到他早年求學的母校。很自然，全國著名的哲學家此時雲集北大。原北大哲學系的有：湯用彤、鄭昕、賀麟、胡世華、任繼愈、齊良驥、王太慶、汪子嵩、黃楠森、李世繁、晏成書、楊祖陶等；原清華大學哲學系的有：金岳霖、馮友蘭、張岱年、鄧以蟄、沈有鼎、任華、王憲鈞、周禮全、朱伯崑等；原燕京大學哲學系的有：洪謙、張東蓀、吳允曾等；原南京大學哲學系的有：宗白華、熊偉、何兆清、苗力田等；原武漢大學哲學系的有：黃子通、周輔成、江天驥、石

峻、陳修齋、張世英等；原中山大學哲學系的有：方書春、李日華、馬采、王錦娣、容汝煜等。除哲學專業外，還有原清華和燕大兩校合併的心理學專業教授：唐鉞、孫國華、沈乃璋、程迺頤、周先庚等。[75]此時北大哲學系，真可謂眾賢盈庭，群英聚集，開創了中國哲學史上極為罕見之局，在中國幾千年的歷史上，可能只有齊國稷下能與之相比。

馮友蘭從1952年9月重返北大，至1990年11月去世，他在北京大學度過了38個春秋。38年是歷史的一瞬，然而對於人的一生來說，它又是一個漫長的歷程。大躍進時，毛澤東曾說過「一天等於二十年」的話。這話實在不假，新中國成立後的四十年，如同中國幾千年的歷史的濃縮，在四十年中所發生的事，驚心動魄，使人目不暇接。有如在大海中的航船，隨著狂風巨浪和洶湧波濤，馮友蘭在北大度過了他起伏不定的後半生。這期間，大體上可分為三個階段：前文革時期、文化大革命的十年浩劫時期和文革後時期。

前文革時期，從1952年至1966年，馮友蘭經歷了新中國成立初期的思想改造運動、反右運動、大躍進運動、三年災害、社會主義教育運動等五個時期。

思想改造運動，早在院系調整前即已開始。院系調整後，全國的職業哲學家、哲學史家及哲學工作者大部分被集中到北大。一開始，馮友蘭被評為四級教授，月薪只有百餘元。但時隔不久，到1954年，又重新評級。馮友蘭「連升三級」，被評為一級教授。當時的評級標

75　以上資料，參考《北京大學哲學系簡史》，1994年8月內部出版。

準可能是以政治為主，學術為輔，否則無法理解從四級一下子跳升到一級。按馮友蘭的學術水準，早在清華及西南聯大時期，即已是全國著名的教授。但新中國之所以稱「新」，即意味著一切重新開始。說你是四級，即有四級的道理，說你夠一級，亦有一級的道理。總之，級別是人定的，而「理」即在其中。因為有「理」在，意見也就不足為憑了。

在思想改造中，馮友蘭除了要不斷清理自己的新理學唯心主義體系外，也參加了當時社會上發起的一系列批判運動。最早是對電影《武訓傳》的批判。《武訓傳》的故事，寫的是19世紀一位教育家怎樣從一個乞丐最終變成了地主，並且用他的錢創辦了一些學校。黨說武訓不足為訓，他的毒害不啻鴉片煙，麻痺人民的鬥志，因為武訓是想通過教育和改良而不是通過革命來改變中國。這就違背了馬克思主義關於砸碎舊國家機器和無產階級奪取政權並建立無產階級專政的理論。為了跟上歷史的潮流，馮友蘭寫了《關於〈武訓傳〉筆談》一文，發表在《學習》雜誌上。

緊接著是1954年對俞平伯的《紅樓夢研究》和胡適唯心主義思想的批判。這是新中國成立後，繼電影《武訓傳》和《清宮秘史》批判後的又一次全國性的群眾性批判運動，也是所謂「社會主義革命時期文化思想戰線上的第二次大鬥爭」。這次批判運動與學術界的聯繫最為緊密，因為胡適自「五四」運動以來，對中國的思想學術的影響涉及社會科學的各個領域。「實際上，當年和胡適同時的人們，受過胡適影響的當年的『少年朋友們』，現今還大有人在。這些人在古典文學、國故學、歷史學及其他社會科學方面的研究中，或多或少地都摻

雜著胡適的思想和方法。這種現象，在我們這個社會主義改造的偉大時代中，是絕對不能容忍的。」[76]在當時大部分知識份子看來，「胡適的反動思想是三十年來滲入學術界的最嚴重的毒害。清除這種毒害，正是思想改造的一個重要部分」[77]。在這場大規模的批判運動中，胡適不過是一隻「死老虎」，批判所要達到的真正目的，乃在於通過對胡適的批判轉化為知識份子的自我批判。於是，文、史、哲各個領域的著名學者，都紛紛批判胡適，同時採取對號入座的辦法，無情地進行自我檢討和自我批判。馮友蘭與胡適，儘管在學術思想和政治理念上有著根本的不同甚至相反，但二人在30年代以前，卻有著許多淵源關係。首先，他們在美國留學時，杜威是他們的老師，起碼有「同門之誼」的嫌疑；其次，杜威是實用主義哲學大師，胡適的實用主義在20年代即已出了名，而馮友蘭也受了實用主義的影響，因此，在哲學觀點上起碼又是「淵源有共」；第三，胡適寫了《中國哲學史大綱》上卷，沒有最終完成，而馮友蘭繼胡適寫了《中國哲學史》，完成了胡適未完成的事業，這可謂「學術相續」；第四，馮友蘭繼胡適任西南聯大文學院長，此職雖非胡適薦舉，但免不了有「沆瀣同氣」之議。不管實際情況如何，有此四條就足夠了。因此馮友蘭必須用極大的氣力參與這場運動，以便擺脫他與胡適早已擺脫了的關係。為此，馮友蘭寫了《實用主義的本質》、《哲學史與政治—論胡適哲學史工作和他底反動的政治路線底聯繫》、《兩種反動思想支配下的文化觀—以批判胡適到自我批判》、《批判胡適〈中國哲學史大綱〉底實用主義觀點和方法》、《在批判胡適思想工作中我所得到的體會

76　見《胡適思想批判》論文彙編第二輯，三聯書店，1955年版。
77　見《胡適思想批判》論文彙編第二輯，三聯書店，1955年版。

和收穫》等批判與自我批判的文章。

批判俞平伯與胡適的運動還未降下帷幕，1955年又掀起了群眾性的揭發和批判「胡風反革命集團」的運動。這次運動與前兩次比較，規模更大，涉及的人更多，批判的對象具有現行反革命性質，因此超出了一般思想改造的範圍，並且受到中國共產黨及其最高領導人毛澤東的高度重視。毛澤東在《人民日報》連續發表的三批《關於胡風反革命集團的材料》中親自寫了序言和按語，指出：「胡風分子是以偽裝出現的反革命分子，他們給人以假像，而將真象隱蔽著」，「我們從胡風集團的陰謀活動這一事實，必須取得充分的經驗教訓，必須在各個工作部門中保持高度的警惕性，善於辨別那些偽裝革命而實際反對革命的分子，把他們從我們的各個戰線上清洗出去，這樣來保衛我們已經取得的和將要取得的偉大的勝利」。

批判胡風的運動，有如一陣急風暴雨。運動的直接效應是加劇了知識份子的思想改造，以便更加無條件地拋棄舊我，樹立新我，與黨同心同德地投入下一輪鬥爭，以為年輕的共和國盡自己的義務。馮友蘭在這場運動中同其他知識份子一樣，必須表明自己對運動的態度，於是寫了一篇《嚴懲反革命的胡風集團》的文章，以盡可能地跟上時代的潮流。

新中國成立初期的三次批判風暴過去之後，從1956年下半年至1957年上半年，約有一年的相對平靜時期。正是在這段稍可喘息的時間內，馮友蘭參加了三次國際會議：1956年9月在日內瓦召開的「國際會晤」第十一次大會；同年10月在威尼斯召開的「歐洲文化協

會會員大會」，馮友蘭以觀察員身份列席；再一次是1957年7月在華沙召開的「國際哲學研究所華沙會議」。此外，在1956年11月，馮友蘭還隨同中國佛教代表團往印度參加了紀念釋迦牟尼逝世2500周年的活動。上述這些會議和活動，馮友蘭都是以新中國一員的身份參加的，他的發言、講話都要考慮新政權的國家利益和新的意識形態的要求，因此外國報紙對他感到失望。「他們所失望的並不在於我沒有提出什麼新的觀點，而在於我沒有提出同中國官方不同的觀點，認為和大使館的調子差不多。他們希望我是一個同官方持不同意見的人。在這一點上我確實辜負了他們的希望。」[78]

　　1956年的平靜是暫時的。時隔不到一年，中國大地上便又掀起了大批判的高潮。此次風暴來勢之猛、規模之大是前幾次運動所不能比擬的。在1957年中，絕大部分社會主義國家都加緊了思想政治上的控制，唯獨中國這口大鐘搖擺得厲害。原本是為了幫助執政黨整風，提倡鳴放；結果是知識份子搬起石頭砸自己的腳。反右運動是仿照以前歷次思想改造運動的形式進行的，但它搞得遠為徹底，受到批判的人數也更多，橫掃的矛頭直指那些最敢說話的人。這種規模之所以不斷擴大，可能是毛澤東原以為知識份子得到了充分的思想教育，但看到對黨的批評越來越多，他便大失所望，於是下決心整肅。他甚至把抗日戰爭和國內戰爭時期的軍事思想運用到反右鬥爭中來。他說：「人們說怕釣魚，或者說誘敵深入，聚而殲之。現在大批的魚自己浮到水面上來了，並不要釣。」[79]又說：「要組織每個黨派自己開座談會，

78　《三松堂自序》，第148頁。
79　《毛澤東選集》第五卷。人民出版社，1977年版，第425頁。

左中右的人都參加，正反兩面意見都讓其暴露，派記者予以報導。我們巧妙地推動左、中分子發言，反擊右派。此事很有效。每個黨報要準備幾十篇文章，從當地高潮開始跌落時起，即陸續發表。注意組織中、左派寫文章。但在高潮未落前，黨報正面文章少登。」[80]「高等學校組織教授座談，向黨提意見，儘量使右派吐出一些毒素來，登在報上。可以讓他們向學生講演，讓學生自由表示態度，最好讓反動的教授、講師、助教及學生大吐毒素，暢所欲言。……整個過程，做得好，有一個月左右就夠了。」[81]毛澤東的這篇文章是作為黨內指示發佈全黨的。一個月後，毛澤東親自收網，為《人民日報》寫了題為《文匯報的資產階級方向應當批判》的社論，正式吹響了全國範圍內的反右鬥爭號角。此後，毛澤東又連續發表了《打退資產階級右派的進攻》、《一九五七年夏季的形勢》、《做革命的促進派》等長文，為右派分子定了性。在此期間，馮友蘭親身品嘗了急風暴雨似的階級鬥爭的滋味，他的許多朋友、同事、學生被打成了右派。在這之前，馮友蘭發表了《中國哲學遺產底繼承問題》、《再論中國哲學遺產底繼承問題》等文章。這些文章因多從學術角度立論，故不能與「右派」的言論等同。所以馮友蘭在反右鬥爭中沒有受到過多的衝擊。但為了跟上潮流，他還是寫了幾篇不痛不癢的應景文章，以表示在反右鬥爭中的立場。

1957年反右鬥爭之後，馮友蘭又經歷了1958年的大躍進、1959年的反右傾、1960年開始的三年災害、1964年城市社教運動、1965年農

80　　《毛澤東選集》第五卷。人民出版社，1977年版，第431—432頁。
81　　《毛澤東選集》第五卷。人民出版社，1977年版，第431—432頁。

村「四清」，一直到1966年史無前例的無產階級文化大革命。馮友蘭度過了新中國成立後的十六年光陰。在這一段「前文革時期」，儘管馮友蘭在每一個政治運動的週期中都受到觸及甚至批判，特別是目睹了1957年反右鬥爭對知識份子的傷害，但他對共產黨和毛澤東仍抱有崇敬和熱愛的心情。在這一階段中，馮友蘭自1949年辭去舊中國給予他在清華大學的一切職務後，從1954年起，又陸續在北京大學得到一系列職務和頭銜。如：北大校務委員會委員、全國政協委員、中國科學院哲學社會科學學部委員；哲學所成立後，又受聘為該所兼職研究員、中國哲學史組組長；同時任北大哲學系中國哲學教研室主任、《北京大學學報》編委、《哲學研究》編委等等。上述職務和頭銜，除政協委員外，均是當時學術上的較高頭銜，標誌著學術上的權威地位。除這些頭銜外，馮友蘭幾次出國參加國際學術活動，也是代表了中國當時學術上的最高資格。

當然，個人因素還不是造成50年代知識份子對中國共產黨普遍誠服的重要原因。任何一種思想，它要具有征服人心的力量，還在於這種思想的實踐品格和民族意義。馬克思主義傳入中國後，極大地改變了中國的歷史進程，中國共產黨領導了一場廣泛的社會革命，並在中國大陸取得了政權。爭取民族獨立的實現，極大地鼓舞了包括知識份子在內的全中國人民的信心。特別是共和國成立之初，新政權與人民的關係親如魚水。官員的廉潔奉公和有效率的管理，正和1949年前的中國形成鮮明對照。具有民胞物與精神和實踐理性傳統的中國知識份子在這種歷史性的勝利面前，很容易對馬克思主義和共產黨的領導心悅誠服。因此，在階級和民族的雙重意義下，知識份子多從民族復興

的角度認同了馬克思主義的世界觀和新價值系統。「中國共產黨解放了全中國，這不僅是對於勞動人民的解放，也是對於全中國人的解放。」[82]這裡，馮友蘭用「勞動人民」和「全中國人」兩個概念，正是區別了階級的和民族的不同意義。新中國成立初期或前文革時期的歷次政治運動，多是從階級鬥爭的意義上發動的，這對那些長期受人性論思想支配的知識份子來說，有一種本能的抵觸。其中包括早在1953年梁漱溟在政協會議上與毛澤東發生的正面衝突，就其思想根源說，也是對階級鬥爭的理論和實踐的本能排斥。但當階級鬥爭與民族鬥爭統一的時候，他們無不欣然接受。這裡有兩個例子可以說明上述論點。其一是：北大有一位教授，在美國有很好的職業，他聽說解放軍在解放南京的時候，用江陰炮臺的大炮扣留了英國的紫石英號炮艦，他說：「好了，中國人站起來了！」他馬上辭職，冒著危險回到中國。其二是：1971年中國進入聯合國，梁漱溟再也忍不住激動的情緒，馬上給馮友蘭寫信，並親自跑到馮友蘭家裡，他對馮友蘭說：「中國進入聯合國，標誌中華民族和全世界其他民族處於平等地位了，這是我們在一二十歲的時候就嚮往的。」[83]1971年，正是文革時期階級鬥爭席捲整個中國的時候，此時梁漱溟和馮友蘭興奮不已，正是從民族提升的意義上再次肯定中國共產黨的領導。「不管怎麼說，在50年代，中國共產黨的威信是很高的，這不僅在政治方面，更為重要的也是在道德方面。知識份子們，為革命的勝利所鼓舞，一齊努力，幫助建設新的社會主義社會。」[84]馮友蘭說這些話時，完全是發

82　《三松堂自序》，第164頁。
83　《三松堂自序》，第165頁。
84　《三松堂自序》，第365頁。

自內心的真誠。因此可以說，從1949年至1965年這十幾年間，特別是50年代，是知識份子和全國人民充滿理想和希望的時期。這期間，儘管馮友蘭在1957年因「抽象繼承法」和「樹立一個對立面」等問題，遭到關鋒、陳伯達等人極「左」思想的批判（見第9章第3節），但他對馬列主義、毛澤東思想仍抱著「仰之彌高，鑽之彌堅」的景仰和學習態度，並常以《莊子・秋水》中的壽陵餘子為戒，不中途而廢。但歷史進入60年代，清明景象逐漸模糊，直至「文化大革命」的狂飆席捲全國，馮友蘭便又被捲進政治漩渦而難於自拔，從而開始了他後半生的十年「文革」階段。

3.7 「文革」浩劫

如果說「前文革時期」馮友蘭所受到的一系列批判是對「事」不對「人」的話，那麼，「文化大革命」的狂飆一起，馮友蘭似乎陷入「滅頂之災」。他同當時所有的「牛鬼蛇神」一樣，不僅受到思想上的批判，而且更多的則是受到人身攻擊。因此無論在學術上，還是在精神上，甚至在肉體上，都受到了從未有過的折磨。這位70多歲的善良老人，一位慣於向生活和社會作反思的哲學家，此時卻經歷了他一生中最為淒慘的漫長歲月。

1966年5月25日，北京大學貼出了一張大字報，立即得到毛澤東的支持。6月1日晚8時，該大字報在各地電臺聯播節目中全文播發，頃刻震撼全國。隨後，該大字報又在6月2日的《人民日報》頭版頭條的位置上全文刊登，頓時全國沸騰。緊接著，《人民日報》又以重要

社論的形式連續發表了《橫掃一切牛鬼蛇神》、《觸及人們靈魂的大革命》、《撕掉資產階級「自由、平等、博愛」的遮羞布》、《做無產階級的革命派，還是做資產階級的保皇派》等一系列文章。僅在五天之內，《人民日報》就發表了六七篇重要社論和文章。這在中國的報業史上也是絕無僅有的。這表明，中國進入了「非常時期」。與此同時，北京大學成為全國甚至全世界注目的焦點。僅在幾天之內，五顏六色的大字報鋪天蓋地，北大校園人山人海。一時間，北京大學成了「文化大革命」的中心，大字報的作者之一聶元梓也成了顯要的、傳奇式的新聞人物，成為劃時代的「文化革命」的「英雄」。

此時，「文化大革命」的洶湧波濤，有如「黃河之水天上來」，一切「牛鬼蛇神」、「走資本主義道路的當權派」一下子陷入「文化革命」的汪洋大海之中。馮友蘭即這一批橫遭滅頂之災的人群中的一分子。

「文化大革命」一開始，馮友蘭的家便遭到查封，並以「資產階級反動學術權威」和「反共老手」的罪名，遭到批鬥。此時他更借了聶元梓的「光」，因為聶元梓是北大哲學系黨的領導人，由此不僅北京大學出了名，哲學系也出了名。馮友蘭是北大哲學系的教授，何以在同一個哲學系中，既有「文革英雄」聶元梓，又有「反共老手」馮友蘭？因此來北大聲援大字報和取「文革」之經的群眾，在一睹聶元梓「革命」風姿的同時，當然也想一睹馮友蘭的「反動」面目。當時被揪出來的人，統統被稱為「黑幫」，白天在規定的場所進行勞動，有的拔草，有的搬運什物，脖子上都掛著一個牌子，上面寫著「某某黑幫」。圍觀的群眾自發地走到某一「黑幫」面前時，這個「黑幫分

子」必須反覆向群眾通告自己的姓名，犯了什麼罪，如何認罪等，然後低下頭，接受圍觀群眾的批判和鬥爭。這種形式，剛開始，人們還能夠緊繃著階級鬥爭這根弦，能夠嚴肅認真地批判他所面對的「兇惡」的階級敵人。但時間一長，這種無人組織的自發鬥爭便多數走了板。再加上有的「黑幫分子」被剃了陰陽頭，有的甚至臉上被抹了墨汁或油彩，看起來本來就有些滑稽可笑，再加上回答群眾問話時，各人有各人的回答方式和回答內容，其中夾雜著不同的口音、雜亂無章和跳躍式的答語，有時竟惹起圍觀群眾的哄然大笑。那個荒謬時代的荒謬場景，使這些原來做學問或做領導的學者、系主任成了人們參觀戲弄和嘲笑的對象。「斯文掃地」已不足以概括他們所受到的恥辱。他們遇到了一生從未遇到過的人身攻擊和人身污辱。人格尊嚴、人權平等，此時亦全部化為烏有。

為了便於群眾對「黑幫」的監視和批鬥，當時居住在燕南園的大部分教授的家門口，都被貼上「某某人的黑窩」字樣。馮友蘭自不能例外，在他家的門口，也被貼上「馮友蘭的黑窩」六個大字。這樣，革命群眾和串聯的紅衛兵可以隨時「深入虎穴，殃及虎子」。馮友蘭的孫子馮岱，當時雖然只有五歲，由於受爺爺的牽連，也被勒令退出六一幼稚園。當然有時也有相反的情況，特別是北大「黑幫」之多，這些「黑幫」從前的名聲之大，如馮友蘭、翦伯贊、朱光潛等，反而引起人們的同情和關注。以前沒有機會和這些學術權威見面，此時借批判「黑幫」之名，倒可以目睹一下他們的「風采」。馮友蘭晚年回憶說：「有一天，我沒有在家，家裡只有任載坤一個人，那天來了幾百人要求進屋來看看。任載坤不敢給他們開門。有個人出來隔著窗戶

對任載坤說：『你大概是怕我們人多，進去秩序不好維持，我負責把他們組織起來，只進去繞一圈就出來。我保證維持秩序。』他果然把外面的人組織起來，分成小組，每個小組有一個人維持秩序。任載坤給他們開了門，他們果然按著次序，進來走了一圈，又出去了。」[85]這些群眾不是為了大批判而來，而是為了看一看馮友蘭的家，看一看這位著名哲學家的起居環境到底與平常百姓有何不同。這是一種基於從前的仰慕而產生的一種好奇心理。「文革」中這類事情是很多的。

「文革」初起的兩三個月，馮友蘭與那些被揪出來的「黑幫」們，在生活上也受到制裁，其中包括限制活動範圍，扣發全部工資，縮小居住面積，有的乾脆被掃地出門。馮友蘭與他的夫人任載坤每月只發給二十四元的生活費。雖然這樣的待遇只有幾個月，以後又逐漸增加到四十多元和七十多元，但對於過慣了穩定有序生活的馮友蘭一家來說，無疑也是一種打擊和剝奪。

馮友蘭的身體向來很好，但在精神和肉體的折磨下，他終於病倒了。1967年1月，馮友蘭因前列腺肥大，小便不通。幾經周折，方住進醫院。但當時的醫院，同北大一樣，階級鬥爭代替了革命人道主義，治病也是政治標準第一。在這一標準下，資產階級反動學術權威的命當然是不值錢的。按著醫學常規，割前列腺手術要分兩步走，首先需要在膀胱和腹部各開一小孔，插進管子，讓尿液從管中流出，用一個瓶子接著，把瓶子掛在腰間。過一段時間，才割前列腺。但馮友蘭只做了第一步便被攆出醫院，第二天便被強制參加批鬥會。當時正

85　《三松堂自序》，第175頁。

值隆冬，北風呼嘯，寒氣逼人。馮友蘭拖帶著尿瓶子，步履蹣跚地走到批鬥現場。這次批鬥會的主題是「反動的資產階級教育路線在哲學社會科學領域的表現」。因此，主要鬥爭對像是周楊和蔣南翔。馮友蘭、朱光潛、陸平、彭佩雲等二十餘人作為這條資反路線在北大的推行者而被拉來陪鬥。他們依次站在「鬥鬼台」上，一站就是幾個小時，而且不時被按著頭，成一定角度，不能直腰。經過這次折騰，馮友蘭的病加重了。又幾經周折，才住進醫院做第二次手術。前列腺肥大症，本來是一種常見病，治療並不複雜。但在那個「非常」的時代，馮友蘭竟連續轉了三家醫院，換了幾次大夫，遭遇種種刁難，最後在他的夫人和女兒的陪同下，渡過了這次難關。

肉體及生命的難關雖然暫時渡過，但精神與思想的難關卻接踵而來。1967年3月，以哲學系為主，北大成立了「批馮聯絡站」，編印《反共老手、反動學術權威馮友蘭反動論文選編》。由此再一次掀起對馮友蘭的全校性的批鬥高潮。在這一批判高潮中，無論颳風下雨，無論白天黑夜，馮友蘭必須隨叫隨到。除專門的「批馮聯絡站」外，其他較大的「黑幫」或「反動學術權威」，都成立了類似的大批判機構。當時哲學系還有一個「批馮聯絡站」，是專門為馮定設立的。馮定是北大副校長，早年參加革命，長期從事馬克思主義的理論研究，是黨內少數幾個馬克思主義理論家。文革一起，他既是「黨內走資派」，又是「反動學術權威」。哲學系的這兩個大權威，都姓馮，因此兩個「批馮聯絡站」，後來便合而為一。在1967年的批鬥高潮中，往往是「連鎖反應」。批鬥一人，要有多人陪鬥。因此馮友蘭被批鬥的次數，已無可詳考。有一次夜裡開批鬥會，由於馮友蘭臥房的鑰匙

被強行占房的人拿走，取不出衣服。天氣很冷，馮友蘭還穿著單衣服。他只好在家中的過道裡找到一條又髒又重的麻袋，披在身上，權當大衣禦寒。這樣的批鬥持續了半年之久，由於北大紅衛兵發生兩派分裂並武鬥，馮友蘭及其他「反動權威」才得到一些喘息。但不久，又受到更嚴厲的批鬥。

武鬥升級，導致工宣隊進校，「文革」進入工人階級佔領上層建築的階段。1968年8月下旬，工宣隊開進北大。此後不久，《人民日報》頭版頭條刊登了姚文元《工人階級必須領導一切》的文章，其中引用毛澤東的最新指示，把「清理階級隊伍」作為「文革」的一個重要階段。所謂「清理階級隊伍」，就是利用軍管和進駐工宣隊的方式，「在上層建築其中包括各個文化領域中對資產階級實行全面的專政」[86]。具體地說，即是把「文革」過程中以各種名義揪出來的所謂地、富、反、壞、右、叛徒、特務、走資派、「漏網右派」、「國民黨殘渣餘孽」等等，來一次大清查。1968年9月，這一運動在北大全面展開。哲學系有十幾人被關進「勞改大院」，實行隔離審查。馮友蘭也自然難逃這一劫難。

在「勞改大院」，除了學習檔，還要背誦毛澤東語錄和「老三篇」。每天早晨和晚上都要對著毛澤東像向偉大領袖請罪，然後坐下寫「交代材料」，或接受監改人員的訓話和提問。「每到開飯的時候，食堂的人就推著飯菜到勞改大院去賣飯。我們這邊的監改人員，隔著窗戶看見飯車來了，就叫我們在毛主席像前站隊，每個人都對著毛主

86　《人民日報》1967年11月6日。

席的像報告自己的名字和當時的政治帽子，然後排著隊走出來，繞道進入勞改大院，吃完飯再回來。」[87]當時已是秋風蕭瑟，枯黃的落葉隨風盤旋，外文樓前的草地也在嚴霜肅殺中漸漸枯萎，幾株美人蕉的葉片也露出了殘敗和凋零的景象。在這蒼涼的秋景中，馮友蘭望著窗外，心中似乎很平靜。因為他好像想過，三十四年前，也是這樣一個深秋季節，他被國民黨特務押解至保定行營，當時心裡也很平靜。但那畢竟只是一個晚上，第二天便被釋放回到家中。可如今，身在勞改大院，不知何日能回家。而此時與他患難一生的老伴則是坐臥不寧。任載坤擔心馮友蘭頂不住壓力而自尋短見，所以每天都到勞改大院前觀望。「在我家裡，任載坤見我夜裡不能回家，很不放心，她每天上午提前吃午飯，吃了飯以後就走到辦公樓前邊，坐在臺階上，望著外文樓，看見我跟著隊伍出來吃飯，她就知道我又平安地過了一夜，還沒有死，她就放心了。第二天照樣再去等。」[88]這是何等揪心的一幕啊！

在「清理階級隊伍」的無情鬥爭中，許多人喪失了求生的欲望，選擇了自盡身亡的路。1968年10月中旬召開的中國共產黨八屆十二中全會上，毛澤東指出：「清理階級隊伍，一是要抓緊，二是要注意政策。」[89]同時又指出：「北京大學有一個馮友蘭，是講唯心主義哲學的，我們只懂得唯物主義，不懂得唯心主義，如果要想知道一點唯心主義，還得去找他。翦伯贊是講帝王將相的，我們要知道一點帝王將相的事，也得去找他。這些人都是有用的。對於知識份子，要尊重他

87　《三松堂自序》，第184頁。
88　《三松堂自序》，第184頁。
89　《人民日報》1969年1月1日。

們的人格。」[90]在「文革」動亂中，說的和做的向來是兩回事。這裡講「尊重人格」，那裡卻污辱、體罰，無所不用其極。翦伯贊正是忍受不了清理階級隊伍運動所帶來的殘暴而飲恨離開人世。1968年12月，在毛澤東上述講話後的兩個月，翦伯贊與夫人吞食大量安眠藥雙雙自盡。此後，工宣隊才放馮友蘭回家，結束了長達兩個多月的隔離審查。馮友蘭度過了「文革」中最艱難的日子。

思想的壓抑，精神的煎熬，再加上肉體的折磨，馮友蘭都堅持下來了。他沒有死，也不想去死。在這位哲學家的境界中，幾千年的文化傳統給他以支撐的力量。此正如孔子所謂「天之將喪斯文也，後死者不得與于斯文也；天之未喪斯文也，匡人其如予何？」[91]「天生德於予，桓魋其如予何？」[92]孔子被困於匡，不過「拘焉五日」；司馬桓魋欲殺孔子，不過「拔其樹」而已。而馮友蘭在1968年的「清理階級隊伍」運動中，隔離審查前後達兩個月之久。

馮友蘭帶著「隔離審查」的精神創傷，度過了1969年的春節。在60年代的最後一年裡，「文化大革命」又進入了一個「新」的階段。知識份子「上山下鄉」，參加「五七」幹校，接受工人階級及貧下中農「再教育」成為1969年的主題曲。此時的北京大學幾乎是人走樓空。這種情況，一直維持到1970年夏天第一屆工農兵學員進校為止。從1970年夏到1971年的「九一三事件」，由於林彪外逃摔死在溫都爾汗，「批林整風」運動又持續了一年多。在這一時期中，「文革」似

90　轉引自《三松堂自序》，第185頁。
91　《論語・子罕》。
92　《論語・述而》。

乎進入上層的鬥爭階段。群眾性的急風暴雨式的階級鬥爭暫時被「林彪事件」所沖淡。知識份子，特別是已被批鬥得筋疲力盡的「反動權威」、「走資派」等，此時得到了一個暫短的「波谷時期」。同時，由於林彪事件的出現，使毛澤東認識到真正危險的敵人往往睡在自己的身邊。「四人幫」正是利用了這一心理，到1973年，江青一夥，可以說是經過林彪事件的打擊後，又完全復蘇過來，於是又在全國範圍內掀起了「批林批孔」運動，策劃著新一輪的更大陰謀。

從1973年10月至1976年10月，這整整3年中，「四人幫」利用手中的權力和毛澤東在廣大人民群眾中的崇高威望，甚至「挾天子以令諸侯」，在中國大地上串演了一出妄圖奪取最高權力的醜劇。他們算盡機關，耍盡陰謀，使一批善良的知識份子上了他們的圈套。這期間，馮友蘭被冠以「梁效」顧問的頭銜並撰寫了《對於孔子的批判和對於我過去的尊孔思想的自我批判》、《復古與反覆古是兩條路線的鬥爭》、《從個人的體會談批林批孔同團結教育改造知識份子的關係》、《從孔子的文藝觀批判儒家思想的保守主義、復古主義和中庸之道》、《柳宗元與唐代的儒法鬥爭》、《參加批林批孔一年來的思想收穫》、《談談批林批孔運動對我的教育》、《論孔丘》、《詠史二十五首並序》、《續詠史詩五首並序》等一系列批林批孔及自我批判的文章。這些都是馮友蘭在70年代文革後期所留下的歷史痕跡。

1976年10月，也許是中國現代史上最值得紀念的日子。囂張一時、自以為得計的「四人幫」垮臺了。從此，馮友蘭同全中國人民一樣，進入了一個新的歷程。但人已垂垂老矣。此時馮友蘭已經82歲的高齡了。十年「文革」，對於歷史長河來說，可能是匆匆的一瞬，它

給中國人民乃至人類歷史所留下的創痛卻是很難撫平的。其中包括像馮友蘭這樣的老一代知識份子，他們是用沉重的代價，甚至是用鮮血和生命走完了這一段路程。因此對那些從這一段歷史中走過來的任何一個人，我們只能站在歷史的長堤上給以同情的瞭解，而不應該是謾罵譴責、冷嘲熱諷甚至人身攻擊。人性是有弱點的，十年「文革」正是利用了人性的弱點，導致了一場人與人之間的大廝殺。「文革」的誤導，掩蓋和抹殺了人類的同情心，我們現在正是要恢復這一點善性，多一點理解和同情。

粉碎「四人幫」後，自1977年6月起，馮友蘭又遭到了嚴厲的批判。「背靠背」的揭發，「面對面」的批判，使這位年屆82歲高齡的老人又陷入了「大是大非」的泥潭之中，直到1980年才又一次得到「解放」。這次所得的「解放」，應該說是馮友蘭一生中受之無愧的最後一次。「批判」使他更加清醒，「解放」使他更加輕鬆。使他清醒的是，他認識到，「文革」後期參加「批林批孔」，「自以為是跟著毛主席、黨中央走的，鼓勵我們的那些群眾也是這樣想的，至少也是這樣說的。可是我當時也確有嘩眾取寵之心。有了這種思想，我之所以走了一段彎路，也就是自己犯了錯誤」[93]。使他輕鬆的是，「無論如何，經過『四人幫』這一段折騰，我從解放以來所得到的政治待遇都取消了，我又回到解放初期那個時候的情況。這也可以說是『赤條條來去無牽掛』吧」[94]。不僅如此，正是在這個時候，馮友蘭失去了與他同甘共苦、陪伴他一生的老伴任載坤女士。這一打擊對於馮友蘭來

93　《三松堂自序》，第194頁。
94　《三松堂自序》，第194—195頁。

說是難於用語言表述的，他為任載坤女士所擬挽聯的下半闋說：「從今無牽掛，斷名韁，破利鎖，俯仰無愧怍，海闊天空我自飛。」這言語之間透露了馮友蘭無限蒼涼的心境，這種接近道家的語言，使他徹悟了人生的一點真諦。然而，馮友蘭畢竟還是傳統儒家思想孕育的時代產兒，在毛澤東、周恩來相繼去世的時刻，在他幾乎失去一切的情況下，「還有一件大事牽掛著我，那就是祖國的舊邦新命的命運，中華民族的前途」[95]。

這時馮友蘭已是85歲高齡的老人，在他起伏不定的後半生中，在完成了「前文革時期」和「文革浩劫時期」兩個階段的人生旅途之後，還有一個「後文革時期」的奮鬥理想等待著他。

95　《三松堂自序》，第195頁。

第四章

兩卷本《中國哲學史》

4.1 時代的課題

作為馮友蘭一生著述中的「三史」[1]之一的兩卷本《中國哲學史》，是馮友蘭30年代的學術里程碑，是馮友蘭以哲學史家名世的第一部重要著作。同時，它也是在中國現代學術史上，唯一能與胡適的《中國哲學史大綱》相比肩的開新之作。

在「五四」新文化運動以前，中國哲學史的研究，基本上仍採取舊的「經學」形式。雖然在舊民主主義革命時期，中國已建立起近代資產階級的哲學模式或哲學體系，但對於哲學史的研究，基本上都沒有超出封建史學家的範圍。這一點，當時許多人都有所感受。蔡元培在胡適《中國哲學史大綱》卷上的序文中即有所見。他說：「中國古代學術從沒有編成系統的記載。《莊子》的《天下篇》、《漢書藝文志》的《六藝略》、《諸子略》，均是平行的記述。」[2]正因缺少近代史學方法，才使當時中國哲學史的研究，無法擺脫傳統的經學形式，使人們「陷入毫無邊際的經典注疏的大海之中，爬了半年才能望見周公」[3]。「當時的學生真是如在五里霧中，看不清道路，摸不出頭緒。」[4]

中國哲學史的研究所遇到的問題，是「五四」時期中國學術思想發展所遇到的普遍性問題。這實際上是兩種不同社會形態轉型時期所遇到的問題在文化學術上的表現。如何解決這一問題，是時代的課

1　「三史」，即馮友蘭的《中國哲學史》（兩卷本）、《中國哲學簡史》和《中國哲學史新編》。「三史」的提法，見《〈中國哲學史〉臺灣版自序》，載《三松堂全集》第十三卷，第575頁。

2　蔡元培：《胡適〈中國哲學史大綱〉序》，胡適：《中國哲學史大綱》，第1頁。

3　馮友蘭：《三松堂自序》第五章，《三松堂全集》第一卷，第201頁。

4　馮友蘭：《三松堂自序》第五章，《三松堂全集》第一卷，第200頁。

題。「我們要編成系統，古人的著作沒有可依傍的」，因此只能向西方借鑑，「不能不依傍西洋人的哲學史。所以非研究過西洋哲學史的人不能構成適當的形式」。[5] 在這種情況下，中國哲學史研究的近代化任務，便歷史地落在了胡適與馮友蘭的肩上。因為胡、馮二人不僅系統地研究過西洋人的哲學史，而且是「師出同門」，先後畢業於哥倫比亞大學研究院，先後師事美國實用主義哲學家威廉‧詹姆士。所不同的是，胡、馮二人在氣質、品格、愛好、學問路向、社會環境影響及對中國傳統文化的態度上各有所異，從而造成二人在中國哲學史研究中的不同趨向和不同結果。

如果追溯中國哲學史研究的歷史，或中國哲學史學術發展的近代化歷程，馮友蘭與胡適的名字是分不開的。就歷史的程式說，胡適的《中國哲學史大綱》對馮友蘭及馮友蘭所處的那個時代曾產生過重大影響。該《大綱》出版於1919年，正值「五四」新文化運動的高潮期。雖然這本書只完成了上卷，並且受到許多人的批評、責難，甚至譏笑，但它畢竟是中國近代學術史上第一部跨越封建藩籬的學術著作，在當時堪稱是「一部具有劃時代意義的書」。

馮友蘭晚年之所以充分肯定胡適的《大綱》具有劃時代的意義，主要在於胡適的《大綱》突破了封建史學家的界限和方法，用西方近代的史學觀重新審視中國哲學的發生與發展。當時任北大校長的蔡元培，曾高度評價了胡適的這部書。蔡元培認為該書有四大特長：「第一是證明的方法」，即以漢學家的方法，考訂古代哲學家的生存年

5　蔡元培：《胡適〈中國哲學史大綱〉序》。

代，辨別其著作的真偽。「第二是扼要的手段」，即選擇材料，截斷眾流，直接從老子孔子講起。「第三是平等的眼光」，即廢除正統與非正統的觀念，對於老子以後的諸子，「都還它一個本來面目」。「第四是系統的研究」，即以發展的觀點，研究哲學流派的來龍去脈，以見中國哲學史「變遷的痕跡」和「遞次演進的脈絡」。[6]

　　馮友蘭的兩卷本《中國哲學史》分別出版於1931年和1934年。就時間說，它比胡適的《大綱》整整晚了十餘年。但就當時學術界的情況看，除了胡適的《大綱》外，還沒有第二部以近代史學方法寫出的中國哲學史。特別是胡適的《大綱》只寫到先秦，而中國哲學的發展，經秦漢統一後，又經歷了從兩漢至近代長達近二千年的分合演變。長期的歷史發展，使中國哲學呈現出錯綜複雜的局面。再加上內容的龐雜，經學、玄學、佛教、道教交相輝映，相互襲取。其間材料之繁多，觀點之各異，實非先秦一段的內容之可比。這樣，就研究對象說，時間拉長了，內容增加了，蔡元培所謂的「兩層難處」之一的「材料問題」更加突出。由於歷史跨度的增長，「兩層難處」之二的「形式問題」，也更難於處理。在這種情勢下，單純的依傍「西洋人的哲學史」，或「非研究過西洋哲學史的人不能構成適當的形式」的說法，只能成為必要條件，而非充分條件。因為就研究者所處的時代說，到馮友蘭寫《中國哲學史》的時候，「又多了一層難處：隨著馬克思主義在中國的傳播，在歷史工作中，唯物史觀也流傳開了。對於中國社會史，中國經濟史的研究，正在展開，各方面不同的意見，開

6　蔡元培：《胡適〈中國哲學史大綱〉序》。

始論戰」[7]。馮友蘭雖然沒有參加這些論戰，也沒有跟著研究，「但是，唯物史觀的一般原則，對於我也發生了一點影響」[8]。

這一點影響，對於馮友蘭研究《中國哲學史》來說，是不能忽視的。在此之前，馮友蘭在哲學方法上，已經有西方實用主義和新實在論的訓練，再加上一點唯物史觀的方法，使他在方法上，就比胡適多了一個「點石成金」的手指頭。這是馮友蘭比胡適在中國哲學史研究上略勝一籌的一個重要原因。

馮友蘭在哥倫比亞大學讀研究生期間，曾受學於美國新實在論哲學大家蒙塔古（又譯為「孟特叩」）。蒙氏在界說哲學這一概念所包含的內容時，繼承並發展了西方哲學自柏拉圖以後普遍流行的說法，即認為哲學包含三大部：宇宙論、人生論、知識論。蒙塔古根據西方傳統的「哲學三大部」之說，又細分哲學三部分為：方法論、形上學、價值論。方法論即知識論，其中包涵狹義的知識論，即研究知識的性質；研究知識的規範，即所謂論理學。形上學，即前所謂宇宙論，其中包含研究「存在」之本體及「真實」之要素，此即構成所謂「本體論」；研究世界的發生及其歷史、歸宿者，實為形上學之「宇宙論」。價值論也分為兩部分：一是倫理學，即研究「善」的性質及其應用於行為者；二是研究「美」的性質及其應用於藝術者。馮友蘭正是運用了西方哲學史中關於哲學內容的「三分法」，審視中國哲學的概念、範疇，從而建立起中國哲學史的體系架構，更好地解決了蔡元培稱之為「中國哲學的形式問題」，使中國哲學史的研究真正納入

7　《三松堂自序》第五章，《三松堂全集》第一卷，第203頁。
8　《三松堂自序》第五章，《三松堂全集》第一卷，第203頁。

近代學術研究的視野。正是因為這一特點，馮友蘭的《中國哲學史》，即使在今天讀來，亦不感到過時，因為他把中國古代哲學家的思想，按著西方哲學史的「三大部」，加以區別分析，建立起真正「哲學」發展的歷史，而不是一般意義上的「思想」發展史。

如對老子哲學的分析，胡適在《中國哲學史大綱》中，始終未能從哲學本體論的意義上揭示老子「天」或「道」的形上學意義。胡適說：

> 老子的「天地不仁」說，似乎也含有天地不與人同性的意思。人性之中，以慈愛為最普通，故說天地不與人同類，即是說天地無有恩意。老子這一個觀念，打破古代天人同類的謬說，立下後來自然哲學的基礎。……老子的最大功勞，在於超出天地萬物之外，別假設一個「道」。這個道的性質，是無聲無形；有單獨不變的存在，又周行天地萬物之中；生於天地萬物之先，又卻是天地萬物的本源。[9]

胡適很重視老子在中國哲學史上的地位，在《大綱》中，他以「老子」為一篇，並專立「天道觀」一節。但他對老子哲學思想的分析，僅此而已。其餘大部分則是考辨老子其人其書，及老子的社會政治思想，對老子的哲學理論沒有從哲學本身的發展中去發掘其價值。馮友蘭在《老子》一章中，以「道、德」立為一節，他述老子說：

> 古代所謂天，乃主宰之天。孔子因之，墨子提倡之。至孟子則所

9　胡適：《中國哲學史大綱》卷上。

謂天，有時已為義理之天。所謂義理之天，常含有道德的惟心的意義，特非主持道德律之有人格的上帝耳。《老子》則直謂「天地不仁」，不但取消天之道德的意義，且取消其惟心的意義。古時所謂道，均謂人道，至《老子》，乃予道以形上學的意義，以為天地萬物之生，必有其所以生之總原理，此總原理名之曰道。……故道兼有無而言；無言其體，有言其用。[10]

　　馮友蘭對老子哲學的分析，揭示了「天」的內涵之歷史演變，揭示了老子「道」的形上學性質，並把這一形上學體系納入了哲學「本體論」範疇，從而使老子哲學的研究徹底擺脫了傳統形式，為整個中國哲學史研究的近代化樹立了典範。直到現在，研究先秦哲學的人，仍不能超越馮友蘭上述看法，可見邏輯分析方法，確實是對中國哲學的「永久性貢獻」。

　　馮友蘭的《中國哲學史》除了運用西方哲學史的一般方法外，尚有他所謂的「受了唯物史觀的影響」[11]。馮友蘭認為：「就是這一點影響，使我在當時講的中國哲學史，同胡適的《中國哲學史大綱》有顯著的不同。」[12]這個不同，主要表現在馮友蘭對中國哲學史的歷史分期上。

10　馮友蘭：兩卷本《中國哲學史》上冊，中華書局，1961年版，第218頁。
11　《三松堂自序》第五章，《三松堂全集》第一卷，203頁。
12　《三松堂自序》第五章，《三松堂全集》第一卷，203頁。

4.2　經學時代與子學時代

關於中國哲學史的分期，胡適在其《大綱》的「導言」中有一個明確的界定。他把中國哲學史分為三個時期：第一個時期，「自老子至韓非，為古代哲學」；第二個時期，「自漢至北宋，為中世哲學」；第三個時期，自明至清，為近世哲學。胡適的這一分法，在其導言中並未說明理由，只是強調這三個時期，中國哲學所表現出的不同特點。如古代哲學是「諸子哲學」。中世哲學的前期，自漢至晉「是以古代諸子的哲學作起點的」；後期自東漢至北宋則是「印度哲學在中國最盛的時代」。近世哲學為佛教哲學的消化時期。至明清，佛家始衰，儒學復熾。到了清代，則是「古學昌明的時代」，這一時期可與西方文藝復興時代相媲美。

馮友蘭對中國哲學史的分期，與胡適不同。他的著眼點是放在社會形態變遷對哲學發展的影響，企圖以政治制度和經濟制度的物質因素去解釋思想和精神的發展。此即馮友蘭所自稱的「唯物史觀的影響」。如馮友蘭在解釋先秦諸子哲學發達的原因時，不同意胡適將之歸結為「政治那樣黑暗，社會那樣紛亂，貧富那樣不均，民生那樣痛苦。有了這種時勢，自然會生出種種思想的反動」[13]。馮認為，胡適的這種分析，有失籠統。因為「此種形勢在中國史中幾於無代無之，對於古代哲學之發生，雖不必無關係，要不能引以說明古代哲學之特殊情形」[14]。馮友蘭認為，從春秋迄漢初，是中國歷史上一大解放的時代，「於其時政治制度，社會組織及經濟制度，皆有根本的改變」。

13　胡適：《中國哲學史大綱》第二章，第42頁。
14　馮友蘭：兩卷本《中國哲學史》上冊第一篇第二章注。

特別是「與貴族政治相連帶的經濟制度即所謂井田制度」的崩壞，使原來居統治地位的貴族衰落了，原來的社會解體了。「原來貴族階級所養的為他們服務的有專門才能的人，失去原來的地位，流入民間。……他們只好依靠自己的知識，才能在社會上自謀生計，自搞活動，自發議論。這樣發展下去，就出現了各家各派，形成了百家爭鳴的局面。」[15]

以上述社會形態和經濟制度變遷的觀點，觀察整個中國哲學的發展，馮友蘭把中國哲學史分為「子學時代」和「經學時代」兩大階段。馮友蘭認為，中國文化至周代而初具規模。孔子「上繼往聖，下開來學」，尤其開創了私人著述之端，此為中國哲學的產生奠定了基礎。他認為，「哲學為哲學家之有系統的思想，須於私人著述中表現之」[16]。而孔子的思想，就其門人所記錄者觀之，實為一個有系統的思想體系，因此孔子在中國哲學史中應佔有開山的地位。所以馮友蘭主張，講中國哲學史，應從孔子講起。

孔子思想的產生，標誌中國哲學史子學時代的開始。在此一時期中，「哲學家派別之眾，其所討論的問題之多，範圍之廣，及其研究興趣之濃厚，氣象之蓬勃，皆以子學時代為第一」[17]。其所以如此，即在於當時政治制度及經濟制度的根本改變。從經濟制度的改變方面看，馮友蘭認為此一時期，正是所謂「王制滅」、「禮法墮」，庶人崛起而營私產、致富豪的時期。對於當時這種經濟因素的變化，馮友蘭

15　馮友蘭：兩卷本《中國哲學史》上冊第一篇第二章。
16　馮友蘭：兩卷本《中國哲學史》上冊第一篇第二章。
17　兩卷本《中國哲學史》上冊，第30頁。

分析說：

　　若就經濟史觀之觀點言之，亦可謂因農奴及商人在經濟上之勢力，日益增長，故貴族政治破壞，而「王制滅」，「禮法墮」。商人階級崛起。……總之，世祿井田之制破，庶民解放，營私產，為富豪，此上古經濟制度之一大變動也。[18]

　　馮友蘭認為，上述種種大改變發動於春秋，而完成於西漢中葉。也就是說，自春秋時代所開始的政治、社會、經濟的大變動，到西漢中葉逐漸停止。「此等特殊之情形既去，故其時代學術上之特點，即『處士橫議』『各為其所欲焉以自為方』之特點，自亦失其存在之根據。」[19]西漢中葉，漢武帝採納董仲舒「罷黜百家，獨尊儒術」的政策以後，「以利祿之道，提倡儒學，而儒學又須為上所定之儒學。於是『天下英雄，盡入彀中』；春秋以後，言論思想極端自由之空氣於是亡矣」[20]。董仲舒的主張得到推行，從此標誌子學時代的終結和經學時代的開始。

　　在經學時代中，中國哲學的發展表現出一種新的特點，即「諸哲學家無論有無新見，皆須依傍古代即子學時代哲學家之名，大部分依傍經學之名，以發佈其所見。其所見亦多以古代即子學時代之哲學中之術語表出之」[21]。其中儘管可以有新的主張和新的見解，但仍然以

18　兩卷本《中國哲學史》上冊，第34—35頁。
19　兩卷本《中國哲學史》上冊，第41頁。
20　兩卷本《中國哲學史》上冊，第41頁。
21　兩卷本《中國哲學史》下冊，第492頁。

經學的形式表現出來。這一學術思想變異的背後，仍是社會政治經濟在起作用。因為中國自秦漢以後，逐漸形成大一統的社會格局。政治上定有規模，經濟秩序亦漸安定。「自此而後，朝代雖屢有改易，然在政治經濟社會各方面，皆未有根本的變化。各方面皆保其守成之局，人亦少有新環境新經驗。以前之思想，其博大精深，又已至相當之程度。故此後之思想，不能不依傍之也。」[22]由董仲舒開始，至康有為，皆為中古哲學，即前所謂「經學時代」。社會的政治經濟保持在穩定的格局中，此是中國封建社會長期延續的原因之一，同時也是中國哲學史上經學時代長期得以保持的基本原因之一。

從漢代中葉起，一直到清末，中國哲學始終保持經學形式。到清末，中西文化發生衝撞，中國社會發生激變，才致使經學時代宣告結束。

由以上敘述中可知，馮友蘭把中國哲學史的發展劃分為「子學時代」與「經學時代」，並認為這兩大階段均與中國社會的政治、經濟的大變動相聯繫。這種觀點顯然受到唯物史觀的影響。馮友蘭在其晚年仍堅持這種看法，他說：「我認為在中國歷史上有兩個社會大轉變的時代，一個是春秋戰國時代，一個是清朝末年中外交通的時代。在這兩個時代中，中國社會的各個方面，都起了根本的變化。這實際上說的是，中國社會由奴隸制向封建制過渡，和由封建制向半殖民地、半封建過渡的兩個時代。」[23]無論怎麼說，關於中國哲學史的分期，馮友蘭的見解要比胡適的見解更「持之有故」和「言之成理」。再

22　兩卷本《中國哲學史》下冊，第493頁。
23　《三松堂自序》第五章，《三松堂全集》第一卷，第203頁。

說，胡適的《大綱》只寫了他自己分期的三個部分的一部分，因此亦不能從他對中國哲學的全面理解中去考察他的分期有何利弊。因為他的分期法與他對先秦諸子哲學蜂起原因的解釋一樣，也有些失之籠統。

由於受唯物史觀的影響，馮友蘭的《中國哲學史》除上述用經濟制度和社會制度的變遷觀察中國哲學的發展這一條外，他還堅持了「歷史是進步的」發展觀。這一點也與胡適的《大綱》有顯著區別。

胡適特別表彰先秦諸子哲學和清代漢學家的考據、校勘、訓詁的功夫。而對漢唐宋明時期的哲學有所忽略，認為這一時期除漢代的經學外，自東晉以後，直到北宋，這幾百年間都是佛教最盛的時代。它們在諸子哲學之外，「別開生面，別放光彩，此時凡是第一流的中國思想家，如智顗、玄奘、宗密、窺基，多用全副精力，發揮印度哲學，那時的中國系的學者，如王通、韓愈、李翱諸人，全是第二流以下的人物。他們所有的學說，浮泛淺陋，全無精闢獨到的見解。故這個時期的哲學，完全以印度系為主體」[24]。

馮友蘭在《中國哲學史》中，也談到了這一問題，他充分肯定漢以後的哲學家，雖然處處依傍子學經學或佛學，但在依傍中亦時時有新見解。馮友蘭強調，在中國哲學史中，後人引申發揮前人的思想，即表現了哲學的進步。因為「若知董仲舒之《春秋繁露》只是董仲舒之哲學；若知王陽明之《大學問》只是王陽明之哲學，則中國哲學之

24　胡適：《中國哲學史大綱》導言。

進步，便顯然矣」[25]。這就是說，雖然漢以後的哲學家都講諸子，但在講諸子中，卻不斷發揮自己的思想。這既體現了中國哲學的特點，也包含了中國哲學的發展。「吾人不能輕視發揮引申，發揮引申即是進步。」[26]在馮友蘭看來，不僅子學、經學是如此，佛學亦是如此。「中國人所講佛學，其中亦多有中國人之新見。蓋中國人與印度人之物質的精神的環境皆不同。故佛學東來，中國人依中國之觀點，整理之，選擇之，解釋之。在整理、選擇、解釋之時，中國人之新見，隨時加入。此即中國人在此方面所釀之新酒也。」[27]馮友蘭「舊瓶裝新酒」之喻，揭示了中國哲學在其歷史發展中的量變過程。這一觀點，充分肯定了中國哲學史是發展的，而非僵死不變的。在這一問題上，同哲學史的歷史分期一樣，馮友蘭的哲學史觀顯然比胡適的哲學史觀有更多的合理性和全面性。

4.3　信古、疑古與釋古

馮友蘭對中國哲學史的看法之所以具有辯證發展的觀點，與他對當時史學界所存在的「信古」與「疑古」之爭的批評有關。

「五四」時期，乃至「五四」以後，在中國史學研究中出現「信古」與「疑古」之爭。這一爭論，實際上是新舊文化論戰在方法論上的反映。疑古思潮本與「五四」反封建思潮相聯繫。它作為一種方法上的突破口，在當時的文化論戰中發生了重大影響，甚至重新改寫了

25　兩卷本《中國哲學史》上冊，第23頁。
26　兩卷本《中國哲學史》上冊，第23頁。
27　兩卷本《中國哲學史》下冊，第494頁。

幾千年的中國古史。在當時，疑古思潮有如一把雙刃劍，勢如破竹地劈開了「信古」派保守思想在學術領域設置的一道道防線，對新文化運動起了推波助瀾的作用。20年代以後，「疑古」發展為「辨偽」，成為當時激進史學家的一個重型武器和重要方法。胡適的《中國哲學史大綱》即是以辨偽為特長，著力於古書真偽的考訂，從而為其推翻傳統舊說鋪平道路。如諸子起源問題、井田制問題、老子年代問題等等，都成為當時辯論的重要課題。

馮友蘭在講授和撰寫《中國哲學史》的過程中，同樣無法回避上述問題。這樣，也就促使他對上述問題作出積極的思考並給以正面的回答。馮友蘭認為，「信古」一派以為凡古書上所說皆真，故最缺乏批判精神。這一派由於盲目相信古書所說，對古之一切皆不加分析，因此由「信古」倒向「復古」。在中國哲學史的講授和研究中，信古派往往由遠古講起，講了半年，才講到周代，使人對古代哲學摸不到頭緒，因此也跳不出傳統的經學方法和經學老套。而「疑古」一派，則反「信古」之道而行，以為古書所載，多非可信，甚至全然推翻古說，另造新論。在馮友蘭看來，「信古」與「疑古」兩派皆有偏於極端之弊，全面的態度應該是「釋古」。他說：

釋古是研究史學的第三種態度，是與信古、疑古兩者迥不相同的，同時也是研究史學的態度進步到第三個階段：此種態度似乎是介於信古與疑古之間，因為信古和疑古兩者都是偏於極端方面的，信古的態度自然不免於盲目，而純粹的疑古態度，仍不能離其「惑疑主義」錯誤的勢力圈外。釋古便是這兩種態度的折衷，這種是比較有科

學精神。[28]

　　馮友蘭舉歷史上眾所聚訟的先秦諸子起源問題為例，說明「信古」與「疑古」之失。據《漢書‧藝文志》所載，「諸子出於王官」。如「儒家者流，出於司徒之官」；「墨家者流，出於清廟之守」。按著信古一派的觀點，因此說出於《漢書》，此古人之說，甚為可信，絕無問題。而在疑古者看來，戰國諸子之興，乃聰明才力之士據當時社會需要所倡，因此《漢志》所說，純系揣測之辭。馮友蘭認為，上述兩派對諸子起源問題均有片面性。全面的看法應該是「釋古」的態度。「在釋古者則以為在春秋戰國之時，因貴族政治之崩壞，原來為貴族所用之專家，流入民間。諸子之學，即由此流入民間之專家中出。」[29]馮友蘭的這一看法，即上文所謂「兩種態度的折衷」。「吾人須知歷史舊說，固未可盡信，而其『事出有因』，亦不可一概抹煞。」[30]這一看法雖貌似折衷，但「若依黑格爾的歷史哲學來講，則『信古』、『疑古』與『釋古』三種趨勢，正代表『正』、『反』、『合』之辯證法。即『信古』為『正』，『疑古』為『反』，『釋古』為『合』」[31]。馮友蘭於提出釋古的同時，正是以釋古的態度撰寫了《原儒墨》、《墨家之起源》、《原儒墨補》、《原名法陰陽道德》、《原雜家》等一系列文章，後合稱《中國哲學史補》而納入其兩卷本《中國哲學

28　馮友蘭：《中國近年研究史學之新趨勢》，原載1935年5月14日《世界日報》，現收在《三松堂全集》第十一卷，第281頁。
29　馮友蘭：《中國近年研究史學之新趨勢》，原載1935年5月14日《世界日報》，現收在《三松堂全集》第十一卷，第281頁。
30　馮友蘭：《中國近年研究史學之新趨勢》，原載1935年5月14日《世界日報》，現收在《三松堂全集》第十一卷，第283頁。
31　馮友蘭：《中國近年研究史學之新趨勢》，原載1935年5月14日《世界日報》，現收在《三松堂全集》第十一卷，第283頁。

史》中。

　　馮友蘭以「釋古」的態度，研究中國哲學史，使他能夠全面把握史料，即使是「偽書」，「雖不能代表其所假冒之時代之思想，而乃是其產生之時代之思想，正其產生之時代之哲學史之史料也」[32]。這即是說，所謂古書的真偽，無非是時代先後的問題，不能因其作偽並假冒時代，而一概否定其價值。因為「偽書」對於它產生的那個時代，不失為一種真史料。胡適的《大綱》正是因為「疑古太過」，不僅忽略了「偽書」的真價值，而且把精力多放在考訂、訓詁之上，從而影響了他對古代哲學思想的義理的分析和把握。

　　對「釋古」態度的闡發及對「信古」、「疑古」關係的說明，反映了馮友蘭哲學史觀的辯證性。而胡適《大綱》的疑古態度，有時卻導致了一種機械論和形而上學。因為信古與疑古是對待古史的兩個極端，在一定條件下，疑古也會變成信古。如胡適《大綱》把《大學》與《中庸》作為孟、荀之前的材料，把《列子·楊朱篇》作為先秦楊朱的思想，皆有失於胡適本人所宣導的疑古精神。

　　「疑古」與「釋古」兩種態度，又與「漢學」與「宋學」兩種方法緊密相關。因為從「疑古」到「辨偽」，重視史料真偽的考辨和語言文字的訓詁，而對文字所表達的義理卻往往忽略甚至輕視。而馮友蘭所自稱的「釋古」，恰與「疑古」派相反，它不注重文字的考證、訓詁，而注重於文字所表示的義理的瞭解和體會。這種不同，即所謂「漢學」與「宋學」的不同。馮友蘭認為，胡適的《中國哲學史大綱》

32　兩卷本《中國哲學史》上冊，第24頁。

正是運用了「漢學」的方法，故其《大綱》「對於資料的真偽，文字的考證，占了很大的篇幅，而對於哲學家們的哲學思想，則講的不夠透，不夠細」[33]。

相比之下，馮友蘭以「釋古」的態度，「宋學」的方法，較多地注重對古代哲學家的哲學思想的瞭解和體會，「而無隔閡膚廓之論」（陳寅恪語）。馮友蘭在晚年回顧他撰寫《中國哲學史》前後的情況時，曾用元好問的一首詩來說明「漢學」與「宋學」的不同。詩云：「眼處心生句自神，暗中摸索總非真。畫圖臨出秦川景，親到長安有幾人？」馮友蘭解釋說：

好詩要寫出來人們的真實感受，自身沒有真實的感受，而勉強要寫，只有暗中摸索，終不會是真的。比如要畫秦川的風景，有些畫家，是臨摹前人的畫而畫出來的。有些人是親自到了長安，有所感受，憑著他的感受，畫出來的。當然前者的畫是不會好的。只有後者的畫才有可能是好的。這兩種畫畫的不同，在研究學問方面說，也就是「漢學」與「宋學」兩種方法的不同。[34]

在馮友蘭看來，「如果只能懂得以前哲學家的著作的語言、文字而不能瞭解、體會其義理，那就不能寫出符合哲學史的本來面目的哲學史」[35]。當然不能就此否定胡適《中國哲學史大綱》對中國學術史的巨大貢獻。問題只在於，胡適將其早年學到的實用主義同中國乾嘉

33　《三松堂自序》第五章，《三松堂全集》第一卷，第208頁。
34　《三松堂自序》第五章，《三松堂全集》第一卷，第209頁。
35　《三松堂自序》第五章，《三松堂全集》第一卷，第209頁。

考據學相結合而建立起來的「科學方法」，推許為「籠罩一切」的科學方法的一般程式。「這種方法，實質上只承認對各個個別事物的分別認識，充其量只承認在若干個別認識基礎上所作的歸納。這種方法不瞭解人類認識世界還有一個從一般到個別、從整體到局部的過程，整體並非個體之和，只有對整體的總體結構及其活動的動態過程，加以全面考察，才能從本質上瞭解整體。胡適不承認後一種認識方法同樣是科學方法，結果，無論是重新審查傳統，還是建立新的學科，他都無法從總體的分析和研究中作出有說服力的全面性的結論。」[36]這一分析，完全符合胡適的《中國哲學史大綱》。他的「漢學」考據方法使他的眼光圈於訓詁而忽視義理；而他的實用主義哲學的真理觀及其激進的反封建的文化立場，又限制了他對中國哲學作全面客觀的評價。這正如馮友蘭批評的那樣：胡適的《中國哲學史大綱》，與其說是一部中國哲學史，不如說是一部批評中國哲學的書。因為中國哲學中兩個影響最大的學派─儒家和道家，受到了他的功利主義和實用主義觀點的批判和懷疑。因此，「讀他這部書，感覺不到別的，只感覺到整個中國文明是完全走錯了路」[37]。

對於這一點，陳寅恪與金岳霖對胡適有更為嚴厲的批評。陳寅恪說：

今日之談中國古代哲學者，大抵即談其今日自身之哲學者也；所著之中國哲學史者，即其今日自身之哲學史者也。其言論愈有條理統

36　董義華：《胡適評傳》序，百花洲文藝出版社，1992年版，第14頁。
37　馮友蘭：《哲學在當代中國》，《三松堂全集》第十一卷，第269頁。

系，則去古人學說之真相愈遠；此弊至今日之談墨學而極矣。今日之墨學者，任何古書古字，絕無依據，亦可隨其一時偶然興會，而為之改移，幾若善博者能呼盧成盧，喝雉成雉之比；此近日中國號稱整理國故之普通狀況，誠可為長歎息者也。[38]

　　陳寅恪在此處雖未明確點出胡適的名字，但明眼人一看，便知其文中所指，無疑是針對胡適《大綱》所發。胡適批評儒道，而對墨家情有獨鍾。他在整整一部十幾萬字的《大綱》中，評述墨子及其後學的篇幅竟約占其全部文字的四分之一，並且把墨學概括為「實利主義」或「實用主義」。認為墨子及墨家學派注重平日經驗，「便是科學的根本」等等。此即金嶽霖所說：

　　胡適之先生的《中國哲學史大綱》就是根據於一種哲學的主張而寫出來的。我們看那本書的時候，難免一種奇怪的印象，有的時候簡直覺得那本書的作者是一個研究中國思想的美國人。……胡先生既有此成見，所以注重效果，既注重效果，則經過他的眼光看來，樂天安命的人難免變成一種達觀的廢物。對於他所最得意的思想，讓他們保存古色，他總覺得不行，一定要把他們安插到近代學說裡面，他才覺得舒服。同時西洋哲學與名學，又非胡先生之所長，所以在他兼論中西學說的時候，就不免牽強附會。[39]

38　陳寅恪：《馮著〈中國哲學史〉審查報告一》，馮友蘭兩卷本《中國哲學史》下冊。
39　金嶽霖：《馮著〈中國哲學史〉審查報告二》，馮友蘭兩卷本《中國哲學史》下冊。

陳、金對胡適的批評，都含有一定的真理性，但這也並不是說，胡適《大綱》的缺點，都是由其「疑古」或「漢學」的方法所致。其中更重要的原因，還在於胡適的實用主義的哲學理念和他對傳統哲學的態度。但就方法說，「疑古」或「漢學」作為學術研究的一種路向或時代思潮，都有其存在的理由和價值。問題在於如何恰當地運用它。馮友蘭的「釋古」態度和「宋學」方法，與胡適的方法比較起來，似乎有更多的辯證因素和靈活性。當然這也與他對傳統文化的態度有關。

4.4　陳寅恪、金嶽霖的評價

陳寅恪、金嶽霖二人對胡適的批評，雖然在今天看來，都有些過於嚴厲，並且均未站在「同情瞭解」的立場。但綜觀胡適的《大綱》，確有上述二人指出的缺點和不足。而值得注意的是，在嚴厲批評胡適的同時，他們對馮友蘭的《中國哲學史》卻給予了充分的肯定和高度評價。

陳寅恪認為，馮友蘭的《中國哲學史》的最大特點和長處，乃在於「與立說之古人，處於同一境界」。因為沒有把自己的愛憎強加給古人，故對古人之思想，能給予「同情之瞭解」。陳寅恪把這種「同情之瞭解」稱作「真瞭解」。為什麼要對古人思想持「同情之瞭解」？在陳寅恪看來，首先，古人著書立說，皆有所為而發；「故其所處之環境，所受之背景，非完全明了，則其學說不易評論」[40]。其

40　陳寅恪：《馮著〈中國哲學史〉審查報告一》。

次，古代哲學家去今久遠，故其時代之真相，極難推知。而我們今天可依據的材料，又僅為當時所遺存下來的極小部分。因此，「欲借此殘餘斷片，以窺測其全部結構，必須備藝術家欣賞古代繪畫雕刻之眼光及精神，然後古人立說之用意與對象，始可以真瞭解」[41]。這裡，陳寅恪強調，對古人思想要持一種「欣賞」態度，而不是「嘲笑」或「譏諷」態度。這樣才可以有「真瞭解」。他說：

> 所謂真瞭解者，必神遊冥想，與立說之古人，處於同一境界，而對於其持論所以不得不如是之苦心孤詣，表一種之同情，始能批評其學說之是非得失，而無隔閡膚廓之論。否則數千年前之陳言舊說，與今日之情勢迥殊，何一不可以可笑可怪目之乎？[42]

這裡，陳寅恪明確指出，其所謂「同情之瞭解」，即需要「神遊冥想」，以與古人處「同一境界」。但要做到這一點並非容易。因為我們現在所見到的古代材料，「或散佚而僅存，或晦澀而難解」，不經過解釋及比較的過程，則很難發現其價值。但古代材料一旦經過今人「聯貫綜合之搜集，及統系條理之整理」，就很容易把今人自身所際遇的時代，所處的環境及所薰染的學說，有意無意之間加到古人頭上，並以此「推測解釋古人之意志」，從而「流於穿鑿附會之惡習」。

陳寅恪站在史學家的立場上，對當時憑「偶然興會」、「改移古人」的穿鑿附會之說表現出深惡痛絕的態度。他甚至把這種人看作

41　陳寅恪：《馮著〈中國哲學史〉審查報告一》。
42　陳寅恪：《馮著〈中國哲學史〉審查報告一》。

「若善博者能呼盧成盧，喝雉成雉之比」的賭徒。「盧」、「雉」是古代博戲用的骰子的兩種顏色。一擲五子皆黑是為盧，為最勝采。呼盧喝雉，亦即穿鑿附會。兩廂比較之下，陳寅恪認為馮友蘭的《中國哲學史》即符合前述「同情之瞭解」的精神，他說：

> 今欲求一中國古代哲學史，能矯傳會之惡習，而具瞭解之同情者，則馮君此作庶幾近之；所以宜加表揚，為之流布者，其理由實在於是。[43]

除上述「瞭解之同情」外，「馮君之書，其取用材料，亦具通識」[44]。也就是說，在對待哲學史的史料方面，馮友蘭的《中國哲學史》也做得很好。陳寅恪認為，古書的真偽，「不過相對問題」。更重要的是如何通過審定偽材料的時代及作者而加以利用。也就是說，不能把古書的真偽絕對化。在陳寅恪看來，「偽材料亦有時與真材料同一可貴。如某種偽材料，若徑認為其所依託之時代及作者之真產物，固不可也；但能考出其作偽時代及作者，即據以說明此時代及作者之思想，則變為一真材料矣」[45]。另外，中國古代史材料，有些並非一時代一作者之產物。經過考證，今人知其如此，是一大進步。但只知此而不知把這些材料貫通起來加以比較考察，就只能走向極端。陳寅恪說：

43　陳寅恪：《馮著〈中國哲學史〉審查報告一》。
44　陳寅恪：《馮著〈中國哲學史〉審查報告一》。
45　陳寅恪：《馮著〈中國哲學史〉審查報告一》。

今人能知其非一人一時之所作，而不知以縱貫之眼光，視為一種學術之叢書或一宗傳燈之語錄，而斷斷致辯於其橫切方面，此亦缺乏史學之通識所致。而馮君之書，獨能於此別具特識，利用材料，此亦應為表章者也。[46]

陳寅恪通過對當時不同學術傾向的比較，高度評價了馮友蘭在中國哲學史的選材方面所取得的成就，並表揚了馮友蘭因為能對史料有「縱貫之眼光」，故能於史料的運用上「別具特識」。這些評價顯然都是與馮友蘭的《中國哲學史》所取得的成功相符的。

金嶽霖同陳寅恪一樣，在批評胡適的《中國哲學史大綱》的同時，也高度評價了馮友蘭的《中國哲學史》。他認為，馮友蘭《中國哲學史》的長處是「沒有以一種哲學的成見來寫中國哲學史」。他說：

據個人所知道的，馮先生的思想傾向於實在主義；但他沒有以實在主義的觀點去批評中國的固有的哲學。因其如此，他對於古人的思想雖未必贊成，而竟能如陳先生所云：「神遊冥想與立說之古人處於同一境界。」[47]

金嶽霖是一位哲學家，所以他對馮友蘭《中國哲學史》的評價，主要是從哲學與哲學史的區別方面著眼的。他認為：「哲學要成見，

46　陳寅恪：《馮著〈中國哲學史〉審查報告一》。
47　金嶽霖：《馮著〈中國哲學史〉審查報告二》。

而哲學史不要成見。」因此，如果以一種「成見」，即一種哲學觀點去寫哲學史，等於「以一種成見去形容其他的成見」，這樣，寫出來的哲學史就不會是一種好的哲學史。正因為馮友蘭沒有用自己的「成見」去批評固有的哲學，因此他才能以「同情瞭解」的態度去研究哲學史，這樣，他的《中國哲學史》，「確是一本哲學史而不是一種主義的宣傳」[48]。

以上是陳寅恪和金嶽霖對馮友蘭《中國哲學史》上冊所作的評價。1934年，馮友蘭的《中國哲學史》下冊出版前，陳寅恪又為該書寫了《審查報告》，以便該書列入《清華叢書》。如果說，馮友蘭的《中國哲學史》上冊還沒有明顯的新儒家的表徵的話；那麼，到了《中國哲學史》下冊出版的時候，卻有了新儒家的明顯表徵。此點特為陳寅恪所注意。陳寅恪認為，「中國自秦以後，迄於今日，其思想之演變歷程，至繁至久。要之，只為一大事因緣，即新儒學之產生，及其傳衍而已」[49]。而馮友蘭的《中國哲學史》，能對「朱子之學多所發明」，即抓住了這一中國歷史上的「大事因緣」，同時亦表明馮友蘭對新儒學的重視。

陳寅恪認為，馮友蘭繼承了清季學者對朱子學研究的創獲，能夠以西洋哲學的方法與觀念，「以闡明紫陽之學，宜其成系統而多新解」。但似乎也有其不足。此不足即表現為新儒學與佛道二教之關係，「尚有待於研究」。

48　金嶽霖：《馮著〈中國哲學史〉審查報告二》。
49　陳寅恪：《馮著〈中國哲學史〉審查報告三》，載馮友蘭：《中國哲學史》下冊。

在對馮友蘭《中國哲學史》下冊的審查報告中，陳寅恪對馮友蘭沒有明確的批評，也沒有明確的表揚。但暗含著批評與表揚。這一微妙的態度，實際上反映了陳寅恪所自許的「寅恪平生為不古不今之學，思想囿於咸豐同治之世，議論近乎（曾）湘鄉（張）南皮之間」[50]的思想定位。從這一思想自我定位的立場出發，他對馮友蘭所暗含的批評，乃是指其《中國哲學史》對佛、道與儒學關係的研究失之簡略。而對馮友蘭所暗含的表揚，則是指其對中國本民族哲學與文化的重視。在這種暗含的批評與表揚之中，反映了陳寅恪對全盤西化觀點的否定。如他認為，佛教之所以能對中國思想史發生重大影響，其原因在於國人對它的吸收和改造。如果「其忠實輸入不改本來面目者，若玄奘唯識之學，雖震盪一時之人心，而卒歸於消沉歇絕」[51]。不僅佛教如此，道教亦然。「道教對輸入之思想，如佛教摩尼教等無不儘量吸收。然仍不忘其本來民族之地位。既融成一家之說以後，則堅持夷夏之論，以排斥外來之教義。此種思想上之態度，自六朝時亦已如此。雖似相反，而實足以相成。從來新儒家即繼承此種遺業而能大成者。」[52]由此，陳寅恪得出一個極具啟發性的結論。他說：

　　竊疑中國自今日以後，即使能忠實輸入北美或東歐之思想，其結局當亦等於玄奘唯識之學，在吾國思想史上既不能居最高之地位，且亦終歸於歇絕者。其真能於思想上自成系統，有所創獲者，必須一方面吸收輸入外來之學說，一方面不忘本來民族之地位。此二種相反而

50　陳寅恪：《馮著〈中國哲學史〉審查報告三》，載馮友蘭：《中國哲學史》下冊。
51　陳寅恪：《馮著〈中國哲學史〉審查報告三》，載馮友蘭：《中國哲學史》下冊。
52　陳寅恪：《馮著〈中國哲學史〉審查報告三》，載馮友蘭：《中國哲學史》下冊。

適相成之態度，乃道教之真精神，新儒家之舊途徑，而二千年吾民族與他民族思想接觸史之所詔示者也。[53]

陳寅恪此言，雖發自八十餘年前，但對於今日之從事中國文化及外來文化研究者，仍不啻「金聲玉振」、「發聾振聵」之言。

綜上所述，陳寅恪、金嶽霖對馮友蘭《中國哲學史》的評價，反映了馮友蘭在對待中國哲學文化遺產的立場和態度上，乃是一種同情的瞭解、全面的闡釋及樂觀的精神。這種精神與胡適《大綱》的批判精神相比，是兩種不同的理念和不同的方法所致。同時也反映了「五四」以後，中國知識份子在對待傳統文化上所走的不同道路。如果說，胡適的《大綱》具有「劃時代的意義」，是「時代精神的產物」的話，那麼，馮友蘭的《中國哲學史》則具有某種超越的意義。這也就是為什麼今天讀胡著《大綱》，總有些時過境遷之感；而讀馮著《中國哲學史》，則有如讀一本當今時代的著作。其中有些觀點，不但沒有過時，而且仍被當代學者廣泛引用。諸如先秦名家的「同異之辨」及宋代道學的「二程之別」等等，皆屬此類。

總之，兩卷本《中國哲學史》比胡適的《大綱》有更大的突破。它不僅超越了封建時代經、史學家的眼界，也沒有生吞活剝西方近代史學家的觀點和方法，並且在某些方面和某些問題上，都有新的創獲。這些具有開創性的新體例和新見解，對於中國哲學史這門學科的建立和研究起到了奠基作用。因此他代表了那個時期中國哲學史研究

53　陳寅恪：《馮著〈中國哲學史〉審查報告三》，載馮友蘭：《中國哲學史》下冊。

的最高水準。40年代，該書被譯成英文出版，成為西方人學習和研究中國哲學史的範本，至今仍保持著巨大影響。

4.5　胡適的批評

　　兩卷本《中國哲學史》也有其不足。這是任何一部學術著作所不可避免的。何況在馮著之前，尚無一部系統完整的中國哲學史可資借鑑。自30年代中期，兩卷本《中國哲學史》全部出版後，也受到一些學者的批評，如胡適、張蔭麟、李世繁等，都有專門的文章與馮友蘭商榷。他們對兩卷本的批評多為考據等具體問題。特別是老子的年代問題。只有李世繁先生在40年代發表的《評馮著〈中國哲學史〉》一文，涉及一些重要的體例問題，其中不乏有許多正確的見解，反映馮著兩卷本《中國哲學史》的不足。如：（一）在敘述的詳略方面，「春秋戰國為最詳，明清為最略」，即子學時代為詳，經學時代為略。此謂「詳古略今，忽視了通史的體裁」[54]。（二）在取捨方面，在漢代，對賈誼和陸賈，在宋代對功利學派，在清代對黃宗羲、王船山等這些有貢獻的哲學家及哲學流派竟很少提及，甚至隻字不提。「哲學史通史應與專史有別」，因此不應「只詳敘正統派而略於他派」，此謂「取捨之主觀」[55]。（三）「當兩種不同的文化接觸後，經相當時期，必產生一種新文化」，而馮著以子學時代為上古哲學，經學時代為中古哲學，馮著以為「中國尚無近古哲學」，「這就忽略了文化的溝通」

54　李世繁：《譯馮著〈中國哲學史〉》，原載《燕京學報》第二十六期，《三松堂學術文集》附。
55　李世繁：《評馮著〈中國哲學史〉》，原載《燕京學報》第二十六期，《三松堂學術文集》附。

對近代的影響，此謂「分期的失宜」[56]。（四）在材料的引用和解釋方面，「直用原料的地方太多」，而解釋又極為簡略。[57]

以上四點，可以說代表了三四十年代學術界的一些學者，站在當時的認識水準上對馮友蘭兩卷本《中國哲學史》的批評。這些批評，雖然有些求全責備，但在今天看來，其中的一些批評，也仍具有一定的合理性。

這裡特別值得注意的是，在三四十年代，胡適作為近代中國哲學史研究的開山者，他對馮友蘭的批評一直是比較謹慎的。而且當時的一些批評多是圍繞老子年代問題所展開的「正統」與「非正統」之爭。實際上這些爭論包含了自「五四」以來所謂「傳統」與「反傳統」的爭論。

但歷史進入50年代，胡適對馮友蘭的批評顯然激烈起來。1955年，胡適應《美國歷史評論》（The American Historical Review）之邀，為馮友蘭的《中國哲學史》英譯本寫一篇書評[58]。在這篇用英文寫的書評中，胡適對馮著《中國哲學史》作了「幾乎全是不假詞色的批評，而且是從基本的架構上，來全盤否定馮著的價值。關於『正統』這一點，他更是不憚其煩的突出正統觀點對孔子及儒家經典奴性僵化

56　李世繁：《評馮著〈中國哲學史〉》，原載《燕京學報》第二十六期，《三松堂學術文集》附。

57　李世繁：《評馮著〈中國哲學史〉》，原載《燕京學報》第二十六期，《三松堂學術文集》附。

58　周質平：《胡適與馮友蘭》，載《胡適與他的朋友》第二集，紐約天外出版社，1991年版，第74—75頁。周文稱胡適用英文寫的這篇書評，登在1955年7月號的《美國歷史評論》上。「據我所知，還不曾有人在中文著作中引用過這篇文章。我將它摘要翻譯在下面，最可以看出胡適對馮的態度。」本文以下所引胡適的文字，均轉引自周先生譯文。

的態度，並順帶的批評了陳寅恪的《審查報告》」[59]。

胡適在書評中說：「大略說來，傳統的『正統』觀點是：（一）『道』是孔子開拓出來的，他是上古時期先聖遺緒偉大的傳承者；（二）『道』受到異端如上古時期墨翟和楊朱，以及中古時期佛教和道教的蒙蔽和驅離；（三）『道』長時期的潛藏在經書之中，直到11世紀開始的理學運動，才受到理學家的重新闡發。」[60]胡適在敘述了歷史上傳統的「正統」觀點的要點以後，便直指馮友蘭的兩卷本《中國哲學史》，要「比正統儒家的傳統還更『正統』」，因為「這部哲學史一定不能（也沒有）提及孔子向一個比他年長的宿學老聃，也叫老子，問學的事」，然而在儒家典籍「《禮記》一書中，孔子只是後學，而老聃卻是大師」。在胡適看來，馮友蘭置《禮記》中的記載於不顧，豈不是「比正統儒家的傳統還更『正統』」嗎？

胡適認為，正是由於從「正統」觀點出發，兩卷本《中國哲學史》「有許多重大的錯誤」。其中之一是：

他只以不到九頁的篇幅來處理道教。道教大約在西元二世紀左右起自民間，在幾經掙紮之後，成了當時帝國三大宗教之一。它不僅導致對佛教四次重大的迫害（西元四四六，五七四，八四五到八四六和九五五），並且對十一世紀以降的理學運動有深遠的影響。[61]

59　周質平：《胡適與馮友蘭》，載《胡適與他的朋友》第二集，第78頁。
60　周質平：《胡適與馮友蘭》，載《胡適與他的朋友》第二集，第76頁。
61　周質平：《胡適與馮友蘭》，載《胡適與他的朋友》第二集，第75頁。

其二是：

　　另一個缺點是：特別為了英文翻譯而寫的那一節（第二冊，頁三八七—四〇六），對四百年禪宗的成長和發展，只提供了大略而不含評判的處理。這也許是因為這些特殊時期的中國宗教史和思想史，還沒有人作過充分的現代學術研究。[62]

其三是：

　　從這個「正統」的觀點出發，中國哲學的第一個時期必須從孔子開始。……基於同樣的觀點，從西元前一世紀直到西元後二十世紀，中國哲學的第二個時期，必須被視為「經學時代」，那也就是儒學的研究。這樣的分法是無視於道家自然主義巨大的影響，一千年來佛教征服中國的事實，以及道教以一個宗教形式成長的過程。[63]

其四是：

　　這本哲學史，尤其是第二冊，長篇累牘的引了許多選擇不精，消化不良的原始材料。這些材料即使是中文，大部分也是看不懂的，有些簡直是完全不知所云，無論譯者是如何忠實，英文的翻譯是完全不可讀的。在這些徵引中，我且舉一個極平庸的思想家揚雄《太玄圖》中的一段話為例：「誠有內者存乎中，宣而出者存乎羨，雲行雨施存

62　周質平：《胡適與馮友蘭》，載《胡適與他的朋友》第二集，第75頁。
63　周質平：《胡適與馮友蘭》，載《胡適與他的朋友》第二集，第76頁。

乎從，變節易度存乎更，珍光全存乎晬，虛中弘外存乎廓，削退消部存乎誠，降隊幽藏存乎沈，考終性命存乎成。」難道作者真的認為這樣的胡說也應該在哲學史上站一席地嗎？難道他忘了揚雄同時代的朋友劉歆，曾說《太玄圖》只能用來覆瓿嗎？[64]

胡適在書評中，一口氣講了馮著哲學史的四大缺點，其中除最後一條是關於史料選擇問題外，其餘三條，均與馮著「正統」有關。如果拋開學術觀點的歧異，胡適所提出的幾個問題，確實構成馮友蘭兩卷本《中國哲學史》的不足。其中特別是對道教、禪宗的研究與評價，是兩卷本《中國哲學史》的薄弱環節。至於胡適所著力抨擊的「正統」問題，這只是不同的學術立場和對中國傳統哲學及傳統文化的不同態度，在學術研究中，不能強求觀點與方法的一致，正如馮友蘭不能要求胡適放棄西化觀點一樣。當然，不能否認，在胡適對馮友蘭的批評中，有許多刻薄不實之處，這可能與胡適始終未能完成自己的中國哲學史的寫作有關。因此在他對馮友蘭的批評中，「我們見到了胡適少有的意氣、盛氣和少許的嫉妒。溫文儒雅，寬宏包容如胡適，也依舊不免有他的痛處和弱點」[65]。

站在現代學術立場來看馮友蘭的兩卷本《中國哲學史》，除了有上面提到的一些缺點和不足外，尚有如下一些問題。首先，它沒有擺脫實用主義和新實在論的影響。他曾引用詹姆士的話，認為哲學史上任何一個完整的哲學體系的產生，都是「哲學家各有其『見』；又以

64　周質平：《胡適與馮友蘭》，載《胡適與他的朋友》第二集，第77—78頁。
65　周質平：《胡適與馮友蘭》，載《胡適與他的朋友》第二集，第82頁。

其『見』為根本意思，以之適用於各方向」[66]。這就是說，他把哲學家頭腦中的「見」作為解釋某一哲學體系的根據，實際上陷入一種動機論的史學觀。其次，他又引用詹姆士的說法，以「軟心」、「硬心」作為劃分哲學派別的標準，認為：「以哲學家的性情氣質，可將其分為兩類：一為軟心哲學家，其哲學是唯心論的、宗教的、自由意志論的、一元論的；一為硬心的哲學家，其哲學是唯物論的、非宗教的、命定論的、多元論的。」[67]這種看法，實際上是誇大了哲學家個人的氣質、性格等主觀因素對哲學思想的影響，是與他用經濟因素解釋歷史發展的觀點相悖的。這反映了馮友蘭哲學理論上的矛盾。第三，如胡適批評的那樣，馮友蘭的《中國哲學史》以程朱哲學為正統，並以新實在論的觀點加以發揮，實際上反映了馮友蘭對程朱理學的認同。由於以傳統理學的程朱派為正統，這就使他很難跳出中國傳統哲學的框架去發展或建立一種全新的哲學。這也是近年來研究當代新儒家的一些學者，把馮友蘭劃歸當代新儒家的重要緣由。

　　馮友蘭的兩卷本《中國哲學史》與胡適的《中國哲學史大綱》一樣，儘管它們有這樣或那樣的缺點和不足，但不影響它們在中國近現代學術史、中國哲學史及中國哲學史史學史上的永恆價值和崇高地位，它們都是中國學術由近代跨向現代這一歷史轉型時期各領風騷的不朽之作和時代的里程碑。

66　　馮友蘭：《中國哲學史》上冊，第12頁。
67　　馮友蘭：《中國哲學史》上冊，第15頁。

第五章　「貞元六書」及新理學體系

5.1　民族戰爭與民族哲學

抗日戰爭時期，馮友蘭相繼發表了《新理學》、《新事論》、《新世訓》、《新原人》、《新原道》、《新知言》等六本書，他統稱之為「貞元之際所著書」或簡稱「貞元六書」。這六部書代表了馮友蘭的全部哲學思想。這不僅是構成他的「新理學」體系的基本核心內容，同時也集中反映或表達了馮友蘭的民族精神和愛國主義情操。

也就是說，在日本帝國主義侵佔中國領土，中華民族處於危急存亡之秋的時候，馮友蘭所能做的，就是為中華民族尋找精神武器，「以促使中華民族精神上的團結」。從1931年日本侵佔我國東北時起，馮友蘭便對民族哲學作了許多思考，因此抗戰也就成了他的哲學創作的基本動力。馮友蘭在回顧《新理學》的寫作過程時認為：「從具體到抽象，是《新理學》等書的準備條件。有條件而沒有動力還是不行，還得有動力。上面所說的我對於哲學創作的興趣是一種動力，但主要的動力還是抗戰。」[1]

1931年4月，馮友蘭辭去了代理清華校務及代理文學院長職。但「九一八」事變後，他被推舉為「清華教職員公會對日委員會」主席。在此任上，馮友蘭代表清華教職員及清華教授會主持並起草了一系列鼓勵前線將士抗戰及敦促政府抗戰的電報，文告等。如《國立清華大學教職員公會致黑龍江省代主席馬占山電》、《國立清華大學教職員公會致十九路軍將士電》、《國立清華大學教授會告同學書》、《國立清華大學教授會致國民政府電》等等。這就是說，從日本帝國主義

1　　《三松堂自序》第六章，《三松堂全集》第一卷，第258頁。

發動「九一八」事變以後，馮友蘭便十分關心戰事，關心中國的前途和命運。在他主持起草的電報、文告中，完全可以反映他當時對抗戰的關切。十九路軍在淞滬禦敵，他感到振奮；錦州淪陷，他感到悲傷；聞滬戰有妥協之說，他感到憤慨；熱河失守，他又在震驚之餘，「考其致敗之由」，甚至把批評的矛頭指向當時的政府和主持軍事的蔣介石。如在熱河失守後，馮友蘭代表清華教授會起草了致國民政府電，電文中稱：

> 熱河失守，薄海震驚。考其致敗之由，尤為痛心。……此次失敗，關係重大，中央地方，均應負責，絕非懲辦一二人員，即可敷衍了事。查軍事委員會蔣委員長，負全國軍事之責，如此大事，疏忽至此；行政院宋代院長，親往視察，不及早補救；似均應予以嚴重警戒，以整紀綱，而明責任。鈞府諸公，總攬全域，亦應深自引咎，亟圖挽回，否則人心一去，前途有更不堪設想者。[2]

這樣的電文，一方面反映清華教授會及馮友蘭對抗戰的關心，對國家、民族前途的憂慮；另一方面也可反映出當時的知識份子尚有勇氣批評政府，甚至批評蔣介石。對馮友蘭來說，這種對政府及有關人士的批評以及這種對時局的看法，不是個人的問題，而是整個國家和整個民族的前途問題。正因如此，才能「罔識忌諱，心所謂危，不敢不言」[3]。此亦正如《新原人・自序》所說，「世變方亟，所見日新，

2　《國立清華大學教授會致國民政府電》，原載《國立清華大學校刊》第489期，1933年3月13日出版。現收在《三松堂全集》第十三卷，第722頁。
3　《國立清華大學教授會致國民政府電》，《三松堂文集》第十三卷，第722頁。

當隨盡所欲言」。

由此可知，馮友蘭著「貞元六書」，其一方面的動力即來自抗戰，也即來自民族意識的覺醒和愛國主義精神的感召。對此，馮友蘭的兩卷本《中國哲學史》的《自序》也可說明這一點。1933年6月，馮友蘭《中國哲學史》下卷完成。在上、下兩卷重新印行時，正值日寇大舉侵犯我東北，在先後佔領東三省的同時，又窺伺華北、華東及上海等地。日本帝國主義全面侵華既已開始，故都北平即在危急之中。馮友蘭在自序中深有感慨，他說：

此第二篇稿最後校改時，故都正在危急之中。身處其境，乃真知古人銅駝荊棘之語之悲也。值此存亡絕續之交，吾人重思吾先哲人之思想，其感覺當如人疾痛時之見父母也。吾先哲之思想有不必無錯誤者，然「為天地立心，為生民立命，為往聖繼絕學，為萬世開太平」，乃吾一切先哲著書立說之宗旨。無論其派別為何，而其言之字裡行間，皆有此精神之瀰漫，則善讀者可覺而知也。「魂兮歸來哀江南」，此書能為巫陽之下招歟？是所望也。[4]

馮友蘭在寫這篇序時，雖然離全面抗戰的1937年還有三年多的時間，但我們從上面的文字中，已經看到馮友蘭對當時時局的發展已有所預見，因此他對日本帝國主義的侵略行徑已不抱任何幻想，並且援引屈原《招魂》中的話，開始想到如何以自己的綿薄之力為中華民族即將開始的患難提供幫助。

4　兩卷本《中國哲學史》1933年6月序，《三松堂全集》第二卷。

「魂兮歸來哀江南」是《楚辭‧招魂》中的最後一句。巫陽亦
《招魂》中的神話人物。據《招魂》說：「上帝告訴巫陽說：『有人在
下面，我想輔助他。他的魂魄離散，你必須用筮占出來還給他，恐怕
遲了他會謝世，不能再用。』巫陽於是下來招魂說：『魂兮歸來……
』」[5]屈原的《招魂》，正是在楚國內憂外患、形勢危急的時候寫的。
當時楚懷王被困於秦而不得返，楚國面臨強秦的軍事威脅。屈原「睠
顧楚國，心系懷王」，借助神話與想像，於是有了上帝命令巫陽下來
為王招魂的故事。馮友蘭借助「巫陽招魂」的典故，希望自己的書也
能像巫陽一樣，起到為國家、民族「招魂」的作用。這就是上文所
說：「此書能為巫陽之下招歟？是所望也。」有人會以為，馮友蘭以
自己的著作比巫陽之下招，是不是誇大了自己的作用？我們認為，這
恰恰反映了馮友蘭強烈的民族憂患意識和歷史責任感。這也正如馮友
蘭自己所說：

　　我習慣於從民族的觀點瞭解周圍的事物，在抗戰時期，本來是中
日兩國的民族鬥爭占首要地位，這就更加強了我的民族觀點。在這種
思想的指導下，我認為中國過去的正統思想既然能夠團結中華民族，
使之成為偉大的民族，使中國成為全世界的洋洋大國，居於領先的地
位，也必能幫助中華民族，渡過大難，恢復舊物，出現中興。[6]

　　在民族戰爭的緊急關頭，只有用民族的觀點，才能更廣泛地動員
群眾。在中國歷史上，不僅民族戰爭是如此，民族的統一也是如此，

5　　陳子展：《楚辭直解》，江蘇古籍出版社，1988年版，第334—335頁。
6　　《三松堂自序》，《三松堂全集》第一卷，第260頁。

將來民族的富強與復興更需如此。也就是說，民族觀點乃是從全民族的利益出發，站在全民族的立場上講話，它所代表的範圍是民族的而非階級的，是歷史的而非政治的，是文化的而非意識形態的。之所以有這樣的區分，其原因即在於：民族觀點的對象或其載體，從整體上說，不僅有共同的哲學與文化背景，而且有共同的種族與語言背景。正因為有這許多共同點，所以馮友蘭認為，「民族哲學能予其民族中底人以情感上的滿足」，而這種「共同情感上的滿足」，即「可以引起精神上底團結」。[7]因為在馮友蘭看來，「某民族的大哲學家，往往是某民族的精神方面底領導者。某民族的人，見了這些領導者的名字，接觸了他們的思想，自然有許多情感上底聯想，因之而有情感上底滿足及精神上底團結」[8]。由此看來，我們可以說，馮友蘭的「貞元六書」是在民族戰爭的歷史背景下所產生的民族哲學。它給自己規定的任務是「幫助中華民族，渡過大難，恢復舊物，出現中興」。

正因為如此，馮友蘭對抗戰的勝利充滿信心。這種信心可以從他對自己的「貞元六書」或「貞元之際所著書」所作的解釋中看出。他說：

所謂「貞元之際」，就是說，抗戰時期是中華民族復興的時期：當時我想，日本帝國主義侵略了中國大部分領土，把當時的中國政府和文化機關都趕到西南角上。歷史上有過晉、宋、明三朝的南渡。南渡的人都沒有能活著回來的。可是這次抗日戰爭，中國一定要勝利，

7　《論民族哲學》，《三松堂全集》第五卷，第315頁。
8　《論民族哲學》，《三松堂全集》第五卷，第316頁。

中華民族一定要復興，這次「南渡」的人一定要活著回來。這就叫「貞下起元」。這個時期就叫「貞元之際」。[9]

又說：

貞元者，紀時也。當我國家民族復興之際，所謂貞下起元之時也。[10]

「貞」、「元」二字出自《周易》。《周易·乾卦》卦辭曰：「乾：元亨利貞。」後來易學家中的一派遂把「元亨利貞」解釋為一年四季的迴圈。元代表春，亨代表夏，利代表秋，貞代表冬。「貞下起元」或「貞元之際」即表示冬天即將過去，春天即將來臨。對於中國人民的抗戰事業來說，「貞下起元」即意味著困難即將過去，勝利即將到來，此即「我國家民族復興之際，所謂貞下起元之時也」。所以「貞元六書」的提法，正是表達了馮友蘭獻身民族解放事業的宏偉志願以及在中華民族生存發展的關鍵時期，他對國家、民族所承擔的個人努力；同時也充分表達了馮友蘭對抗戰所抱持的必勝的信念和他的愛國主義精神。

在馮友蘭看來，一個人對自己的國家和民族的復興事業有所幫助，莫過於把自己的所長貢獻出來。他說：「在當時希望對於抗戰有所貢獻的人，只能用他所已經掌握的武器。」[11]而當時馮友蘭所掌握

9　《三松堂自序》，《三松堂全集》第一卷，第259頁。
10　《新世訓·自序》，《三松堂全集》第四卷，第369頁。
11　《三松堂自序》，《三松堂全集》第一卷，第260頁。

的武器，用他自己的話說，「就是接近於程、朱道學的那套思想，於是就拿起來作為武器，搞了『接著講』的那一套」[12]。中國哲學史與邏輯分析都是馮友蘭之所長。於是，在40年代，馮友蘭的哲學創作便把這兩者結合起來，形成了以「貞元六書」為中心，以《新理學》為基礎的「新理學」體系。這是馮友蘭對「貞下起元之時」所作的最大努力和最大貢獻。

「貞元六書」是馮友蘭哲學創作中的精心得意之作，也是他整個哲學創作的高峰。在「貞元六書」中，馮友蘭表現出強烈的民族憂患意識和歷史使命感。他不僅對抗戰勝利充滿信心，而且對於中華民族的哲學智慧，對於造就一個自立於世界民族之林的新中國也同樣充滿信心。這正如他在《新事論》一書的結語中所說：「真正的『中國』人已造就成過去偉大中國。這些『中國』人將要造成一個新中國。在任何方面，比世界上任何一國，都有過無不及。這是我們所深信，而沒有絲毫懷疑的。」[13]

5.2 「照著講」與「接著講」

就前節所述，馮友蘭把中國人民的抗戰事業作為自己哲學創作的基本動力之一，且以為要對抗戰有所貢獻，則必須以自己所掌握的專業知識和專業技術為武器，幫助自己的國家和民族「度過大難」，「出現中興」。而當時，馮友蘭作為哲學家，他所掌握的武器，自然是一

---

12   《三松堂自序》，《三松堂全集》第一卷，第260頁。
13   《新事論》第十二篇《贊中華》，《三松堂全集》第四卷，第365頁。

種哲學理論或哲學方法。於是他以自己所掌握的哲學理論和哲學方法，對中國傳統哲學進行了改造，提出了一套與傳統哲學既有聯繫又有區別的新的哲學體系，他稱之為「新理學」。

馮友蘭在晚年回憶自己如何從研究中國哲學史轉移到哲學創作時，曾對他學術研究重點的轉移作了說明。馮友蘭認為，民族的興亡和歷史的變化是他從哲學史的研究轉向哲學研究的直接動力，如果沒有這些動力，「沒有這些啟示和激發，書是寫不出來的。即使寫出來，也不是這個樣子」[14]。這是學術研究重點轉移的一個方面的原因。

此外還有主觀上的原因，此即馮友蘭從早年所培養起來的對邏輯的興趣所引發的對哲學創作的衝動。這種主觀的志願和愛好，成為馮友蘭創作「貞元六書」的內在動力。因此，「在我的《中國哲學史》完成以後，我的興趣就由研究哲學史轉移到哲學創作」[15]。

研究哲學史與從事哲學創作，本來是哲學史家與哲學家的不同任務；但就方法論的意義說，二者既有區別又有聯繫。馮友蘭認為，「哲學方面的創作總是憑藉於過去的思想資料」，所以「研究哲學史和哲學創作是不能截然分開的」，此即二者的聯繫。但它們還有不同：「哲學史的重點是要說明以前的人對於某一哲學問題是怎樣說的；哲學創作是要說明自己對於某一哲學問題是怎麼想的。」[16]因此二者的區別是古人「怎樣說的」與今人「怎麼想的」。這個不同，在

14　《三松堂自序》第六章，《三松堂全集》第一卷，第229頁。
15　《三松堂自序》第六章，《三松堂全集》第一卷，第229頁。
16　《三松堂自序》第六章，《三松堂全集》第一卷，第229頁。

馮友蘭看來，是他在《新理學》中所說的「照著講」和「接著講」的不同。

在《新理學》的開篇緒論中，馮友蘭首先提出了「照著講」與「接著講」的問題。他說：

本書名為新理學。何以名為新理學？其理由有兩點可說。就第一點說，照我們的看法，宋明以後的道學，有理學心學二派。我們現在所講之系統，大體上是承接宋明道學中之理學一派。我們說「大體上」，因為在許多點，我們亦有與宋明以來的理學，大不相同之處。我們說「承接」，因為我們是「接著」宋明以來底理學講的，而不是「照著」宋明以來理學的講。因此我們自號我們的系統為新理學。[17]

這裡，馮友蘭所強調的「接著講」，有兩方面的含義：其一，就方法論或治學方法說，區別了哲學家與哲學史家的不同任務。也就是說，「照著講」是哲學史家或歷史學家的任務，而「接著講」則是哲學家的任務。[18]其二，無論是「照著講」，還是「接著講」，都與文化虛無主義或歷史虛無主義相對立。因為「中國需要近代化，哲學也需要近代化」[19]，而近代化的中國哲學，不是憑空產生的，它必須是在中國傳統哲學的基礎上，經過哲學家的努力，使之具有近代的特性。用馮友蘭的話說，那就是：

17　《新理學》緒論，《三松堂全集》第四卷，第5頁。
18　參閱朱伯崑：《「照著講」和「接著講」》，《馮友蘭先生紀念文集》，第133頁。
19　《中國哲學史新編》第七冊，第166頁。

新的近代化的中國哲學，只能是用近代邏輯學的成就，分析中國傳統哲學中的概念，使那些似乎是含混不清的概念明確起來，這就是「接著講」與「照著講」的分別。[20]

從第一個方面的方法論意義說，哲學史家的任務是「弄清歷史事實，總結理論思維發展的規律，準確地敘述哲學家提出的範疇、命題和論點」[21]。這一任務的性質，決定了所使用的方法，一定是採取「我注六經」的形式。也就是說，哲學史家必須以歷史上的哲學家的哲學著作或哲學思想為其思考的對象，忠實地揭示並敘述歷史上已經發生過的哲學理論，而不是以己意強加於古人或使古人現代化。此即馮友蘭所謂的「照著講」。

「接著講」與「照著講」不同。所謂「接著講」，是指哲學家根據歷史上的哲學思想的發展，對以往的哲學給以新的詮釋，從而創造新的哲學體系。因此，在馮友蘭看來，「照著哲學史講哲學，所講只是哲學史而不是哲學」[22]；而脫離以往哲學史的發展講哲學，則又使他所講的哲學成了無源之水，這樣的哲學也只能是空中樓閣。「事實上，講哲學不但是『接著』哲學史講的，而且還是『接著』某一個哲學史講底，某一個民族的民族哲學是『接著』某一個民族的哲學史講底。」[23]很明顯，馮友蘭既反對「照著」哲學史講哲學，也反對脫離哲學史講哲學，尤其反對脫離民族哲學史講哲學。

20　《中國哲學史新編》第七冊，第166頁。
21　《馮友蘭先生紀念文集》，第133頁。
22　《論民族哲學》，《三松堂全集》第五卷，第311頁。
23　《論民族哲學》，《三松堂全集》第五卷，第310頁。

這樣，在馮友蘭強調的「照著講」與「接著講」的區別中，既包含著哲學史家與哲學家治學方法的不同，也包含著對哲學的民族形式的重視。對於前者，是強調作為哲學家的任務，乃在於對傳統哲學的消化，包括運用新的方法，對舊有的哲學範疇和命題作新的詮釋，以建構新的體系。這就是說，「照著講」與「接著講」，既是治學方法的不同，又是哲學史家與哲學家的區別。這種不同與區別貫穿於中國幾千年的哲學發展過程中，如漢代今文經學與古文經學的爭論，宋明「六經注我」與「我注六經」的爭論，清代漢學與宋學的爭論等等。歷史上這兩派的爭論，「說到底，仍意味著哲學家和史學家兩種治學方法的分歧。當時，如果有人將這兩種治學方法講清楚，說明二者各有自己的任務，也就不會爭辯不休了。在中國學術史上，第一次將這兩種方法，分別處理，並且在自己的著述中體現出來，當歸功於馮先生」[24]。

　　對哲學的民族形式的重視，是馮友蘭「接著講」所包含的內容之一。在馮友蘭看來，「貞元六書」正是以民族形式出現的哲學，它是「接著」宋明以來的理學講的，因此它是對中國傳統哲學的繼承和發展。「由此方面，我們可以說，一個民族的新民族哲學，是從他的舊民族哲學『生』出來的。」[25]這裡的「生」字，即是「接著」的意思。也就是說，一種哲學體系的出現，當以其民族固有的哲學為基礎，不僅不能脫離其具體的歷史內容，亦不能脫離其民族的形式，這樣，某一哲學體系或某一哲學家的哲學才能被本民族的人所接受，才能對本

24　朱伯崑：《「照著講」和「接著講」》，《馮友蘭先生紀念文集》，第134頁。
25　《論民族哲學》，《三松堂全集》第五卷，第317頁。

民族的理論思維的發展有所貢獻。這是因為「接著」某民族的哲學史講哲學，能夠予某民族「以情感上的聯想及情感上的滿足」[26]。因此，在馮友蘭看來，這種「接著講」的工作，正是具有對民族文化「上繼往聖，下開來學」的意義，這也是他經常引用張載「為天地立心，為生民立命，為往聖繼絕學，為萬世開太平」這四句話所包含的意義。

從以上論述中我們可以看到，馮友蘭提出「照著講」與「接著講」這兩個概念，其目的在於區分哲學史的研究與哲學創作的不同。哲學史的研究，從方法上說，基本上是「照著講」；而哲學創作則不能「照著講」。因為「照著講」就不能超越，也不能創新。因此，只有「接著講」，才有哲學的創新與發展。但馮友蘭「接著講」的含義，更重要的則在於強調哲學的民族形式，而不是籠統地主張「接著講」。他認為：「有了許多哲學史以後，所謂某國哲學者，不必是某國人講的，而是接著某國人所有的哲學史講的。」[27]也就是說，中國人可以接著德國哲學史講，德國人或英國人也可以接著中國哲學史講。但中國人接著德國哲學史講的哲學，只能叫「德國哲學」，而不能稱「中國哲學」。他舉例說，玄奘雖是中國人，但他所講的哲學是印度哲學。即使禪宗中人，雖是中國人，其所講的哲學又有許多獨創，但其中一部分仍是接著印度哲學講的。因此，「他們的哲學，只能有一部分算是中國哲學」[28]。在馮友蘭看來，不是純粹的中國哲學，即不具有純粹的中國的民族形式，因此也就不能予以大部分中國

26　《論民族哲學》，《三松堂全集》第五卷，第316頁。
27　《論民族哲學》，《三松堂全集》第五卷，第311頁。
28　《論民族哲學》，《三松堂全集》第五卷，第311頁。

人「以情感上的聯想及情感上的滿足」。因此他所強調的「接著講」乃是「接著」中國哲學史講，而不是「接著」外國哲學史講。接著外國哲學史講的哲學，不論其中有多少獨創和發明，它的源頭畢竟遠離了中國，因此從當時抗戰的民族觀點出發，從中華民族長遠的生存與發展出發，中國需要的乃是「接著」中國哲學史講的中國哲學。

馮友蘭認為，他的「新理學」哲學體系是以上述「接著講」的原則建構起來的，「它是接著中國哲學各方面最好的傳統，而又經過現代的新邏輯學對於形上學的批評，以成立的形上學。……它雖是『接著』宋明道學中的理學講的，但它是一個全新的形上學。至少說，它為講形上學的人，開了一個全新的路」[29]。

5.3 「新理學」的形上學

馮友蘭稱他的哲學體系為「新理學」。對此，馮友蘭有明確的說明。他說：「《新理學》這部書是我在當時的哲學體系的一個總綱。如果把六部書作為一部書看，《新理學》這部書應該題為『第一章：總綱』，所以新理學這個名字，在我用起來，有兩個意義。」[30]其一是指馮友蘭自稱的哲學體系；其二是指「貞元六書」中的《新理學》這本書。對於這二者，「各以符號別之：前者加雙引號，後者加書名號」[31]。

29　《新原道》第十章，《三松堂全集》第五卷，第148頁。
30　《三松堂自序》第六章，《三松堂全集》第一卷，第230頁。
31　《中國哲學史新編》第七卷，第166頁。

這就是說，「新理學」作為馮友蘭的哲學體系，應包括整個「貞元六書」在內。其中《新理學》發表於1939年，重點講馮友蘭哲學體系的形上學；《新事論》發表於1940年，重點講社會、歷史和文化哲學；《新世訓》發表於1940年，重點講處世哲學；《新原人》發表於1943年，重點講人生及修養境界；《新原道》發表於1944年，重點講中國哲學精神；《新知言》發表於1946年，重點講哲學方法論。這六本書系統地構成了馮友蘭「新理學」的哲學體系，從而使他成為中國現代史上重要哲學家。

構成馮友蘭「新理學」體系的基礎理論是它的本體論或形上學，而在他哲學本體論的論證中，又有四個主要概念和四組基本命題成為「新理學」的形上學系統的核心。用他自己的話說：

在新理學的形上學的系統中，有四個主要的觀念，就是理，氣，道體，及大全。這四個都是我們所謂形式的觀念。這四個觀念，都是沒有積極內容，是四個空的觀念。在新理學的形上學的系統中，有四組主要命題，這四組主要命題，都是形式的命題。四個形式的觀念，就是從四組形式的命題所推出來的。[32]

首先，我們看馮友蘭提出的第一組命題，及由這組命題推出來的「理」概念。馮友蘭說：

在新理學的形上學的系統中，第一組主要命題是：凡事物必都是

32　《新原道》第十章，《三松堂全集》第五卷，第148頁。

什麼事物，是什麼事物，必都是某種事物。有某種事
物之所以為某種事物者。借用舊日中國哲學家的話說：「有物必有
則。」[33]

在這段話中，所謂第一組命題實際上包含三個基本命題：一是
「凡事物必都是什麼事物」。這一命題是指凡事物都是可以說它是什
麼。如山是山，水是水。山可以說它是山，水可以說它是水。這裡雖
然是同義反覆，但它是符合形式邏輯的。在第一組命題中包含的第二
個命題是：「是什麼事物，必都是某種事物。」這一命題是指，只要
是一個事物，它就必然是某種事物，或屬於某類事物。如山屬於山一
類，水屬於水一類，凡事物必屬於某類。這一命題也是形式邏輯的命
題。在第一組命題中包含的第三個命題是：「有某種事物，必有某種
事物之所以為某種事物者。」這一命題是由前兩個命題進一步推論出
來的，意思是指，某種事物之所以為某種事物，而不是另種事物，是
因為有某種事物之所以為某種事物者，「所以為某種事物者」是「某
種事物」存在的根據。如山之所以是山而不是非山，是因為「山有山
之所以為山」者；同樣，水之所以是水而不是非水，也「必因水有水
之所以為水」者。「一切山所共有之山之所以為山，或一切水所共有
之水之所以為水，新理學中稱之為山之理或水之理。」[34]這樣，馮友
蘭便由第一組命題推出「理」這一概念。按照馮友蘭新理學的邏輯，
「理」是一物之所以然或一物的性質。因此，「有某種事物，則有某

33　《新原道》第十章，《三松堂全集》第五卷，第148頁。
34　《新原道》第十章，《三松堂全集》第五卷，第149頁。

種事物之理」[35]。但不能反過來說，無某種事物便無某種事物之理。在馮友蘭看來，「有某種事物，涵蘊有某種事物之所以為某種事物者」這一命題，包含兩層意思，或可推出兩個命題：「一是：某種事物之所以為某種事物者，可以無某種事物而有。一是：某種事物之所以為某種事物者，在邏輯上先某種事物而有。」[36]這兩層意思分別強調「理」不因事物而有，「理」先於事物而有。不因事物而有，是指「理可以多於實際事物的種類」，或可以說，「理是有數目的，則理的數目可以大於實際的事物的種類的數目」[37]。先於事物而有，是指「理」在邏輯上先於物而有，而不是指時間上的先於物而有。這一邏輯在先的說法，也是根據形式邏輯推論出來的。

根據以上的引徵，我們可以看到，在「新理學」形上學的體系中「理」是一個最基本的範疇。它來源於傳統的宋明理學，但又用西方新實在論的理論加以改造，使「理」概念具有不同於宋明理學的意義。如：「所謂方之理，即方之所以為方者，亦即一切方的物之所以然之理也。」[38]這裡承認，方之理乃一切方之物的所以然；但他又認為，朱熹所謂「人人有太極，物物有一太極」之「有」，如何「有」法值得討論。在馮友蘭看來，「說事物『具』『有』理或太極，『具』『有』等字，最易引起誤會」[39]。以為理或太極，「如一物焉」，可以在事物之中或事物之上。馮友蘭似不同意宋儒「理在事中」或「理在事上」的提法，而主張「一類事物，皆依照一理。事物對於理，可依

35　《新原道》第十章，《三松堂全集》第五卷，第149頁。
36　《新原道》第十章，《三松堂全集》第五卷，第149頁。
37　《新原道》第十章，《三松堂全集》第五卷，第150頁。
38　《新理學》第一章，《三松堂全集》第四卷，第32頁。
39　《新理學》第一章，《三松堂全集》第四卷，第43頁。

照之，而不能有之。理對於事物，可規定之而不能在之」[40]。馮友蘭這種對於理事關係的認識，應該說突破了宋儒對於理事關係比較模糊的看法，認為「理」可以獨立於「物」而存在，理不是物，理只是一種超時空的「潛存」或「共相」，因此它只能被物所依照而不能「有」，可規定物而不能「在」。馮友蘭認為：「用如此看法，則所謂『人人有一太極，物物有一太極』者，是一種神秘主義的說法，我們現在不能持之。」[41]這都說明了馮友蘭「新理學」中的「理」概念，既來源於宋明理學，又超越了宋明理學。

馮友蘭在「新理學」哲學體系中提出的第二組命題，及由這組命題推出來的「氣」概念是：

在新理學的形上學的系統中，第二組主要命題是：事物必都能存在。存在的事物必都存在。能存在的事物必都有其所有以能存在者。借用中國舊日哲學家的話說，有理必有氣。

馮友蘭的這一組命題，主要是討論事物之所以能夠存在的根據問題。他認為，理是一個抽象的純形式，具體的事物要成為一個現實的存在，除了要「依照」該事物之所以為該事物的理外，還要「有其所有以能存在者」。這個「所以能存在者」即是馮友蘭哲學體系中的「氣」概念。在馮友蘭的形上學系統中，「氣」概念佔有重要地位。和對「理」概念的繼承與發展一樣，馮友蘭對「氣」這一傳統哲學中

40　《新理學》第一章，《三松堂全集》第四卷，第43頁。
41　《新理學》第一章，《三松堂全集》第四卷，第43頁。

的重要概念，也作了新的解釋，從而有別於傳統哲學中所講的氣。

馮友蘭認為，具體的事物要成為現實的存在，必須有兩個不可缺少的條件。一個是理，而「某種事物之所以為某種事物者」，即古人所謂的「有物必有則」。物依照理，或理規定物之所以為物。這裡，理有規定性、條理性、當然性等含義。除此之外，再一個不可缺少的條件，即氣。氣是「所有以能存在者」，即決定事物能夠存在的內在依據。此即「事物所有以能存在者，新理學中謂之氣」[42]。又說：「凡實際存在的物皆有兩所依」，即其所依照，及其所依據。其所依照即其類之理；其所依據即實現其理之料[43]。馮友蘭以「料」或「質料」比喻氣。所謂料，有相對絕對之分別。因此，所謂氣，亦有相對的意義和絕對的意義。

在馮友蘭的哲學體系中，氣是絕對的，料亦是絕對的。他以房屋與構成房屋的材料比喻氣或料。認為房屋有其所依據以存在之基礎如磚瓦等。然磚瓦雖對於房屋為料，又不是最後的依據，因為對於磚瓦來說，又有構成磚瓦的料如泥土等。然泥土雖對於磚瓦為料，但它仍是相對的料，「自泥土中複可抽去其泥土性。如此逐次抽去，抽至無可再抽，即得絕對的料矣」[44]。這裡所謂絕對的料，「就是《新理學》中所謂真元之氣，氣曰真元，就是表示此所謂氣，是就其絕對意義說。我們說氣，都是就其絕對的意義說」[45]。這樣，在馮友蘭的形上學體系中，所謂氣，不是一種實體，而是經過無數次抽象而最後得出

42　《新原道》第十章，《三松堂全集》第五卷，第151頁。
43　《新理學》第二章，《三松堂全集》第四卷，第47頁。
44　《新理學》第二章，《三松堂全集》第4卷，第47頁。
45　《新理學在哲學中之地位及其方法》，《三松堂全集》第十一卷，第404頁。

的一種「以至於一不能說什麼者」。「我們不能說氣是什麼。其所以如此，有兩點可說。就第一點說，說氣是什麼，即須說：存在的事物是此種什麼所構成者。如此說，即是對於實際，有所肯定。此種什麼，即在形象之內的。就第二點說，我們若說氣是什麼，則所謂氣，亦即是一能存在的事物。不是一切事物所有以能存在者。」[46]因此，如果非要說氣是什麼，那麼它只能是「無名」，亦稱為「太極」。

　　「無名」、「太極」、「真元之氣」、「絕對的料」等等，這些稱謂都是馮友蘭的形上學系統對「氣」的描述。從這些描述中，我們可以看到馮友蘭所說的氣，完全是一種邏輯觀念。其所指既不是理，也不是一種實際的事物。「新理學中所謂氣，不能說它是什麼。不但不能說它是心是物，亦不能說是『事』。新理學如此說，完全是只擬對於經驗作形式底釋義，除肯定有實際之外，對於實際，不作肯定。」[47]馮友蘭的這些說法，實際上亦超越了中國哲學史，特別是超越了宋明理學家所講的氣之含義。由此他對張載、程朱所講的氣都作了評價，認為「在張橫渠哲學中，氣完全是一種科學的觀念，其所說氣，如其有之，是一種實際的物」[48]；「程朱所謂氣，亦不似一完全邏輯的觀念」[49]；「伊川此說（『真元之氣，氣之所由生』），照我們的看法，其所謂氣，如其有之，確是一種實際的物，並不是我們所謂氣」[50]。在馮友蘭的新理學中所說的氣，是指一切事物的原始材料，如果對它加以思議、言說，所思所說就不是那種原始材料了。因此，氣與理一

46　《新原道》第十章，《三松堂全集》第五卷，第151—152頁。
47　《新知言》第六章，《三松堂全集》第五卷，第228頁。
48　《新理學》第二章，《三松堂全集》第四卷，第49頁。
49　《新理學》第二章，《三松堂全集》第四卷，第49頁。
50　《新理學》第二章，《三松堂全集》第四卷，第49頁。

樣，都是高度抽象的概念，這就是馮友蘭新理學對程朱舊理學的繼承和發展。

馮友蘭新理學的形上學的第三組命題是：「存在是一流行。」由這組命題推出的基本概念是「道體」。馮友蘭說：

存在是一流行。凡存在都是事物的存在。事物的存在，是其氣實現某理或某某理的流行。實際的存在是無極實現太極的流行。總所有的流行，謂之道體。一切流行涵蘊動。一切流行所涵蘊的動，謂之乾元。借用中國舊日哲學家的話說：「無極而太極。」又曰：「乾道變化，各正性命。」[51]

在馮友蘭形上學的這組命題中，其基本立意有三點可注意：其一是強調「存在是一流行。」這裡的「存在」亦是抽象的存在。氣的依據性要有所表現，就不能是一個寂靜的世界，因此它要依照動靜之理，才能成就實際的事物，此即表現為「存在是一流行」的過程。其二是強調「總所有的流行，謂之道體」。這裡的「道體」是指「大用流行」或「大化流行」。朱子注《論語》「子在川上曰」云：「天地之化，往者過，來者續，無一息之停，乃道體之本然也。」馮友蘭對此評論說：「宋儒以為孔子即水之流行，而見大用之流行。道體之本然，即是大用之流行。」[52]其三是「一切流行涵蘊動」。在馮友蘭看來，「我們說道，是從一切事物之動底方面說。我們不能說：無極，

51　《新原道》第十章，《三松堂全集》第五卷，第152頁。
52　《新理學》第三章，《三松堂全集》第四卷，第70頁。

太極，及無極而太極，即由無極至太極之『程式』，是宇宙，因為說到『程式』，即是從一切事物之動的方面說」[53]。這就是說，宇宙間的一切事物都有「程式」，此程式乃動的過程，動的次序，此即道或稱道體。

以上三點是馮友蘭形上學第三組命題的基本觀點，也是其形上學體系對傳統哲學陰陽動靜問題的回答。在這些回答中，他以「道體」這一範疇為中心，表述了自己的發展觀、運動觀和動靜觀。如他說：「什麼是道體？所有實際的世界及其間事物生滅變化的洪流，都是道體。哲學不能叫我們知道事物怎樣生滅和變化，只可叫我們知道實際的事物，無時不在生滅之中，實際的世界，無時不在變化之中。所以這種觀念也是形式的。」[54]

既然「道」或「道體」是從動的方面說，所以「道」又是總所有的變化而言的，它涵蘊著宇宙萬事萬物的「大化流行」。此即「總一切的流行謂之道體」[55]。由無極而太極，就是具體的存在依據氣實現其理的過程。此即「道體就是無極而太極的程式」[56]。也就是說，具體的存在依據氣實現其理的過程是流行的過程，是不斷運動變化的過程。這也就是傳統哲學中從《易傳》到宋儒所強調的「變化日新」的思想。馮友蘭「新理學」體系繼承了「日新」觀念，他說：「一切的事物，永遠照此周律，變化不已。此即是大化流行，或大用流行。此亦即是道。……道包羅一切事物，所以謂之富有；道體即是大化流

53　《新理學》第三章，《三松堂全集》第四卷，第69頁。
54　《對於儒家哲學之新修正》，《三松堂全集》第十一卷，第477頁。
55　《新原道》第十章，《三松堂全集》第五卷，第152頁。
56　《新原道》第十章，《三松堂全集》第五卷，第152頁。

行，所以謂之日新。」[57]於是馮友蘭在《新理學》中，又對「日新」作了四種概括，分別從不同角度，對道體的日新作了描述，都反映了馮友蘭形上學系統對傳統哲學的繼承和揚棄。

「在新理學的形上學的系統中，第四組主要命題是：總一切的有，謂之大全。大全就是一切的有。借用中國舊日哲學家的話說：一即一切，一切即一。」[58]

「大全」的概念，在中國傳統哲學中相當於「宇宙」、「大一」等概念。但它們之間又有根本的不同。馮友蘭認為，所謂大全，就是總合一切的「有」。「我們將一切凡可稱為有者，作為一整個而思之，則即得西洋哲學中所謂宇宙之觀念。」[59]在中國哲學中，如郭象「天地者萬物之總名」、孟子「萬物皆備於我」、惠施所謂「大一」等，雖都與「大全」相當，但它們都不是純粹觀念的。在馮友蘭看來，他所謂的大全，「是一切的有的別名」，「所以說大全是一切的有」。一切事物均屬於大全，但不能反過來說，屬於大全者是一切事物。因為在馮友蘭的形上學系統中，形上學的工作，是對於一切事實作形式的解釋。這樣，「於其工作將近完成之際，形上學見所謂一切，不只是實際中的一切，而是真際中的一切（真際包括實際）」[60]。也就是說，所謂「總一切的有」，包括實際的有，也包括真際的有。因此「此全非一部分的全，非如所謂全中國全人類之全，所以謂之大全」[61]。大

57　《新理學》第三章，《三松堂全集》第四卷，第78頁。
58　《新原道》第十章，《三松堂全集》第五卷，第153頁。
59　《新理學》第一章，《三松堂全集》第四卷，第29頁。
60　《新原道》第十章，《三松堂全集》第五卷，第154頁。
61　《新原道》第十章，《三松堂全集》第五卷，第154頁。

全亦稱宇宙，但又不是物理學或天文學所說的宇宙。物理學天文學所說的宇宙，是物質的宇宙，是屬於實際的有。因此，物質的宇宙雖也可說是全，但只是部分的全，而不是大全。

大全亦可名為一。借用佛家的話說：「一即一切，一切即一。」但馮友蘭特別強調，雖然先秦哲學家、佛家都講一，但新理學所謂一或大全，並不對實際內容作肯定。新理學所謂一，「只肯定一形式的統一」，「一只是一切的總名」。因此，嚴格地講，大全、宇宙或大一，是不可言說的，也是不可思議的。「我們不知一切物都是什麼，又不知其共有若干，亦不知其所有之一切性都是什麼及共有若干，但我們不妨將其作一整個而思之。此所以大全，大一，或宇宙，不是經驗底觀念，而只是邏輯的觀念。」[62]這樣，馮友蘭的形上學系統，在一與多、絕對與相對等範疇及命題的討論中，同其對理、氣、道體的討論一樣，既來源於傳統，又超越了傳統。是以西方新實在論的觀點與方法對傳統哲學，特別是對程朱理學的繼承發展和揚棄。

5.4　共相先於殊相

在馮友蘭的新理學體系中，就其自然觀或本體論方面說，一個最突出的問題是共相與殊相的關係問題。從30年代末到80年代中，馮友蘭作為一位哲學家兼哲學史家，他的哲學及哲學史的創作，都是力圖在理論上解決這一問題。因為在馮友蘭看來，無論是理、氣關係問題還是道體、大全的問題，都不能回避這個「真正的哲學問題」。他

62　《新理學》第一章，《三松堂全集》第四卷，第31頁。

說：

這些討論所要解決的問題是一個真正的哲學問題。那就是「共相」和「殊相」，一般和特殊的關係問題。後來批評和擁護程、朱理學的人，圍繞著這個問題，繼續進行討論。這是當然的，因為這是一個真正的哲學問題。[63]

馮友蘭認為，關於「共相」與「殊相」的關係問題，在程朱理學中表現為理、氣問題。他們所說的每一類東西的理，即每一類東西之所以然，即是那一類東西的共相，其中包括有那一類東西所共有的規定性。有了這個規定性，才使這一類東西與其他類東西有了質的區別。這就是說，某一類東西之所以然及某一類東西所共有的規定性，即是某一類東西的共相，而具體世界中的具體事物所具有的特殊性質則稱為殊相。馮友蘭通過對理、氣、太極等範疇的考察，依據理對事物性質的決定作用，探討了共相與殊相的關係。

在《新理學》一書之前，馮友蘭作《新對話》，借戴震、公孫龍及朱熹的對話，闡述了自己的哲學觀點，其中一個重要的內容，便是共相說。馮友蘭認為，要造飛機，須先明飛機之理。「我們主張徹底的實在論，以為具體的東西，人雖不知之，他亦是有。抽象的原理，人雖不知之，他亦是有。不過你不能問他有於什麼地方。他的有是不在時間空間之內的。」[64]這是說，在具體的飛機產生之前，飛機之理

63　《三松堂自序》第六章，《三松堂全集》第一卷，第233—234頁。
64　《新對話（一）》，《三松堂全集》第五卷，第280頁。

已經存在，只是它的有不在時空之內。由此，馮友蘭在他的哲學體系中，又引出「實際」與「真際」的概念。在馮友蘭看來，真際與實際不同，真際是指凡可稱為有者，亦可名為本然，而實際是指有事實的存在者，可名為自然。真際包含實際但又不等於實際。在形而上和形而下的意義上說，馮友蘭明確主張真際先於實際。此即前面所說，先有飛機之理，而後才有實際的具體的飛機。把這種關係應用到本體論，即是宋儒所謂的「理在事先」或「理在事上」。此正如馮友蘭在《三松堂自序》中所說：「程朱理學和『新理學』都是主張『理在事先』和『理在事上』。」[65]「《新理學》也是這樣說的，只是換了兩個名稱。它稱理世界為『真際』，器世界為『實際』。它認為，真際比實際更廣闊，因為實際中某一類東西之所以成為某一類東西，就是因為它依照某一類東西之理。實際中的某一類東西，就是真際中某一理的例證。」[66]

究竟是先有飛機之理然後才有飛機呢，還是先有飛機然後才有飛機之理？馮友蘭根據真際與實際的關係的論證，認為「必須先有飛機之理，然後才有飛機」。這是因為飛機作為實際中的某一類東西，正是真際中潛存的飛機之理的例證。馮友蘭認為，在現實生活中，可能真際中某些理在實際中還沒有例證，但不可能實際中有了例證而真際中還沒有那個理。這就是說，「真際比實際更為根本，因為必須先有理，然後才能有例證。如果沒有某一理，這個例證從何而來？它又是誰的例證？」[67]由此馮友蘭得出結論認為，就時間邏輯上說，理先於

65　《三松堂自序》第六章，《三松堂全集》第一卷，第234頁。
66　《三松堂自序》第六章，《三松堂全集》第一卷，第232—233頁。
67　《三松堂自序》第六章，《三松堂全集》第一卷，第233頁。

事物而有；就重要性說，理比具體事物更根本。

上面所說的理與具體事物的關係，概括的說即真際與實際的關係，也即共相與殊相的關係。具體的事物都是有形的，故可成為感覺的對象。但是共相卻不可能成為感覺的對象，因為它不是具體的東西。從認識論的角度說，馮友蘭認為，對於共相的認識，不能用感覺得來，而只能用邏輯分析得來，「或籠統一點說，用『思』得來」。馮友蘭認為，哲學的重要任務即是得到對於共相的認識。「這樣，理學就把整個宇宙一分為二，一個是形而上的理世界，一個是形而下的器世界。」[68]就兩個世界的關係說，器世界或現實世界的形成和存在都決定於理世界，「理世界在邏輯上先於實際的世界」[69]。這種理世界先於實際的世界的觀點，表現在共相與殊相的關係上，即是強調事物的共相先於事物的殊相而有，事物的共相可以脫離事物的殊相而存在。

這種共相先於殊相的說法，造成新理學體系的一大矛盾。對此，馮友蘭晚年有所覺察。他在《三松堂自序》中專就共相與殊相的關係作了說明。他認為，從理論方面說，新舊理學的「理在事先」或「理在事上」的主張，使「新理學」不得不承認理可以離開氣，可以離開具體的事物而單獨存在。「也許程朱認為『理』本來可以單獨存在，所以並不感覺到這個『不得不』，但我卻是本來就感覺到這裡有問題。」[70]其中的問題就是，如果說理可以單獨存在，那麼是怎麼個存

68　《三松堂自序》第六章，《三松堂全集》第一卷，第232頁。
69　《新原道》第十章，《三松堂全集》第五卷，第150頁。
70　《三松堂自序》第六章，《三松堂全集》第一卷，第234頁。

在法呢？照《新對話》的觀點說，在沒有飛機之前，就有飛機之理。「如果這個『有』的意思就是存在，它存在於什麼地方？如果說它存在於發明人的思想之中，那只是人的思想，並不是客觀的飛機之理。如果說它不存在於任何地方，照一般的瞭解，這就是說它不存在。」[71] 既然承認「理世界在邏輯上先於實際的世界」，「共相先於殊相」，它所匯出的必然結論便是理或共相可以單獨存在。而照上面一般的瞭解，又說它不存在。這在邏輯上乃是一個「悖論」。如何解決這一矛盾，馮友蘭援引新實在論的觀點說：「在西方哲學中，新實在論者大概也覺得有這一類的問題，於是他們就創造了一個詞：Subsist（『潛存』）。我也沿用了這個詞。」[72]

從上述引徵中，我們可以看到，在共相與殊相關係的討論中，馮友蘭的「共相說」，來源於西方哲學中的新實在論似可無疑。因為在中國傳統哲學中，雖然有與共相、殊相相關的概念和思想，卻無共相、殊相的概念，而在西方哲學中的新實在論一派卻是代表了一個新的時代潮流。馮友蘭在哥倫比亞大學研究院攻讀博士學位時，也正是新實在論的鼎盛時期。因此，馮友蘭的西學根柢，首先是在新實在論的影響下形成的。此即馮友蘭所說：「在我的哲學思想中，先是實用主義佔優勢，後來新實在論佔優勢。」[73]新實在論對馮友蘭的影響，首先又是共相說。早在20年代後期，馮友蘭便翻譯了新實在論的代表人物孟特叩的《論共相》。在這篇文章中，孟特叩從共相比殊相更根本的基本觀點出發，討論了共相與殊相的關係。他說：

71　《三松堂自序》第六章，《三松堂全集》第一卷，第234頁。
72　《三松堂自序》第六章，《三松堂全集》第一卷，第234頁。
73　《三松堂自序》，《三松堂全集》第一卷，第196頁。

共相與殊相，哪一種是較為根本的。經驗主義者好以特殊的事實，證其所信，當然以為殊相是較根本的；普通的及抽象的概念，普遍的及必要的命題，皆自殊相推演而來。但理性主義者則持相反的意見。[74]

　　孟特叩認為，與經驗主義者重視特殊的事實相反，理性主義者重視共相的知識，因為共相的知識，「較高於我們對於個體之知識」，並且認為「前者絕非自後者推演而來」。這就是說，所謂共相非來源於殊相，它作為「一種思想之對象」，乃是類名（普通名詞）之所指者，如「馬」、「人」、「三角」等，或為抽象名詞所指者，如「紅」、「方」、「圓」等。在孟特叩看來，我們雖然常用「馬」這個名詞，也常說「馬是一個動物」，但我們永遠沒有見過「馬」。我們只見過有某種特殊的形狀、特殊的顏色、在某特殊的時間、特殊的地方存在的特殊的個體的馬。同樣，我們也常常說起「方」、「圓」、「紅」、「綠」等概念，但我們永遠沒有經驗過「圓」、「紅」自身，我們只經驗過圓的物及紅的物。由此他得出結論，共相乃思想之對象，它非由經驗得出，而是由抽象得出。從本體論意義說，「共相乃一殊相與別殊相所共有之性質」，因此「在邏輯上，在存在本身方面講，共相在一類殊相之先」[75]。

　　孟特叩從上述思想出發，論證共相與客觀世界的關係，得出四點結論。其中之一說：「每一特殊的物或事，皆有共相以為其性質；此

74　《孟特叩論共相》，《三松堂全集》第十一卷，第166頁。
75　《孟特叩論共相》，《三松堂全集》第十一卷，第170頁。

共相先於特殊的物或事而獨立暗存。」其二說：「共相雖獨立暗存，但並不於時空中與殊相並肩存在。」其三說：「這也並不是說，共相只是人心中之思想。」[76]

以上三點，都對馮友蘭的共相說產生極大影響。尤其第一點所謂「此共相先於特殊的物或事而獨立暗存」，正構成新理學的重要原則，這裡的所謂「暗存」，即馮友蘭所說的「潛存」（Subsist）。「在邏輯上，在存在本身方面講，共相在一類殊相之先」的說法，也正是馮友蘭所主張的「理世界在邏輯上先於實際的世界」。對於第二點，「共相雖獨立暗存，但並不於時空中與殊相並肩存在」，馮友蘭對此發揮說：「照普通人之錯誤的想像，似於許多方的物之外，另有一方的物。此方的物與別的方的物之區別，只在其是完全地方，此似乎是完全地方的物，與別的方的物可並排在一處。」[77]此「並排在一處」，即孟特叩的「並肩存在」。他們都共同反對把共相與殊相並列的看法。至於孟特叩的第三點結論，「共相並不只是人心中之思想」的看法，馮友蘭在其「新理學」體系中，更是全面的加以呼應，他一再強調，「理」不是主觀的而是客觀的，並由此建立起「接著」理學講而不是「接著」心學講的新理學體系。

總之，在共相與殊相的思辨中，馮友蘭引進了西方新實在論的觀點，對傳統理學進行了改造，提出了有別於程朱舊理學理器關係說的共相先於殊相的理論。在這一理論中，馮友蘭揭示了共相的普遍性和客觀性，強調了事物的共相對於規定事物本質的決定作用。這一點，

76　《孟特叩論共相》，《三松堂全集》第十一卷，第173頁。
77　《新理學》第一章，《三松堂全集》第四卷，第38頁。

「對於人們脫離中世紀文明，選擇和建設近代中國的文明和文化是有一定的方法論意義的，這些構成了馮友蘭共相說中的合理的和有價值的認識成分和思想因素」[78]。特別是到了五六十年代，他用這一理論論證哲學命題的抽象意義可以繼承，並重新提出人類思想的普遍性的形式問題，對於糾正當時極「左」思潮對傳統哲學和傳統文化一概加以否定所造成的歷史虛無主義的偏差，無不具有積極意義。

但共相先於殊相的說法，在理論上畢竟缺乏一種全面性。對此馮友蘭在晚年有所更正。他說：「關於共相和殊相的關係問題，正確的回答是『理在事中』，這就是說，共相寓於殊相之中。一類事物的共相和這一類事物，有則俱有，無則俱無，有則同時有，無則同時無，有了飛機這一類的東西，飛機之理也就有了。」[79]這表明了馮友蘭勇於修正錯誤、不斷追求真理的精神和實事求是的科學態度。

5.5　辨名析理與烘雲托月

馮友蘭在《新知言·自序》中說：「《新原道》述中國哲學之主流，以見新理學在中國哲學中之地位。此書論新理學之方法，亦可見新理學在現代世界哲學中之地位。」[80]這裡，可值得注意者，在於馮友蘭把建立新理學的方法放在「現代世界哲學」的位置上，反映了他對中國哲學現代化的關心和思考。

78　參見田文軍：《馮友蘭新理學研究》，武漢出版社，1990年版，第123頁。
79　《三松堂自序》第六章，《三松堂全集》第一卷，第235頁。
80　《新知言·自序》《三松堂全集》第五卷，第163頁。

《新知言》雖發表於抗戰勝利之後，其思想卻成熟於抗戰之中。在此之前，他曾在《哲學評論》上發表《論新理學在哲學中的地位及其方法》一文，後加以擴充，才有《新原道》及《新知言》二書。這些均說明馮友蘭對建立新理學體系的方法論十分重視。《新知言》一書，從柏拉圖的方法一直講到維也納學派的方法，然後再講新理學的方法。從這一編排中可以看到，馮友蘭把新理學的方法納入西方哲學方法論的系統中，無疑也具有「接著講」的意義。

　　馮友蘭認為，康得的批判哲學的工作，是企圖經過休謨的經驗主義而重新建立形上學，新理學的工作，則是要經過維也納學派的經驗主義而重新建立形上學。在馮友蘭看來，「休謨的經驗主義及懷疑論使康得從『武斷的迷睡』中驚醒。維也納學派的經驗主義及懷疑論也應該使現代哲學家自『武斷的迷睡中驚醒』」[81]。而馮友蘭正是被「驚醒」的現代哲學家之一。他企圖「於武斷主義及懷疑主義中間，得一中道」[82]。這一中道，是馮友蘭在斟酌了中西哲學方法論上的差異之後建立起來的新理學的方法論和認識論原則。

　　首先，作為新理學方法之一的是邏輯分析的方法。此一方法的建立，完全是在辨析西方從柏拉圖、斯賓諾莎、康得、黑格爾，一直到維也納學派的形上學基礎上，同時參照了中國哲學中的思辨傳統和思辨成果而完成的。

　　邏輯分析法，亦稱正的方法，亦是中國傳統哲學中所謂「辨名析

81　《新知言》第五章，《三松堂全集》第五卷，第222頁。
82　《新知言》第五章，《三松堂全集》第五卷，第223頁。

理」的方法。馮友蘭說:「照我們的看法,邏輯分析法,就是辨名析理的方法。這一句話,就表示我們與維也納學派的不同。我們以為析理必表示於辨名,而辨名必歸極於析理。維也納學派則以為只有名可辨,無理可析。照他們的意見,邏輯分析法,只是辨名的方法;所謂析理,實則都是辨名。」[83]因為在維也納學派看來,形上學中的命題,都是綜合命題,又都無可證實性,因此都是無意義的。如「硯臺是道德」,「桌子是愛情」之類,只是一堆好看的名詞而已。既然如此,形上學可以取消。馮友蘭認為,維也納學派立足於綜合命題的可證實性,實際上離開了真正形上學的本旨。「真正的形上學中的命題,雖亦是綜合命題,但對於實際極少肯定。其所肯定的那一點,不但是有可證實性,而且是隨時隨地,都可以事實證實的。所以真正形上學中的命題,不在維也納學派的批評的範圍之內;而真正的形上學,也不是維也納學派的批評可以取消的。」[84]

真正形上學中的命題,都是析理所得到的命題,此即所謂分析命題。如析紅之理,而見其涵蘊顏色,我們於是就說紅是顏色。這樣,要瞭解「紅」及「顏色」的意義,我們就可以看到「紅是顏色」這個命題,是必然地普遍地真的。馮友蘭認為,分析命題的特點就是它的必然性與普遍性。因為「紅之理本來涵蘊顏色之理。理是永恆的,所以分析命題是必然地普遍地真的」[85]。但這種「真」,是就邏輯分析說的。「正的方法,以邏輯分析法講形上學,就是對於經驗作邏輯的

83　《新知言》第七章,《三松堂全集》第五卷,第233頁。
84　《新知言》第五章,《三松堂全集》第五卷,第219頁。
85　《新知言》第五章,《三松堂全集》第五卷,第234頁。

釋義。」[86]所謂「邏輯的」，意思是說「形式的」。所謂「形式的」，意思是說「沒有內容的」，是「空的」。為了理解這種邏輯分析法的實質，馮友蘭舉《世說新語》中鐘會見嵇康的一段對話及《宋元學案》中邵雍與程頤的一段對話為例。鐘會見嵇康，康揚錘不輟，旁若無人，移時不交一言。鐘會要走，康才對鐘會說：「何所聞而來？何所見而去？」鐘會說：「聞所聞而來，見所見而去。」又傳說，邵雍與程頤聞雷聲，邵問程說：「子知雷起處乎？」程答：「起於起處。」這兩個故事中，答案都是空的，沒有內容的。此答案即「形式的」。

馮友蘭認為，上述兩個故事中的答案所以有哲學意味，其原因有三：一是這些答案幾乎都是重複敘述命題；二是這些答案可以說是對於實際都沒有說什麼；三是儘管對於實際沒有說什麼，但其答案又都包括甚廣。馮友蘭認為，儘管上述答案並不是形上學中的命題，但「形上學中的命題，就是有這種性質的命題」[87]。馮友蘭以形式的釋義說明邏輯分析的性質及特徵，主要是為了明確哲學方法與科學方法的區別。這些區別在於：「在對於實際事物的釋義中，形上學只作形式的肯定，科學則作積極的肯定，這是形上學與科學不同之處。」[88]同時也企圖以此為據說明新理學方法與傳統哲學中注重理性、肯定「純思」的哲學方法之不同。其不同即在於：「他們多以為純思或理智亦能予人積極的知識，但我們則以為純思或理智只能予人形式的知識。」[89]

86　《新知言》第五章，《三松堂全集》第五卷，第174頁。
87　《新知言》第一章，《三松堂全集》第五卷，第175頁。
88　《新知言》第一章，《三松堂全集》第五卷，第177頁。
89　《新理學在哲學中之地位及其方法》，《三松堂學術文集》，第519頁。

在對上述關係作了區分之後，馮友蘭又對形上學的方法與一般邏輯方法作了區分。邏輯命題是「形式的」，這一點與形上學方法相同；但二者的起點及終點都不同。從起點說，邏輯本身是對於概念的分析的知識，因此無須從實際事物講起，這便與形上學命題不同。從其終點說，邏輯學中的命題，「其只是命題套子者，因其是套子，所以是空的。從套子中雖可以套出許多命題，但一個套子，只是一個套子，所以是死的」[90]。相對於上述邏輯學、科學及歷史三種知識而言，只有對經驗作形式的釋義的知識，才談得上是真正的形上學。因此，「真正的形上學，必須是一片空靈」[91]。空是空虛，即對經驗的事物作「形式的釋義」；靈是靈活，即對於一切事物無不適用。馮友蘭認為，哲學史中的哲學家的形上學，是否符合真正形上學的標準，即看其「空靈」的程度。壞的形上學，用禪宗的話說即是「拖泥帶水」或「披枷帶鎖」。

上面所述是馮友蘭新理學形上學的所謂「正的方法」。此外還有所謂「負的方法」。他在《新知言》中說：

> 真正形上學的方法有兩種：一種是正的方法；一種是負的方法。正的方法是以邏輯分析法講形上學。負的方法是講形上學不能講，講形上學不能講，亦是一種講形上學的方法。[92]

講形上學不能講，即對形上學的對象有所表顯。只是這種表顯是

90　《新知言》第一章，《三松堂全集》第五卷，第178—179頁。
91　《新知言》第一章，《三松堂全集》第五卷，第179頁。
92　《新知言》第一章，《三松堂全集》第五卷，第173頁。

從負的方面，或從反的方面所作的表顯。在馮友蘭看來，無論從負的方面，還是從反的方面，只要有所表顯，即講形上學。馮友蘭以畫家畫月為例，用正的方法講形上學，猶如畫家以線條、色彩描月；用負的方法講形上學，猶如畫家在紙上烘月。在紙上烘月，是於所烘雲中留一圓的或半圓的空白，空白周圍塗上色彩，所餘空白雖未著色，即已成月。「用負的方法講形上學者，可以說是講其所不講，講其所不講亦是講。此講是其形上學。猶之乎以『烘雲托月』的方法畫月者，可以說是畫其所不畫。畫其所不畫亦是畫。」[93]由此可以看出，用「烘雲托月」或「負的方法」講形上學，與用「辨名析理」或「正的方法」講形上學，在形式上正好相反。所謂「負的方法」是強調從反面或從側面表顯形上學的命題或義理。

用負的方法講形上學，在中國哲學史中有豐厚的傳統。其中尤以道家哲學和禪宗哲學為代表。道家講「不言之教」、「不言之辨」、「不道之道」等均屬此類。而禪宗的「超越佛祖之談」、「第一義不可說」等，亦均屬用負的方法講形上學者。如禪宗認為，凡是想用語言概念表述「第一義」的，其所表述無論怎樣高明，都與「第一義」不相符合。因為在禪宗看來，「第一義」本不可說，一旦有所說，其說便非謬即邪，此即禪宗所謂「有擬義即乖」。因此，禪宗對於那些擬說「第一義」者，皆名為「戲論之糞，亦名粗言，亦名死語」。所謂「死語」，即馮友蘭所謂對實際的事物作積極的肯定。對實際事物作積極的肯定，這就違背了真正形上學的命題必須是「空靈」的原則。馮友蘭認為，「空是空虛，靈是靈活。與空相對者是實，與靈相對者是

93　《新知言》第一章，《三松堂全集》第五卷，第173頁。

死」[94]。因此只有力戒死語，才能使形上學的觀念形式化。否則只能使形上學停留在邏輯學的死套子裡，或是停留在科學的認識層面上。

雖說「第一義」不可說，但並非說「第一義」不可理解。於是禪宗創造了許多從側面表顯第一義的方法。如所謂「四料簡」、「四賓主」、「五位君臣旨訣」等。馮友蘭在《禪宗的方法》一章中，詳舉了上述方法。其中有「無語中有語」、「有語中無語」、「無語中無語」、「有語中有語」及「這裡不說有語無語」等。這些方法總括起來，無非是表示「第一義所擬說者」之知，不是普通所謂知識之知，而是禪宗所謂「悟」。在禪宗看來，普通所謂知識之知，有「能知」與「所知」的區別。「能知」為主體，「所知」為對象。因此，能知與所知的對立，即表現為主體與客體或人與境的對立。而佛家認為，本來沒有能所區別，亦無人境對立，因此能悟到本無「能悟」與「所悟」的區別，便是達到了與「第一義所擬說者」同一的境界。這種同一的境界，從認識論方面說，是通過「無語中無語」等多種方法而得到的對「第一義」的把握、體認和瞭解，亦是在無言中體悟形上學對象，亦即「於靜默中立義竟」。

從以上引述中我們可以看到，馮友蘭通過對禪宗哲學的分析，從「烘雲托月」到「於靜默中立義竟」，構成了用負的方法講形上學的基本內容。此內容的本質，從認識論的角度說，是中國傳統哲學中的直覺主義方法。馮友蘭在挖掘傳統哲學中的直覺主義的同時，也注意到西方哲學對這一方法的闡述，如其早年所信奉的柏格森直覺主義，

94　《新知言》第一章，《三松堂全集》第五卷，第178頁。

及維特根斯坦的「對於人所不能說者，人必須靜默」等論述，直接溝通了中西哲學在此問題上所達到的認識成果，從而建立起新理學的形上學的方法和理論架構。

總之，在馮友蘭的形上學方法中，直覺主義方法是對其邏輯分析方法的補充。邏輯分析方法，作為一種「正的方法」，乃是從西方哲學中吸取過來的，馮友蘭一直把它作為對中國哲學的永久性貢獻。新理學的哲學體系主要是靠這種方法建構起來的。而直覺主義方法，即「負的方法」，主要是從中國傳統哲學中挖掘出來的，這更多地體現了馮友蘭對傳統哲學方法的繼承和改造。他所以把直覺主義方法作為新理學方法的重要組成部分，乃在於他對人生問題的關切。他認為，形上學的功用，本不在於增加人的實際的積極的知識。「形上學的功用，本只在於提高人的境界。」[95]因此，他宣稱：「道學尚諱言其近玄學近禪宗，新理學則公開承認其近玄學近禪宗。」[96]這是因為，禪宗「於靜默中立義竟」，乃是追求一種與「第一義所擬說者」同一的境界，這種境界即是道家「天地與我並生，萬物與我為一」的境界，亦即玄學家「聖人體無」的境界。「體無者，言其與無同體也；佛家謂之『入法界』；《新原人》中謂之為『同天』。」[97]正因為要達到哲學「無用之大用」，馮友蘭才把「正的方法」與「負的方法」結合起來，而且認為，「只有兩者相結合才能產生未來的哲學」[98]。他說：

95　《新知言》緒論，《三松堂全集》第五卷，第167頁。
96　《新知言》緒論，《三松堂全集》第五卷，第157頁。
97　《新知言》緒論，《三松堂全集》第五卷，第263頁。
98　《中國哲學簡史》第二十八章，《三松堂全集》第六卷，第305頁。

一個完全的形上學系統，應當始於正的方法，而終於負的方法。如果它不終於負的方法，它就不能達到哲學的最後頂點。但是如果它不始於正的方法，它就缺少作為哲學的實質的清晰思想。神秘主義不是清晰思想的對立面，更不在清晰思想之下。無寧說它在清晰思想之外。它不是反對理性的；它是超越理性的。[99]

　　這裡所說的「哲學的最後頂點」，即《新原人》中所強調的理想的人生境界。這是馮友蘭新理學的最後歸宿，也是新理學對人生的終極關懷。

99　《中國哲學簡史》第二十八章，《三松堂全集》第六卷，第305頁。

第六章

新理學的終極關懷——境界說

6.1　人禽之別新辨—覺解與境界

　　馮友蘭新理學體系的內容與結構是以其人生境界論為最後歸宿的。這表現了馮友蘭對於復興中國傳統哲學的精神和價值的終極關切。從這一意義上說，新理學體系中的人生論，是「接著」中國發達的人生哲學這一傳統講的，也就是繼承和發揚了中國的傳統哲學，特別是儒家的思想學說。可以說，境界說是馮友蘭提出來的一種新的人學形上學，這種人學形上學是他的哲學體系的靈魂。與現代新儒家中的其他人物相比，馮友蘭的境界說，既深深紮根於中國的傳統哲學，又融匯了中國傳統哲學一向缺乏的西方哲學中的邏輯分析方法。他正是以邏輯分析方法為起點，從新理學的自然觀、社會論、文化論，而達到新理學的邏輯終點—人生境界論。因此，同他的整個哲學體系一起，境界說乃是中西哲學相融合的產物。

　　人生究竟有沒有意義？其意義是什麼？這是馮友蘭的《新原人》一書首先提出的問題，也是他的境界說最終所要解決的問題。對於這個問題，馮友蘭指出，首先要解決意義是什麼。

　　他認為，所謂「意義」，既是某一事物所有的性質，又是某一事物所可能達到的目的，或其可能引起的後果，也是某一事物與別的事物的關係。之所以有以上所說的這些可能，正是因其有「某性」，或某種特性。但是，儘管說是個某性，由於人在說某一意義時，有不同的側重，所以所得結論亦不同。這說明，不同的人對於事物可以有不同的瞭解。這種瞭解，「我們亦稱為解。對於一事物有瞭解，我們亦

稱為對之有解」[1]。有瞭解即證明此事物對我們有了意義。

　　對事物的瞭解有程度的不同。其中最低程度的瞭解，既是瞭解了某事物是屬於某一類的，是表現某理者。對於一事物，若一個人完全不瞭解其所屬的類，完全不瞭解其所表現的理，則此人對於此事物，就是完全的無解。此事物對於此人，也就是完全的混沌，完全地無意義。某事物的理，是通過對於某事物的知識來表現的，這種對於理的知識，就是稱之為概念的東西。一個人可對於理有知識或無知識。如其有知識，則是有概念，其概念就不是空的。如果是無知識，就是無概念，但不能說概念是空的。可是，從另一方面說，一個人可以有「名言的知識」[2]，也就是可以用言語傳達的知識。這種知識可以是空的，也就是說其中沒有經驗內容。例如，一個人可以從他人的口中，得知甜味是如何如何的，從而對於甜的意義，即甜的概念，有了瞭解。但是，在他沒有真正嘗到甜的東西之前，即用經驗去印證概念之前，他所瞭解的，只是名言的意義，而不是經驗的意義。所以，這種名言的知識，從瞭解名言之意義的角度來說，他所得到的名言的知識，不是空的；可是，如果從缺乏經驗內容的角度來說，這種名言的知識也可以說是空的。然而，一種名言的知識，一旦在經驗中得到了確實的印證，也就可以說是得到了此名言所代表的概念，以及此概念所代表的理。此時，對於此經驗及名言即有了一種豁然貫通的瞭解，馮友蘭稱之為「悟」。

　　從理論上說，既然有對於事物的最低程度的瞭解，就應該有最高

1　　《新原人》第一章，《三松堂全集》第四卷，第516頁。
2　　《新原人》第一章，《三松堂全集》第四卷，第518頁。

程度的瞭解。「一事物所表現的理，我們若皆知之，則我們對於此事物，即可謂有完全的瞭解。完全的瞭解，即最高程度的瞭解也。不過最高程度的瞭解，理論上雖是可能有的，而事實上是不能有的」[3]。同樣，對於某一類事物，也有相同的情形。說起來，人生也不過是世間的一類事，而人們對於這一類事，也可以有瞭解，可以瞭解它的意義。並且，我們對於它瞭解的愈多愈深，人生對於我們的意義，也就愈加豐富。不過，「對於一事物或一類事物的完全瞭解，是極不容易有的。但其最特出顯著的性質，是比較易於引起我們的注意，因而易於使我們在此方面，對於某事物，或某類事物，得到瞭解。人生亦有其最特出顯著的性質，此即是其是有覺解的」[4]。

人對於事物有所瞭解，不但有所瞭解，還能自覺他有所瞭解。這即是人與動物的區別。因為對於動物來說，它們只是遇見可吃的東西就吃，遇見可喝的東西就喝。它們在吃在喝，卻不知道為什麼在吃在喝，甚至不知道它們在吃在喝，而「人知道吃喝對於他們的意義，而又自覺他們在吃在喝」[5]。這種對事物的瞭解和自覺，「《新原人》簡稱為『覺解』」[6]。到此，馮友蘭提出了「覺解」這一重要概念：解是瞭解，覺是自覺。兩者合起來，即「自覺的瞭解」，或「瞭解其所瞭解」。由此馮友蘭斷言「人是有覺解的東西，或是有較高程度覺解的東西」[7]。與此斷言緊密相關的人生則成為：「人生是有覺解的生活，或有較高程度覺解的生活。這是人之所以異於禽獸，人生之所以異於

3　　《新原人》第一章，《三松堂全集》第四卷，第519—520頁。
4　　《新原人》第一章，《三松堂全集》第四卷，第521頁。
5　　《三松堂自序》第六章，《三松堂全集》第一卷，第245頁。
6　　《三松堂自序》第六章，《三松堂全集》第一卷，第245頁。
7　　《新原人》第一章，《三松堂全集》第四卷，第522頁。

別的動物的生活者。」[8]人與禽獸有相同之處，但更重要的是不同之處。人與禽獸同樣有某種活動，但是，禽獸並不瞭解自己的活動是怎樣一回事，當然在自己活動的時候也沒有自覺到正在從事這種活動。人與之相反，不僅瞭解自己的活動是怎麼一回事，並且自覺到自己在進行這種活動。動物的活動依賴的是本能，所以它們就不去瞭解，也不必去瞭解。換言之，禽獸的種種活動，對它們來說是無意義的；相反，人的活動是一種有覺解的活動，因此，人類的活動是有了種種意義在其中的。

要正確地把握人禽之辨並不是那麼容易。有人認為人的特異之處是人有喜怒哀樂。可是，在馮友蘭看來，禽獸也是有喜有怒的。但是，禽獸在其歡喜時，未必自覺到自己是在歡喜，也並不瞭解歡喜是怎樣一回事，發怒時亦然。可是人就不同了，他不僅能自覺到自己的歡喜，並且瞭解歡喜意味著什麼。

在宇宙間，人有許多人為的事物，比如文化的建設。而乍看上去，動物對於宇宙也有一些「文化活動」，比如鳥和蜂蟻的築巢等。但是，人與此類動物的區別，並不在於是否有文化，而在於他們的文化是否是有覺解的文化。人類的文化是心靈的創造，而動物的文化是本能的產物，至少可以說大部分是本能的產物。而心是有覺解的，本能卻是無覺解的。

在馮友蘭看來，人之所以能有覺解，因為人是有心的。人心的要素，就是古人所說的「知覺靈明」。人以外的其他動物，雖然也有有

8　《新原人》第一章，《三松堂全集》第四卷，第522頁。

心者，但它們的那種心未必能達到所謂知覺靈明的程度，至少可以說還達不到有較深的覺解的程度。

之所以說有覺解是人生的最特出顯著的性質，還在於「因人生的有覺解，使人在宇宙間，得有特殊的地位。宇宙間有人無人，對於宇宙有很重大的關係。有人的宇宙，與無人的宇宙，是有重要的不同的。從此方面看，有覺解不僅是人生的最特出顯著的性質，亦且是人生的最重要的性質」[9]。宇宙間如果沒有某種動物，比如鳥或蜂蟻，也就不過是沒有鳥或蜂蟻而已。但是，宇宙如果沒有了人，則宇宙間就沒有了覺和解，至少是沒有了較高程度的覺和解。如果說宇宙間的覺解，與宇宙間的其他事物，比如雲和水一樣，都是不可否認的事實，那麼，宇宙間的覺解，就可以使宇宙間的其他事物被瞭解。馮友蘭舉例說：「如一室內有桌椅，有燈光。就存在方面說，燈光與桌椅的地位，是相等的。但有桌椅不過是有桌椅而已。有燈光則室內一切，皆被燈光所照。……宇宙間的事物，本是無意義的，但有了覺解，則即有意義了。」[10]

另一方面，人不但有覺解，而且能瞭解其覺解是怎麼一回事，並且在覺解時，能自覺其在覺解。這種對於覺解的覺解，不僅是人與禽獸的更一層的區分，也是聖人與平常人之間的區分。平常人只有覺解，而聖人則能覺解其覺解，也就是能達到高一層的覺解。不過，就覺解來說，有完全覺解的人，當然是「絕無僅有」的，但是，說是完全沒有覺解的人，則是絕對沒有的。

---

9   《新原人》第一章，《三松堂全集》第四卷，第523—524頁。
10   《新原人》第一章，《三松堂全集》第四卷，第525頁。

馮友蘭的「境界說」，是針對宇宙和人生的意義而起言的。誠如上文所言，人對於宇宙人生的覺解程度是有不同的。因此，宇宙人生對於人的意義，也就有種種不同。這種不同的意義，就構成人生的不同境界。換句話說，就存在而言，人類是有一個公共的世界。但是，對於此一世界，每個人都有自己不同的覺解程度，這就意味著各個人都處在不同的境界之中。此所謂境界，固然有主觀的成分在，但並不是完全主觀的。

　　所謂各人有各人的境界，嚴格說來，應該說沒有兩個人的境界是完全相同的。但是，我們可以「忽其小異，而取其大同。就大同方面看，人所可能有底境界，可以分為四種：自然境界，功利境界，道德境界，天地境界」11。

　　馮友蘭對人生四種境界的排列，是要說明境界是有高低的。而區分高低的標準，正是達到某種境界所需要的人的覺解的多少。需要覺解多的，境界就高，反之則低。所以，自然境界只需要最少的覺解，天地境界就需要最多的覺解，功利和道德境界則介乎其中。因為人生的境界有高有低，所以，不同的境界，在宇宙間就有不同的地位。也就是說，處在不同境界的人，在宇宙間亦有不同的地位。從人自身來說，一個人，因其所處境界不同，其表現於外的舉止態度，也就是道學家所說的「氣象」，就有不同。而人所能享受的那一部分世界，事實上也是有大有小的。境界高者，所實際享受的一部分世界就比境界低者要大。而馮友蘭所強調的世界，其實並不在現實的世界，而是在

11　《新原人》第一章，《三松堂全集》第四卷，第550頁。

於超越了現實世界的覺解所能及的世界。也就是人生所能實現的價值所限和人生的意義所在；反過來說，就是宇宙人生對人可能有的不同的價值和意義。

儘管馮友蘭在此所說的種種境界，明顯是一種精神的境界或狀態。但是，這種側重於精神的境界，並不是日常行事之外的獨立存在者。實際上，在不同境界中的人，是可以做相同的事情的。只是雖然所做之事相同，對於各自境界中的人來說，卻有著不同的意義。也正是這種不同的意義，才構成不同境界的基礎。

6.2　自然境界

馮友蘭所說的人生境界的第一層次是所謂的自然境界。這一境界的特徵是，在此種境界中的人，其行為是「順才」或「順習」的。他說：

> 在此種境界中的人，順才而行，「行乎其所不得不行，止乎其所不得不止」；亦或順習而行，「照例行事」。無論其是順才而行或順習而行，他對於其所行的事的性質，並沒有清楚的瞭解。此即是說，他所行的事，對於他沒有清楚的意義。就此方面說，他的境界，似乎是一個渾沌。但他亦非對於任何事都無瞭解，亦非任何事對於他都沒有清楚的意義。所以他的境界，亦只似乎是一個混沌。[12]

12　《新原人》第三章，《三松堂全集》第四卷，第551頁。

所謂順才，「其意義即是普通所謂率性」。馮友蘭認為，所謂性有兩種意義：其一是邏輯上的性，即「人之所以為人者，是人的邏輯上的性」[13]。邏輯上的性是指理，即事物的「當然之則」。性的另一種意義，是指生物學上的性。「為免除混亂起見，我們可稱所謂邏輯上的性為性，稱所謂生物學上的性為才。」[14]由此可知，上面的「順才」，即是通常的所謂「率性」。以「才」解「性」，主要指自然境界中的人往往是率性而動的。所謂「順習」之習，是指一個人的習慣或社會習俗。因此所謂「順習」，即「照例行事」。

照上面的解釋，所謂自然境界中的人，往往是「不識不知，順帝之則」。他們對於自然界的法則或社會中的各種行為的法則，都能遵奉。但其遵奉，又都是「順才」或「順習」的。因此他們不但不瞭解他們所遵奉的法則為何，而且也不覺有這些法則。此即古詩所謂「鑿井而飲，耕田而食」，「日出而作，日入而息，不識天工，安知帝利？」馮友蘭認為，這些人對自然界和社會的各種法則所以「不識不知」，即表明他們對此不覺解。但這種不覺解又只是就其程度而言，並非對任何事皆無覺解，如他在鑿井耕田時，瞭解鑿井耕田是怎麼一回事。於鑿井耕田時，他亦自覺他是在鑿井耕田。「這就是他所以是人而高於別的動物之處。」[15]

就人與禽獸的區別而言，「人之所以異於禽獸者，在其有覺解」[16]。就人與人的區別而言，在其覺解有高低。因此，在自然境界

13　《新原人》第三章，《三松堂全集》第四卷，第537頁。
14　《新原人》第三章，《三松堂全集》第四卷，第538頁。
15　《新原人》第三章，《三松堂全集》第四卷，第551頁。
16　《新原人》第四章，《三松堂全集》第四卷，第570頁。

中的人，雖然比在別的境界中的人有較低程度的覺解，但比於禽獸，還是有覺解的。應該說，這是馮友蘭提出境界說的一個基本前提。

　　儘管自然境界中的人大有別於動物，但比其他境界中的人，畢竟又屬低級層次的境界。因此對於人的境界的高低又不能不辨，此是馮友蘭提出境界說的一個基本動機。比如先秦道家讚美渾沌，讚美素樸，因此要求人們返樸還純，復歸於嬰兒。是否就此而認為道家的人是一種自然境界，或認為自然境界是可欲的呢？馮友蘭對這兩個問題的回答都是否定的。

　　首先，他認為，在自然境界中的人，並不知此種境界是可欲的。因此，「凡以此種境界為可欲者，都不是有此種境界底人，而是有較高境界底人」[17]。比如有許多人讚美耕織，歌頌漁樵。耕織漁樵，或亦有其樂，但其樂絕不是讚美者所讚美歌頌的那一種樂。因為，他所想像的在自然境界中的人所有的樂，在自然境界中的人，並不知有此種樂，因此也不能享受此種樂。這是因為，對於在自然境界中的人來說，即使有某種樂，這種樂也只是「為他底」，而不是「為自底」。這裡，馮友蘭用黑格爾所說「為自」與「為他」的分別，來說明在自然境界中的人所有的樂與詩人所想像的樂之不同。所謂「為自底」，是自覺到自己所為的性質。而在自然境界中的人，只是順才或順習而行，他並不自覺他的境界是可欲的。因此，詩人所讚美的耕織、漁樵之樂，實是一種旁觀者的樂。對於道家亦是如此，他們有如上述一類旁觀者，「他們雖多讚美自然界，及自然境界，但他們的境界，都不

17　《新原人》第四章，《三松堂全集》第四卷，第567頁。

是自然境界」[18]。

第二，由以上可知，先秦道家所以讚美自然境界，並不是因為自然境界是可欲的。但他們是否認為自然境界是人所應該有的呢？對此，馮友蘭的回答也是否定的。他認為，道家也把理想的人稱作聖人。道家理想的聖人，也不是自然境界中的人，而是在天地境界中的人。道家反對聖智，正是反對那些擁有與常識在同一層次上的知識的人。因此道家推崇的聖人，乃是有最高程度覺解的人。但又因為「在同天的境界中，其境界有似于自然境界」，因此一部分道家常把二者相混，誤認為自然境界是人所應該有的。「說自然境界是人所應該有底，是由於他們的思想上底混亂。這種混亂，若弄清楚以後，他們就亦不如此說。」[19]

馮友蘭之所以認為道家的境界不是自然境界，其根據是自然境界是「一失不可複得的」。因此，讚美自然境界本身，是對自然境界的覺解，有如此覺解，即不可謂自然境界。他說：

在自然境界中底人，可以說是天真爛漫。所謂天真爛漫，是為他底，而不是為自底，亦只能是為他底，而不能是為自底。一個人若自覺他是天真爛漫，他即不是天真爛漫。他不能對於他自己的天真爛漫有覺解。如有此覺解，他即已失去了他的天真爛漫了。常聽見人說：「我是天真爛漫底」。這是一句自相矛盾底話，亦必是一句欺人之

18　《新原人》第四章，《三松堂全集》第四卷，第569頁。
19　《新原人》第四章，《三松堂全集》第四卷，第570頁。

談。[20]

在馮友蘭看來，自然境界是覺解程度最低的境界。因此照人之所以為人的標準說，自然境界不是人所應該有的。

按著前面所說的自然境界的標準，馮友蘭認為，在社會中，大多數人的境界是自然境界。其中，過原始生活者、小孩子、愚人等自不必說，就是智力最高的人，其境界亦可以是自然境界。馮友蘭以藝術、道德行為等事為例，說明處於自然境界中的人在藝術、道德行為等方面所受到的限制。

就藝術作品來說，作者的境界，雖可以是自然境界，但偉大的作品卻不能僅靠作者的天資取得成功。由此方面說，其藝術活動，不是自然的產物。專靠天資的藝術活動所能產生的作品，只能是些較小的作品，因為他的藝術活動是自發的藝術活動，因此其作品也只能是自發的藝術活動的產物。

道德行為與藝術創作有重大區別。「一個人可以憑其興趣或天然的傾向，而有藝術的活動，但嚴格地說，一個人不能憑其興趣，或天然傾向，而有道德的行為。」[21]在馮友蘭看來，「只有對於道德價值有覺解的，行道德的事的行為，始是道德行為。因此有道德行為者的境界，必不是自然境界」[22]。這裡，馮友蘭從境界說的角度，區分了藝術活動和道德活動的不同。對於藝術活動或藝術家，他們可以創作

20　《新原人》第四章，《三松堂全集》第四卷，第569頁。
21　《新原人》第四章，《三松堂全集》第四卷，第578頁。
22　《新原人》第四章，《三松堂全集》第四卷，第578頁。

出各種不同的藝術作品，而其境界卻可以是自然境界。但道德行為是在對道德價值有了覺解以後方能有的行為，因此其行為是一種瞭解後的自覺的行為。對自己的行為有覺解，就必不是自然境界。

從境界說的角度對藝術活動與道德活動所作的區分，表明馮友蘭新理學體系對人類道德問題的普遍關切。他把道德的自覺看作是道德行為的基本前提，並把有道德行為者排除在自然境界之外，這樣也就排除了道德行為的自發性或把道德行為看作是自然的產物的說法。這是對中國傳統道德論的發展。由此，馮友蘭對道德行為自發論作了尖銳的批評。

首先，他認為，「自發的合乎道德的行為，往往失之偏至」[23]。在他看來，「道德標準，是不能超過的」，但某一具體的道德標準則是可以超過的。一般人或以為，超過某一道德標準的行為，應是道德的。而馮友蘭認為：「行為超過一道德的標準者，往往只顧到道德關係的一方面，而顧不到其他各方面。就其顧不到各方面說，此種行為不是『周全之道』。就其只顧一方面說，此種行為是『偏至之端』。」[24]因此，超過某一道德標準的行為，不是完全的道德行為。馮友蘭舉歷史上為「愚忠愚孝」為例，說明自發的道德行為所帶來的後果。

第二，「自發的合乎道德的行為，往往是出於一時的衝動，因此往往是不常的」[25]。馮友蘭認為，衝動往往是自然的產物。「人於有此種衝動時，若一下即把事行了，尚無問題。若一下不能即行，則衝

23　《新原人》第四章，《三松堂全集》第四卷，第580頁。
24　《新原人》第四章，《三松堂全集》第四卷，第580頁。
25　《新原人》第四章，《三松堂全集》第四卷，第580頁。

動一過，有別念牽制，恐怕即不能照他的原來的意思行了。」[26]也就是說，作為自然產物的衝動，會給行為帶來兩個極端：一是失之於過，二是失之於不及。這種自發的活動不僅對於道德行為是如此，對於其他行為也是如此。一個專憑天資作詩的人，可以作一首好詩，但未必能作第二首。專憑天資辦事的人，可以把一件事辦得妥當，但未必能辦第二件。由此，馮友蘭得出結論說：「這可見自然的產物，有時是不可靠的。由學養得來的純潔是可靠的。」[27]

第三，「自發的合乎道德的行為，往往是很簡單的」[28]。比如專憑天資所創造出來的藝術作品，雖也有其妙處。但其妙處是單調的，往往「令人一覽無餘」。而靠學養得來的有完全的道德修養的人，其道德行為出乎周全之道。他引證孟子的話說，伯夷是聖之清，柳下惠是聖之和，伊尹是聖之任，孔子是聖之時。「時者，應該清則清，應該和則和，應該任則任。所以孟子說，孔子是集大成，集大成是『金聲玉振』。」[29]道德修養上的「金聲玉振」，正如八音之合奏，繪畫之五彩相宜，其周全高妙是僅憑天資者所望塵莫及的。

綜上所述，馮友蘭主張應該不斷增進人的覺解，努力超越自然境界。「我們可知世界中頗有許多質美而未學的人。這種人譬如精金美玉，其本身固然亦有其價值，但若不加以人工的琢磨鑄造，它終是自然的產物，而不是精神的創造。我們不能列它於我們的文化範圍之內。所謂人工的琢磨創造，正如荀子所謂學。所謂文化，正是荀子所

26　《新原人》第四章，《三松堂全集》第四卷，第580—581頁。
27　《新原人》第四章，《三松堂全集》第四卷，第581頁。
28　《新原人》第四章，《三松堂全集》第四卷，第581頁。
29　《新原人》第四章，《三松堂全集》第四卷，第581—582頁。

謂文，所謂禮。」[30]可見，馮友蘭的境界說，乃是在繼承了儒家人文傳統的基礎上，對道家自然主義的修正。他的超越「自然境界」的主張，為其境界遞進的邏輯展開鋪平了道路。

6.3　功利境界

馮友蘭所說的人生境界的第二個層次是功利境界。從其名稱可知，此境界的中心觀念在功利二字。因其在第二個層次上，故與自然境界相比，又屬高一層次的境界。馮友蘭論及此境界的特徵時說：

在此境界中的人，其行為是「為利」的。所謂「為利」，是為他自己的利。……在功利境界中的人，對於「自己」及「利」，有清楚的覺解。他瞭解他的行為，是怎麼一回事。他自覺他有如此的行為。他的行為，或是求增加他自己的財產，或是求發展他自己的事業，或是求增進他自己的榮譽。他於有此種種行為時，他瞭解這種行為是怎麼一回事，並且自覺他是有此種行為。[31]

這裡有三點可注意：一是在功利境界中的人，其行為都是有目的的；二是對自己的行為和目的是有覺解的，即自覺地瞭解其行為目的是怎麼一回事；三是其所謂利，是私利，其中包括名譽、地位等。

馮友蘭指出，在功利境界中的人，「其行為都有他們所確切瞭解

30　《新原人》第四章，《三松堂全集》第四卷，第582頁。
31　《新原人》第三章，《三松堂全集》第四卷，第552頁。

的目的。他們於有此種行為時，亦自覺其有此種行為。他們的行為的目的，都是為利」[32]。那麼，什麼是「利」呢？馮友蘭認為，在普通語言中，利與名並稱。如「求名於朝；求利於市」、「名利雙收」、「追名逐利」等。「我們此所謂利則不是與名並稱者。我們此所謂利，亦包括名。」[33]這就是說，功利境界中的利，不僅僅是平常所理解的「財利」或「物質利益」，它還包括心理、精神等多方面的因素。照這樣的理解，一個人的行為，能使他「名利雙收」，固然是對他有利；但他的行為，僅使他有名無利，他的行為也是對他有利。因為是求自己的利，所以這種利，從本質上說，都是「為我」的，都是「自私」的。馮友蘭認為，按照這樣對利的理解，「大多數普通人的行為，都是為其自己的利的行為」。因此，「大多數普通人的境界都是功利境界」[34]。

功利境界中的人，其行為雖然是「為我」的、「自私」的，但並不是說，他的行為都是損人利己的。不但不是損人利己的，有時甚至相反，「他亦可有損己利人的行為」。如何解釋這一現象？馮友蘭認為，上述問題並不矛盾。在馮友蘭看來，「他所以如此作，是因為這些行為，往遠處看，亦是對於他有利的」[35]。馮友蘭認為，中外哲學史上快樂論和功利論者所主張的學說，從本質上看，均具有上述特點。如墨子認為兼相愛，交相利，可以使社會安寧，這是對每一個人都有利的。因為在墨子看來，實行兼相愛，交相利的人，上帝賞他，

32　《新原人》第五章，《三松堂全集》第四卷，第583頁。
33　《新原人》第五章，《三松堂全集》第四卷，第583頁。
34　《新原人》第五章，《三松堂全集》第四卷，第583頁。
35　《新原人》第五章，《三松堂全集》第四卷，第593頁。

鬼神賞他，國家賞他，別人愛他，所以兼相愛，交相利，對於他自己，更是有利的。又如宗教家亦多教人愛人，認為愛人是為自己積福，行道德是上天堂的大路等等。「諸如此類，雖說法不同，但都是以求別人的利為求自己的利的最好的方法。他們雖都是教人利人，但其實都是教人利己。」[36]馮友蘭的這一看法，實際上是從人生境界論的角度對歷史上快樂論、功利論及一些宗教信仰的批評。因為在上述各種學說中，他們往往把在功利境界中的人求利的方法與道德行為混為一談，從而把以求利為目的的合乎道德的行為解釋為道德行為。而在馮友蘭看來，「合乎道德的行為」與「道德行為」是有區別的。正如上節所述，在自然境界中的人，也可以有「合乎道德的行為」，但其「合乎道德的行為」，是自發的，因此也是不持久的。「在功利境界中的人，有合乎道德的行為，是將其作為求自己的利的方法。但以為道德行為不過如此，則即是對於道德，未有完全的瞭解。」[37]在馮友蘭看來，在功利境界中的人，把合乎道德的行為作為謀利的手段，因此其行為，充其量「只是合乎道德的行為，而不是道德行為。其境界是功利境界，而不是道德境界」[38]。

根據以上原則，馮友蘭在《新原人》「功利」一章中，對英雄、才人、聖賢等從境界說的角度作了生動的對比。

首先他認為，「一個人的學問或事功的大小，與其所常處的境界的高低，並沒有必然地相干的關係」[39]。他從中國歷史上的所謂「三

36　《新原人》第五章，《三松堂全集》第四卷，第594頁。
37　《新原人》第五章，《三松堂全集》第四卷，第595頁。
38　《新原人》第五章，《三松堂全集》第四卷，第595頁。
39　《新原人》第五章，《三松堂全集》第四卷，第595頁。

不朽」說起，以為立德的人，謂之聖賢。聖賢雖有很高的境界，但未必有很大的學問事功。立言的人，謂之才人，他們有許多知識或偉大的創作，但不常有很高的境界。立功的人謂之英雄，他們在事業上有很大的成就，但也不常有很高的境界。

就英雄說，又有與奸雄之別。英雄雖與奸雄不同，但就其境界說，他們都是功利境界。這是因為，「在功利境界中的人，其行為可以不是不道德的，可以是合乎道德的，但不能是道德的。其行為可以不是不道德的，但亦可是不道德的」[40]。也就是說，在功利境界中的人，其行為可有兩類：一類是合乎道德的，一類是不道德的。合乎道德的行為，只能說是「合乎」，而不能說是道德的，這是功利境界與道德境界的區別。以不道德的行為來達到自己的目的，以成其利己的成就者，其行事是損人利己的，因此就是奸雄；以合乎道德的行為來達到利己的目的，以成其利己的成就者，則是英雄。英雄的行事，利己而不損人，而且有利於人。馮友蘭認為，「歷史上的大英雄，其偉大的成就，大部分都是利己而且有益於人的。就其有益於人說，其人其事，都值得後人的崇拜。但就其利己說，其成就不是出於道德的行為，其人的境界，是功利境界」[41]。

就才人說，他在學問或藝術方面的成就，總是有益於人的。因為學問或藝術是人類文化的重要成果，它是出於精神的創造而非自然的產物。因此無論那一種學問或藝術，只要能成為一種學問或藝術，總是有益於人的。馮友蘭認為，那種以為只有有益於所謂「世道人心」

40　《新原人》第五章，《三松堂全集》第四卷，第595頁。
41　《新原人》第五章，《三松堂全集》第四卷，第595頁。

的學問或藝術，才是有益於人的觀點，是道學家的偏見。這種偏見實際上只是以政治的或倫理的標準去衡量學問或藝術。他們沒有看到，在政治的或倫理的標準之外，還有別的標準，如學術的或藝術的標準等等。這裡，同樣表現了馮友蘭在價值標準方面所具有的辯證思想。儘管才人的學問或藝術有益於人，但它又不是判斷其境界高低的標準。在馮友蘭看來，「才人研究學問，或從事創作的目的，可以只是為求他自己的利。若其目的是如此，則他的境界是功利境界」[42]。從上述分析中可以看出，英雄與才人，在行為上有許多相似之處，但他們也有不同。其不同在於，才人在學問或藝術方面的成就總是有益於人的，而英雄所作的有益於人的事，往往是以與自己的利益相一致為限。

馮友蘭還指出，英雄、才人之所以常在功利境界中，還有一些具體表現，如好名、爭功、嫉妒等等。馮友蘭認為，「人多好名。有名亦是一人的自己的利。任何有益於人的事，皆可以使人有名。所以任何有益於人的事，皆可以與一人的自己的利相一致」[43]。因此，才人、英雄尤多好名。好名能使才人努力於研究創作，能使英雄做有益於人的事。但好名，其境界是功利境界。除好名外，還有爭功。「我們常見講學問的人，總好爭某某事是『我』發現的。講事功的人總好爭某某事是『我』作成的。他們總要『功成自我』。往往學問或事功越大的人，越不能容忍，別人爭他的發現權，或分他的功。」[44]「他如於此爭競，以為必是『我』的，這即可見，他是為私的。他是為私

42　《新原人》第五章，《三松堂全集》第四卷，第596頁。
43　《新原人》第五章，《三松堂全集》第四卷，第596頁。
44　《新原人》第五章，《三松堂全集》第四卷，第598頁。

的，他的境界，即是功利境界。他這些爭競，即證明他不能超過這種境界。」[45]在現實生活中，還有一類天資高的人。「天資高的人，大多是過於重視他自己的天資。多以為他自己的成就，是『前無古人，後無來者』。他過於重視他自己的成就，他過於重視他自己。他不能容忍，別人與他並駕。他不能容忍，別人對於他的批評。」[46]這一類人的境界，當然也是功利境界。

總之，英雄與才人的境界，與其所有的成就，沒有必然的聯繫。因此不能把境界與成就混為一談。也就是說，既不能因為英雄、才人有偉大的成就，因此就認為其境界也是高的；同時，也不能以為，英雄、才人的境界既低，則其成就亦不足觀。馮友蘭認為，上述兩種看法，都有片面性。

與英雄、才人相比，聖賢則不同。英雄、才人都是功利境界中的人，而聖賢則是天地境界或道德境界中的人。馮友蘭強調，聖賢與英雄、才人，從境界的角度看不是一類人，但「這並不是說，聖賢不能有如英雄所有的豐功偉烈，不能有如才人所有的巨著高文。聖賢亦可以有如才人英雄所有的成就，但才人英雄不能有如聖賢所有的境界」[47]。馮友蘭認為，英雄、才人與聖賢相比，不但境界不同，其行事亦不同。聖賢的為人行事，「庸德之行，庸言之謹」，所以都是可以為法，可以為訓的。而英雄、才人的為人行事，如奇花異草，「雖大都可成為賞玩讚美的對象，但亦大都是不足為法，不足為訓

45　《新原人》第五章，《三松堂全集》第四卷，第598頁。
46　《新原人》第五章，《三松堂全集》第四卷，第598頁。
47　《新原人》第五章，《三松堂全集》第四卷，第596—597頁。

的」[48]。

　　根據以上所說，馮友蘭認定，功利境界中的人，雖然比自然境界中的人多了一些覺解，但對人之所以為人這一根本問題的看法，並無太多的覺解。因此在功利境界中的人，他們的行為的過程和手段可以有種種不同，但最後的目的是不變的，那一定要為自己求利。同時，他們求利的態度也不一定就是完全消極地為我。他們有時也會完全積極地去奮鬥，甚至可以犧牲自己，或者事實上他們所做的對其他人也是有利的。但是，他們如此去做的動機及最後的目的，明顯是為己的。這樣，馮友蘭對功利境界的判定，主要強調了動機，也就是人的行為的出發點的決定性作用。

6.4　道德境界

　　馮友蘭所說的第三個層次的人生境界是道德境界。在此種境界中的人，其行為是所謂「行義」的。義與利是相反相成的。求私利的行為是為利的，而求公利的行為則是行義的。馮友蘭指出，處在道德境界中的人，對於人性已經有了覺解。而人性，依照馮友蘭的解釋，就是人之所以為人而區別於禽獸的東西，也就是我們於前節所說的較高的知覺靈明，亦即覺解。但這種覺解是需要在社會中實現的。因此，馮友蘭對人性的理解，增加了人的社會性的內涵。他說：

　　蜂蟻的定義，涵蘊其是有群的動物；人的定義，涵蘊其是社會動

48　《新原人》第五章，《三松堂全集》第四卷，第600頁。

物。此即是說，蜂蟻的理涵蘊有群的動物的理，人的理涵蘊社會動物的理。一個人不能只是單獨的一個人，而必須是社會的一分子。這是人的理中應有之義。[49]

這裡，所謂「人的理涵蘊社會動物的理」，即是指人性中涵蘊有社會性，或者說人性中必然包含有社會性。人性的社會性是馮友蘭講道德境界的基本前提。

在功利境界中的人，往往把社會與個人看成是對立的。對於在功利境界中的人而言，社會是所謂「必要的惡」。人明知社會是壓迫個人的，但為了個人的生存，又不能把社會拋棄掉。因此，在道德境界中的人，瞭解人必於所謂「全」中，始能依其性發展。馮友蘭說：

社會是一個全，個人是全的一部分。部分離開了全，即不成其為部分。社會的制度及其間的道德的政治的規律，並不是壓迫個人的。……人必在社會的制度及政治的道德的規律中，始能使其所得於人之所以為人者，得到發展。[50]

這就是說，不但社會性是人性的內容，並且人還能充分地覺解到人性中的社會性。人一旦有了這種覺解，並以此為指標，傾其所能去做自己在社會中應做的事，這種行為就是道德行為，而有此種行為的人的境界，就是道德境界。人要盡其性，一定得在某種社會之內。這

49　《新原人》第六章，《三松堂全集》第四卷，第601—602頁。
50　《新原人》第三章，《三松堂全集》第四卷，第553頁。

種說法，並不是如有些人所認為的那樣，是刻意地維護某種社會制度。馮友蘭的這種說法，是就一般意義上揭示人生與社會的不可分離性。

所謂人與社會的不可分離性，從一定意義上說，也就是一個人與其他人的關係。一個人必然地要以種種方式與社會上的其他人一同生存下去。這樣，一個人在社會中，必定會居於某一職分或位分上。人與他人的社會關係，舊時稱為人倫，所以馮友蘭認為，凡社會中的分子，在其社會中，都必有其倫其職，並且對於這種倫與職，還可以有深刻的覺解。有了對倫與職的覺解，就會有他的理想的標準。這種理想的標準，也就是他的理。人在實際上所處的倫或所任的職，都應該完全合乎其理。這種應該的完全達到，就是馮友蘭所謂的「盡倫盡職」，也就是中國古人所說的「盡性」。就此，馮友蘭得出結論說：「盡倫盡職的行為，是道德的行為。所謂道德者，是隨著人是社會的分子而有的。」[51]

在「人是社會的分子」的前提下，馮友蘭闡述了道德境界的內容、特點及其與自然境界、功利境界的區別及聯繫。

首先，馮友蘭用中國傳統哲學中的「義」、「利」範疇說明道德境界與功利境界之不同。他說：

在功利境界中的人，其行為是為利的；在道德境界中的人，其行為是行義的。為利者其行為是求其自己的利。行義者，其行為遵照

51　《新原人》第三章，《三松堂全集》第四卷，第606頁。

「應該」以行，而不顧其行為所可能引起的對於其自己的利害。義者，宜也。我們不能說，行義的人，必須盡某倫，盡某職。但我們可以說，無論盡某倫，盡某職，都是行義。為父者，盡其慈是行義。為子者，盡其孝亦是行義。[52]

這裡，馮友蘭強調，道德境界中的人的行為是行義的。而「義者，宜也」。因此所謂「義」，即行其所當行，行其所「應該」行。在馮友蘭看來，所謂「應該」，所謂「宜」，即「合於道德的理」。「遵照『應該』以行」，即遵照道德之理而行，亦即「盡倫盡職」。

上述的義利之別，馮友蘭又用「公」、「私」來解釋。按照中國哲學的範疇說，公、私之分，就是義、利之辨。馮友蘭認為，「利」這個字有兩種意義：「一種指物質的利益，一種指自私自利的動機。追求物質利益或不追求物質利益，並不是區別利和義的標準，問題在於為什麼追求，為誰追求。如果是為了自己享受而追求，那就是自私自利。如果是為了社會、為了群眾而追求，那就是為公，那就不是利而是義了。」[53]這就是說，「義」這個字的含義，除了「宜」之外，還包含「利」。只是這個「利」，是公利而不是私利。按照這一標準，去衡量一個人的境界，即可得到明確的界說。即功利境界和道德境界的區別，在於為公還是為私。「功利境界中的人無論作什麼事，都是為了他個人的利益，都是為私。」[54]因此，這種為私的思想，構成他的精神境界就是功利境界。而在道德境界中的人，無論做什麼事，都

52　《新原人》第三章，《三松堂全集》第四卷，第606頁。
53　《三松堂自序》第四章，《三松堂全集》第一卷，第246頁。
54　《三松堂自序》第四章，《三松堂全集》第一卷，第246頁。

是為社會的利益，都是為公。這種為公的思想，構成這種人的精神境界，就是道德境界。

其次，以「仁」、「義」範疇區分道德行為的不同層次。馮友蘭在以公私之別論證功利境界與道德境界的區別之後，又對道德境界的特點作了說明。此即是：「行義的人，於行義時，不但求別人的利，而且對於別人，有一種痛癢相關的情感。此等人即是所謂仁人。」[55]其實，對於馮友蘭來說，仁人所具有的對別人痛癢相關的情感，亦是在道德境界中的人所應該有的。它既是道德境界的內容，又構成這一境界的特點。也就是說，即以「公」判定道德境界的性質，這只是一個基本出發點，其背後還有更深刻的意義。

在馮友蘭看來：「義不義之辨，只是公私之分。但仁不仁之辨，則不只是公私之分。仁不但是公，且須帶有一種對別人痛癢相關的情感。此種情感，可以說是道德行為中的『人的成分』。」[56]這就是說，如果從更高的標準來要求，在道德境界中的人，只有公還是不夠的。因為公只是相對於「私」來說的，其中不含有「仁」的內容。馮友蘭引徵朱熹的話說：「仁之道，只消道一公字，非以公為仁，須是公而以人體之。伊川已曰：『不可以公為仁。』世有以公為心，而慘刻不恤者。須公而有惻隱之心。此功夫卻在人字上。」[57]朱熹的話，道出了公與仁的區別。其意思是說，「仁之道」雖然包含有公的內容，但不能認為公與仁完全等同。此即程子所謂「不可以公為仁」。在朱

55　《新原人》第六章，《三松堂全集》第四卷，第611頁。
56　《新原人》第六章，《三松堂全集》第四卷，第611頁。
57　《新原人》第六章，《三松堂全集》第四卷，第611頁。

熹、程頤及馮友蘭看來，如果只講公而不講仁，就不能解決現實政治中所出現的偏差。因為在現實政治中，確有「以公為心，而慘刻不恤者」。因此他們主張：「須是公而以人體之」，「須公而有惻隱之心」。這就是說，真正的道德行為，應該從公義出發，而又能體恤民情，有惻隱之心，此即是仁人的行為。

由以上可知，馮友蘭在其對道德境界的論述中，實際上是把道德境界又劃分為兩個層次：一個是在此境界中的「義的行為」，一個是在此境界中的「仁的行為」。二者的關係是：「仁的行為必兼有義的行為，但義的行為，則不必兼有仁的行為。此即是說，仁兼義，但義則不兼仁。」[58]

第三，除了公與私、義與利、仁與義的區別外，馮友蘭還區別了「我」的不同層次，以進一步說明道德境界的特點及其與其他境界的不同。馮友蘭認為，在功利境界中的人，覺解有「我」，他可說是有「我之自覺」；在道德境界中的人，亦覺解有「我」，亦有「我之自覺」。二者雖然都有「我之自覺」，但其性質有根本的不同。在功利境界中的人所覺解的「我」，是「我」的較低的一部分；在道德境界中的人所覺解的「我」，是「我」的較高的一部分。馮友蘭說：

此所謂較高較低，是以「人之性」為標準。「我」之出於人之性」的一部分，是「我」的較高的一部分。「我」之出於「人所有之性」，如動物之性，生物之性等的一部分，是「我」的較低的一部分。[59]

58　《新原人》第六章，《三松堂全集》第四卷，第612頁。
59　《新原人》第六章，《三松堂全集》第四卷，第614頁。

這裡，馮友蘭把「我」分為兩部分，一部分出於「人之性」，即人之所以為人者，因此馮友蘭又把他叫作「真我」。另一部分出於「人所有之性」，即人所涵蘊的動物性、生物性等，是「我」的較低的一部分。馮友蘭認為，出於「真我」的行為是不自私的，就不自私說，道德境界中的人是無「我」的。但就「我」的主宰義說，在道德境界中的人又都有「真我」為行為的主宰。從這一意義上說，在道德境界中的人，又是有「我」的。

在區分「我」的雙重意義的基礎上，馮友蘭對所謂「盡倫盡職」也作了不同層次的解說。他認為，在道德境界中的人，其盡倫盡職的行為，都是出於行為者對「我」的高一部分的有覺解的選擇。若不出於有覺解的選擇，則其行為只是順才或順習的，因此其人的境界也就是自然境界。若行為者對「我」的低一部分作有覺解的選擇，其人的境界是功利境界。「在自然境界及功利境界中的人，在表面上看，雖亦可有盡倫盡職的行為，但其行為，只是合乎道德的，而不是道德的。」[60]這裡，馮友蘭強調一個人對「我」的高一部分所作的選擇，乃是西方所謂「意志自由」的體現，也是中國傳統儒家所謂的「自作主宰」。這就是說，在道德境界中的人，其道德行為，完全是出於行為者自身的選擇，這種選擇具有「意志自由」或「自作主宰」的性質，它體現了人之所以為人的道德自覺性。

因為道德境界中的道德行為是一種出於行為者的有覺解的選擇，因此它代表了選擇者對一種「行為的意向的好」的努力與追求。因為

60　《新原人》第六章，《三松堂全集》第四卷，第615頁。

這種努力與追求又完全是自覺的，所以在道德境界中的人，其盡倫盡職，其各種行為，只是求「成就一個是」。他的盡倫盡職，只是盡倫盡職，並不計其行為所及的對象是不是值得他如此，也不計較他所有的倫或職是什麼，更不計較他盡倫盡職時所做的事的成敗，同時也不計較別人的評定或根本不需要別人的評定。馮友蘭認為，所有這些皆從道德自覺中來，或「只是求成就一個『是』」。正因為如此，馮友蘭認為，在道德境界中的人，其道德行為或其道德價值實現的尺規，只是看你是否做到了「盡心竭力」。他說：「人於作其所應作的事時，果已盡心竭力與否，只有他自己知之。一個人的行為的意向的好，果實現到何程度，亦惟有他自己知之。」[61]此即儒家強調的「慎獨」和「誠意」。

6.5　天地境界

人生的第四種境界，也是最高的境界，馮友蘭謂之「天地境界」。他認為，天地境界的特徵是：

在此境界中的人，其行為是「事天」的。在此種境界中的人，瞭解社會的全之外，還有宇宙的全，人必於知有宇宙的全時，始能使其所得於人之所以為人者儘量發展，始能盡性。在此種境界中的人，有完全的高一層的覺解。[62]

61　《新原人》第六章，《三松堂全集》第四卷，第621—622頁。
62　《新原人》第三章，《三松堂全集》第四卷，第553頁。

這就是說，天地境界乃是人對「大全」的最高覺解。在新理學體系中，「大全」的概念是指一切的「有」。其中既包括「社會的全」，又包括「宇宙的全」，同時亦包括「人生的全」。人只有在對「大全」有高一層的覺解時，人才能盡性知天，使人之所以為人的理得到充分的發展。

在馮友蘭看來，人對於宇宙、社會和人生有進一步的覺解，即在於對理的瞭解。因為「在無量的理中，有人之所以為人之理，其中涵蘊有人所多少必須遵守的規律」[63]。正是由於人對於這些理採取不同的態度，從而構成不同的境界。比如，在自然境界中的人，其生活雖然亦必多少是規律的，但他並不自覺其是規律的，甚至對人生中的規律全無瞭解。在功利境界中的人，雖然比自然境界的人進了一步，但他對人生中的理的瞭解，持一種實用的態度，以為人生中的理，都是人所隨意規定的，是為了人的生活的方便，因此人生中的規律，其中包括道德規律，無非是人生的工具。在道德境界中的人，又比功利境界中的人前進了一大步，他們對人生中的規律，特別是道德規律，有較深的瞭解，以為這些規律既非人生的工具，也不是人所隨意規定的，而是人的「性分」之內的事。因此，遵守這些規律，即「盡性」。以上三個等級的境界，雖然各有不同，且一個比一個覺解多，但對於更高一層的天地境界來說，又有了一定的限制。其最大的不同即在於，天地境界中的人，對於人生規律的瞭解，不僅在「性分」之內，同時又在「天理」之中，不僅是人道而且亦是天道。

63　《新原人》第三章，《三松堂全集》第四卷，第553頁。

此所謂「天道」，即馮友蘭所謂人對「天」、「宇宙」、「理」、「道體」及「大全」的瞭解。馮友蘭說：

　　人有此等進一步的覺解，則可從大全，理及道體的觀點，以看事物。從此等新的觀點以看事物，正如斯賓諾莎所謂從永恆的形式的觀點，以看事物。人能從此種新的觀點以看事物，則一切事物對於他皆有一種新的意義。此種新意義，使人有一種新境界，此種新境界，即我們所謂天地境界。[64]

　　從大全、理及道體的觀點看事物，也即所謂「知天」。「只有知天的人，對於他與宇宙的關係，及其對於宇宙的責任，有充分的覺解。所以只有知天的人，才可以稱為天民。」[65]在天地境界中的人，首先應該作「天民」。所謂「天民」，是指對「天」的覺解。即覺解他不僅是社會的一分子，而且是天或宇宙的一分子。天民所做的事，即「天職」。天民在社會中居一某位，此位對於他即是「天位」。天民在社會中，居一某倫，此倫對於他即「天倫」。以上所說「天民」、「天職」、「天倫」、「天位」等都是馮友蘭對天地境界中的人所作的定位。這種定位的意義，即在於區別天地境界與前三種境界的根本不同。

　　首先，在天地境界中的人，他的所作所為，對於他都有所謂「事天」的意義。在馮友蘭看來，一般人做其在社會中所應做的事，至多

64　《新原人》第三章，《三松堂全集》第四卷，第624—625頁。
65　《新原人》第三章，《三松堂全集》第四卷，第627頁。

只是盡人職，盡人倫。盡人職，盡人倫，是道德的事。但在天地境界中的人，其所作所為，雖然也是盡人職，盡人倫，但他又有另一面的意義。這另一方面的意義，即上文所說，他是從宇宙、大全及道體的觀點看宇宙，因此他的所作所為，比在道德境界中的人又多了一層含義，即他的作為又是盡天職，盡天倫。盡天職，盡天倫與盡人職，盡人倫相比，則具有超道德的意義。這一超道德的意義，是馮友蘭所說的天地境界的最大特點。

天地境界中的人，其所作所為，所以具有超道德的意義，即在於「天地境界是從一個比社會更高的觀點看人生」[66]。馮友蘭舉文天祥的《正氣歌》與張載的《西銘》為例。馮友蘭特別強調，文天祥《正氣歌》中所舉的「嚴將軍頭」、「嵇侍中血」、「張睢陽齒」、「顏常山舌」等實際的例子，都是「忠」的殊相，而他說的「正氣」則是「忠」的共相。「忠」的殊相，都是「忠」的共相的表現。因此這裡所謂的「共相」，即有超道德、超社會、超時代的意義。也就是說，任何時代、任何社會的人，都應該有「忠」的共相或「正氣」的表現。在馮友蘭看來，如果一個人所做的都是道德的事，並且對於他所做的事，都有這樣的瞭解，有這樣的意義，他的境界就是天地境界。張載的《西銘》也是如此。馮友蘭認為，《西銘》中的「天地之塞吾其體；天地之師吾其性。民吾同胞；物吾與也」，同樣表現了超道德、超社會的意義。在馮友蘭看來，「吾」是張載作為人類之一員，說他自己；「其」指乾坤、天地。這幾句話代表了張載對於宇宙的瞭解。「從這個瞭解出發，就可見，作為人類一員的『吾』所作的道德的或不道

66　《三松堂自序》第六章，《三松堂全集》第一卷，第249頁。

德的事，都與『其』有關，因此就有一種超社會的意義。」[67]「從哲學看，張載這篇文章的主要的意思，是說明道德的行為，可以有超社會的意義。」[68]以上可以說是天地境界與道德境界的區別，也是天地境界的基本內容和基本特徵之一。

第二，在天地境界中的人，不但覺解其是大全的一部分，更重要的是他須「自同於大全」。就哲學說，這一觀點是馮友蘭把程朱理學的「理一分殊」說應用於他的人生境界論。一個人若能「自同於大全」，即是達到了「同天」的境界。同天的境界是天地境界所應有的一種表現，也是天地境界應有之義。那麼何謂「同天」？馮友蘭舉莊子的話說：「天地者，萬物之所一也。得其所一而同焉，則死生終始，將如晝夜，而莫之能滑，而況得喪禍福之所介乎？」[69]馮友蘭認為，莊子的「得其所一而同焉」，即「自同於大全」的境界。一個人自同於大全，則「我」與「非我」的分別，便歸於消除，此即「與物冥」。儒家亦有此種說法，如孟子「萬物皆備於我」，即說「我」自同於大全。這種境界，即所謂「同天」的境界。「此等境界，是在功利境界中的人的事功所不能達，在道德境界中的人的盡倫盡職所不能得的。得到此等境界者，不但是與天地參，而且是與天地一。得到此等境界，是天地境界的人的最高的造詣。亦可說，人惟得到此境界，方是真得到天地境界。」[70]這裡，馮友蘭所說的「同天」或「自同於大全」，即是理學家所說的「人人有一太極」。「太極在所有的同天境

67　《三松堂自序》第六章，《三松堂全集》第一卷，第249頁。
68　《三松堂自序》第六章，《三松堂全集》第一卷，第249頁。
69　《新原人》第七章，《三松堂全集》第四卷，第632頁。引文見《莊子·田子方篇》。引文與《莊子》原文有出入。
70　《新原人》第七章，《三松堂全集》第四卷，第632頁。

界中的人的心中，真可以說是如『月印萬川』。」[71]此即「理一分殊」之「理一」。

　　馮友蘭認為，同天的境界，就人的精神說乃是一種超越。無論對道德、社會、「我」與「非我」，以及萬物來說，均無隔閡。這種境界，儒家稱為仁。馮友蘭認為，「在仁者的境界中，人與己，內與外，我與萬物，不復是相對待的。在這種境界中，仁者所見是一個『道』，『此道與物無對，大不足以名之』。與物無對者，即是所謂絕對」[72]。絕對即超越。因此馮友蘭一再強調：「在超乎自己之境界者，覺其自己與大全，中間並無隔閡，亦無界限；其自己即是大全，大全即是其自己。此即所謂『渾然與物同體』；此即是上文所說之大仁。」[73]以上所說，是天地境界的又一重要內容或基本特點。

　　第三，就天地境界的性質說，馮友蘭認為同天的境界是不可思議的，也是不可瞭解的。「但不可思議者，仍須以思議得之，不可瞭解者，仍須以瞭解瞭解之。」[74]此即天地境界與自然境界常相混淆的原因之一。馮友蘭認為，由思議瞭解所得者，得之者有自覺；不由思議瞭解所得者，得之者無自覺。這是說同天的境界作為一種精神境界，雖是不可思議和不可瞭解的，但此種境界之所得或此種境界之確立又是思議瞭解的產物。它不是自然的產物，而是人類文化的產物，是人類精神的創造。「所以在天地境界中的人，自覺其是在天地境界中，但在自然境界中的人，必不自覺其是在自然境界中。如其自覺即不是

71　《新原人》第七章，《三松堂全集》第四卷，第633頁。
72　《新原人》第七章，《三松堂全集》第四卷，第634頁。
73　《新理學》第十章，《三松堂全集》第四卷，第208頁。
74　《新原人》第七章，《三松堂全集》第四卷，第635頁。

自然境界。」[75]這裡，馮友蘭同樣強調了天地境界的確立，乃是靠人的自覺。

若就有「我」無「我」的意義上說，天地境界亦有別於前三種境界。馮友蘭認為，就「我」的「有私」之義說，在自然境界中的人，不知有「我」，在功利境界中的人有「我」，在道德境界中的人無「我」。在天地境界中的人亦無「我」。這裡，道德境界與天地境界的區別在於：前者的無「我」是需要努力的，而後者的無「我」則不需要努力。就「我」的主宰之義說，在自然境界中的人無「我」，在功利境界中的人有「我」，在道德境界中的人真正地有「我」，在天地境界中的人，亦真正地有「我」。這裡，道德境界與天地境界的區別在於：前者的「真我」是他自己的主宰，而後者的「真我」，不僅是他自己的主宰，而且又是全宇宙的主宰。

第四，就求天地境界的方法說，馮友蘭對歷史上的道家與儒家作了比較。他認為，道家求最高知識及最高境界的方法是去知，去知然後得渾然的一；孔孟的方法是集義，由集義而克己，以得與萬物渾然一體的境界。由於求最高境界的方法不同，因此產生不同的結果。用去知的方法，遂產生方內方外之分；用集義的方法，則可避免內外之分。由於道家作方內方外之分，其哲學中便有了「天之小人，人之君子。人之君子，天之小人」的對立。有了這種對立，「其哲學是極高明，但尚不合乎『極高明而道中庸』的標準」[76]。在馮友蘭看來，道家、佛家與儒家由於他們求最高境界的方法不同，因此產生不同的哲

75　《新原人》第七章，《三松堂全集》第四卷，第636頁。
76　《新原道》第四章，《三松堂全集》第五卷，第66頁。

學。

　　佛家的哲學認為，人的生命本身即是人生痛苦的根源；道家中的有些人亦「以生為附贅懸疣」。他們都以為，要得到最高境界，須是離世絕群，擺脫世俗的生活，甚至脫離「生」，方可得到最後解脫。此即所謂出世間的哲學。照這種哲學的說法，最高的境界，是與人倫日用不相容的。「這一種哲學，我們說它是『極高明而不道中庸』。」[77]還有一些哲學，雖然注重人倫日用，講政治，說道德，但不講或講不到最高境界。這種哲學即通常所謂世間的哲學。「這種哲學，我們說它是『道中庸而不極高明』。」[78]

　　馮友蘭認為，中國哲學，特別是以程朱理學為代表的儒家哲學，不同於上述佛家或有些道家的出世間哲學，也不同于普通所謂世間的哲學。「中國哲學家以為，哲學所求底最高底境界是即世間而出世間底。」[79]馮友蘭認為，即世間而出世間的境界，是最高境界，因此它也是中國哲學，特別是儒家哲學的主要傳統和思想主流。他說：

　　中國哲學有一個主要底傳統，有一個思想的主流。這個傳統就是求一種最高底境界。這種境界是最高底，但又是不離乎人倫日用底。這種境界，就是即世間而出世間底。這種境界以及這種哲學，我們說它是「極高明而道中庸」。[80]

77　《新原道》緒論，《三松堂全集》第五卷，第5頁。
78　《新原道》緒論，《三松堂全集》第五卷，第6頁。
79　《新原道》緒論，《三松堂全集》第五卷，第7—8頁。
80　《新原道》緒論，《三松堂全集》第五卷，第6—7頁。

這就是說，「極高明而道中庸」的境界是最高境界，此即馮友蘭境界說中的天地境界。「有此等境界的人，謂之聖人。」因為聖人的境界是超世間又不離世間，所以他不是高高在上不問世務的人。因此他的人格是所謂內聖外王的人格。「照中國哲學的傳統，哲學是使人有這種人格的學問。所以中國哲學所講的就是中國哲學家所謂內聖外王之道。」[81]

由此我們可以看到，馮友蘭境界說的終點，也就是他的新理學體系的終點。本體論與人生論的匯合與統一，既反映了馮友蘭對哲學性質的看法，也表現了馮友蘭的人格理想及其對人生的終極關懷。

6.6　境界說之得失

馮友蘭的境界說是其整個哲學體系的核心與歸宿。這與他對哲學的基本看法緊密相關。他認為哲學的功能和作用，從本質上說即在於「提高人的精神境界」，而不是「增加實際的積極的知識」。因此在馮友蘭看來，哲學是關於人的學問。而人的學問當中最重要的問題則是人之所以為人的問題。他的境界說就是建立在這一基本看法之上。馮友蘭曾說，他所能做的事，「就是把中國古典哲學中的有永久價值的東西，闡發出來，以作為中國哲學發展的養料」[82]。在馮友蘭看來，這些有永久價值的東西，「對於人類精神境界的提高，對於人生中的普遍問題的解決，是有所貢獻的」[83]。從20年代的《人生哲學》，到

81　《新原道》緒論，《三松堂全集》第一卷，第8頁。
82　《三松堂自序》第十一章，《三松堂全集》第一卷，第345頁。
83　《三松堂自序》第十一章，《三松堂全集》第一卷，第345頁。

40年代的「貞元六書」，再到其晚年的《中國哲學史新編》，馮友蘭都是把提高人的精神境界，作為自己哲學的使命。因此，人生問題或提高人的精神境界問題一直是馮友蘭哲學所關心的中心問題。

由於馮友蘭受過西方哲學的嚴格訓練，所以能夠運用西方近代哲學的邏輯分析方法，對中國哲學，其中包括他的境界說作邏輯的分析和理論的闡發。這樣就使他的境界說既能建立在理性知解的基礎上，又能超越理性知解，從而對中國傳統哲學，尤其是對中國傳統的人生理論作出新的發展。從這一意義上說，馮友蘭的人生境界論同他的新理學的形上學一樣，都是中西哲學融合的產物。也就是說，馮友蘭的人生境界論，既脫胎於中國傳統哲學，又對中國傳統哲學作了重要的發展。

首先，他對「覺」與「解」作了具體的考察和規定。他提出「覺解」的概念，用以解釋人的本質。他認為所謂「覺解」，就是一種自覺的瞭解，這是人所特有的，是區別人與禽獸的主要標誌。在中國傳統哲學中，人禽之辨是倫理學的一個重要問題。有人以道德作為區別禽獸的標誌，也有人以群體作為人禽之別的標準，還有人以文化來評判人禽的區別。馮友蘭則以「覺解」來區別人與其他動物的不同。這樣就使古老的人禽之辨具有了新的含義。因為在馮友蘭的理論中，「解」是一種認識活動，是人們運用概念進行判斷和推理的過程。所以人們在認識活動中形成的關於事物的概念，即是對事物之理的認識。因此，精神境界問題，不單單是一個道德的問題，也不是一個關於存在的問題，而是一個關於認識的問題。這種充分肯定邏輯與認知的趨向，其意義在於強調道德知識和道德教育對道德行為的重要性，

此即「覺解」這一概念中，「解」的認識論意義，它體現了馮友蘭境界說或其道德形上學的主知主義特點。

第二，「解」是運用概念對事物進行瞭解，因此也是邏輯分析的。「覺」是心理活動，不靠邏輯分析，而是一種體悟。從這一趨向看，馮友蘭的境界說或道德形上學又不是純粹的主知主義。因此「覺解」中的「覺」，又包含了中國傳統哲學中的直覺主義。如佛家「證真如」的境界。真如是非有相，非無相，非非有相，非非無相，是不可認知，不可思議的。真如是不可靠「解」得到的道家的最高境界，是「得道」的境界。「無思無慮始得道」，因此道家得道的境界也是不可認知，不可思議的。「儒家的境界，雖他們未明說，亦是不可思議的。」[84]在馮友蘭看來，「同天的境界，本是所謂神秘主義的。佛家所謂真如，道家所謂道……我們所謂大全，亦是不可思議的」[85]。也就是說，對精神境界或道德形上學，除了運用概念去「瞭解」或「解」之外，還有「覺」或「悟」的方法。此即「渾然與物同體」或「與物冥」。在「新理學」之後，特別是在馮友蘭的晚年，非常重視佛教禪宗和道家所謂「負的方法」，是對傳統哲學中直覺主義的發掘和繼承。

第三，「覺」和「解」合稱「覺解」，既體現馮友蘭對中西哲學的融合，又表明其境界說的再一個重要特徵，即強調道德行為的自覺性。馮友蘭認為，「人生是覺解的生活」，因此「有覺解是人生最特出顯著的性質」。由覺解而有意義，意義構成境界。而一件事的意

84　《新原人》第七章，《三松堂全集》第四卷，第635頁。
85　《新原人》第七章，《三松堂全集》第四卷，第634頁。

義，包括人的要求在內，是有「好」與「善」的問題。對於好與善的行為，必須同時有覺解才可稱為道德行為。可見，「覺解」和「意義」的理論是馮友蘭境界說的最基本的前提。這裡所謂「覺解」是對「意義」的覺解。人有不同的覺解，人生對他便有不同的意義，因此也就有不同的境界。在中國傳統哲學中，只有「境」的概念，而無明確的「界」的說法。佛教哲學雖然講「境」也講「界」，但似乎不具有道德意義。馮友蘭以「界」界定「境」的範圍，提出覺解與境界的關係，並用西方近代哲學的「意義」理論，解釋了什麼是境界，這正是中西哲學融合的一次嘗試。對「意義」有覺解，即對價值有自覺，此是中國哲學，特別是儒家哲學所一貫強調的。馮友蘭的人生境界說，所以用「覺解」和「意義」理論重新詮釋傳統哲學，其目的亦在於強調道德行為的自覺性原則。對道德價值有覺解，自覺遵循道德的準則，才是真正的道德行為。也就是說，道德行為必須出於理性認識，才能有自覺性。沒有自覺性，好和善的行為只是自發的合乎道德的行為。馮友蘭提出「覺解」的概念，從根本上說，就是強調自發與自覺的區別。這種強調道德行為的自覺原則，是馮友蘭對中國儒家傳統的繼承與發展。

第四，把人生境界分為四個層次，其旨趣在於論證「境界有久暫」、「善行有等級」的道德漸修和循序漸進的過程。即是把人的精神境界的提升和道德的形成，看作是一個由低向高、由淺入深的遞進過程。這種遞進過程，是以「自在」狀態為出發點，通過正確解決義與利、群與己、天與人等關係而形成自覺的人生。馮友蘭的四境界說的人生層次論或善有等級論，亦是傳統儒家，特別是宋明理學在綜合

了儒、釋、道三家的人生理論的基礎上形成的。但對於宋明理學家來說，由於缺乏邏輯分析和哲學分殊的理論限制和時代限制，未能把不同層次的境界劃分清楚，因此缺乏明晰的界說。馮友蘭對此亦作了重大的發展，這是他對中國傳統哲學中的人生理論所作出的貢獻。人生境界的層次的劃分，標誌中國傳統人生哲學理論的近代化，同時它也體現了儒家的道德形上學對於人與世界之關係，人對自身及其存在於其中的世界的一種整體的體認和把握，也是中國傳統哲學對人生的終極託付與關懷。

第五，馮友蘭對四種境界的區分，貫徹了他對人性本質的瞭解，其中亦有合理因素。如功利境界與自然境界相比較，馮友蘭認為，功利境界中的人，其行為是為利的。它之所以高於自然境界，就是因為在這一境界中的人，對「利」有完全的自覺。馮友蘭的這種區分是建立在他的人性論的基礎之上的。他認為，人除了生物性外，還有個體性。因此，在功利境界中的人，不僅是生物的人，而且也是個體的人。所謂功利境界，即是作為個體的人對自己利益的自覺。馮友蘭肯定功利境界高於自然境界，並認為社會中的人，大多數都處在功利境界中，這實際上承認了人的個體性及其對利的追求是一種現實的、合理的表現。在功利境界與道德境界的比較中，馮友蘭同樣從人性論出發，認為人除了生物的人，個體的人之外，更重要的是社會的人，即強調人的社會性。他認為，「一個人不能只是單獨的一個人，而必須是社會的一分子」[86]。因此，在社會中，一個人的行為就不能只為自己的利而不顧他人。這樣就有了更高一層的覺解及道德境界的產生。

86　《新原人》第六章，《三松堂全集》第四卷，第602頁。

在馮友蘭看來，道德境界與功利境界的區別，不在於講不講利，只在於講什麼樣的利。也就是說，傳統的義利之辨，從根本上說，並非道德義理同物質利益的對立，而是「公」與「私」的對立。這種公與私的對立，乃是建立在人的社會性的基礎之上的。

第六，道德境界固然超越了功利境界，但還不是人的最高的覺解。最高的覺解乃是對道德境界的超越。在馮友蘭看來，人固然是社會的人，因而有道德境界。但人又不只是社會的人，他又是宇宙大全的一部分，因此他又是宇宙的人。作為宇宙的人，只停留在道德境界中還是不夠的，因此必須再超越，以至達到「同天境界」，即「天地境界」。在天地境中的人，具有一種比道德境界更普遍的關懷。因此相對於道德境界說，天地境界具有超社會、超道德的意義。由此看來，馮友蘭的四種境界的遞進，是通過不斷超越來實現的。這裡所謂超越，應包含通常所說的「內在超越」和「外在超越」。內在超越是對於「自我」的超越，即達到「無我」或「忘我」的境界。外在超越是對於社會的超越，「天地境界是從一個比社會更高的觀點看人生」。這個更高的觀點，在馮友蘭看來，是《正氣歌》所說的「天地」，《西銘》所說的「乾坤」，道學家所說的「天」，馮友蘭自己所說的「大全」。與整個宇宙或大全相比，社會與道德只是相對的。道德是時代和社會的產物，而社會又是不斷發展的。因此，在馮友蘭看來，大全就是無限和永恆。人生的最高目標，是在不斷超越中實現無限與永恆。當然，對馮友蘭的超越觀亦可有另外的理解，如有的學者認為的那樣：「這種超越性，可以說有兩方面的意義。一方面，它具有美學意義，是一種超倫理的審美境界；另一方面，它具有宗教意義，是一

種超社會的宗教精神。」[87]這種理解有其合理性，但對於宗教意義來說，大有商榷的餘地。關於這一點正是下面所要說的。

第七，「天地境界」與宗教的關係，是馮友蘭始終關心的問題。馮友蘭認為，人對宇宙的完全的覺解是不容易有的，不完全的覺解卻是比較容易有的。即平常人對於他與宇宙的關係，亦非全無覺解。馮友蘭正是認為，「這些不完全的覺解，表現為人的宗教的思想」[88]。在馮友蘭看來，大多數宗教家都以為有一種超人的力量或主宰，以為其所崇拜的對象，此對象即所謂神或上帝。宗教家的這種觀念，「是人對於宇宙只有模糊的，混亂的知識時，所有的觀念」[89]。這種宗教思想，「其最高處，亦能使人有一種境界，近乎是此所謂天地境界」[90]。如一個人辦一醫院，他的目的若為了自己得名得利，他的境界是功利境界；他的目的若是為社會服務，即行義的行為，其境界是道德境界；若是不為求自己的名利，亦不是專為社會服務，而是為神或上帝服務，若其目的真是如此，而又純是如此，他的行為，即宗教的行為，他的境界，「即近乎此所謂天地境界」。這裡，馮友蘭強調只是「近乎」，因為「嚴格地說，其境界還是道德境界」[91]。馮友蘭所以專門闡述宗教行為及其境界與天地境界的區別，即在於標示哲學與宗教的不同。對此，他在《三松堂自序》及《哲學簡史》中都有詳細的闡發。在《三松堂自序》中，他對哲學與宗教的不同概括了四點，其中第四點說：「信仰宗教的人的精神境界不高。它可能是功利

87　《馮友蘭先生紀念文集》，第280頁。
88　《新原人》第七章，《三松堂全集》第四卷，第625頁。
89　《新原人》第七章，《三松堂全集》第四卷，第625頁。
90　《新原人》第七章，《三松堂全集》第四卷，第626頁。
91　《新原人》第七章，《三松堂全集》第四卷，第627頁。

境界，因為他往往是希望憑藉對於上帝或諸神的信仰，以求得他們的保佑。有些人可能是隨著大家作一些宗教的儀式，這些人的精神境界就是自然境界。」[92]而哲學與宗教不同，「由哲學所得到的境界是『天地境界』」[93]。馮友蘭的這一思想正是與他一貫強調哲學的功用相聯繫的，同時也反映了中國傳統儒家的人文精神。

總之，馮友蘭的境界說，作為一種新的人學形上學，在揭示人類精神生活和人生理想方面，都具有積極的意義，因此它在中國哲學與中國文化的發展史上應佔有重要地位。但這並不是說他的境界說沒有缺欠。

首先，就理論層面看，馮友蘭的境界說由於受到其「共相」說的影響，過多地強調了「大全」、「宇宙」的一般意義或抽象意義，這使他的境界說的基本概念仍缺乏明晰的界定。在人性論方面，他把人性歸結為社會性，又把社會性歸結為道德性，實際上仍未能很好地解決人的自然屬性和社會屬性的對立統一關係，因此也並未跳出傳統人性論的窠臼。

其次，從其與傳統哲學的關係方面說，馮友蘭繼承了歷史上的正統儒家的觀點，如對義利關係的看法，他完全贊同董仲舒「正其義不謀其利，明其道不計其功」的說法。這樣，在義利關係上，馮友蘭一方面過多地強調動機或人的行為的出發點對境界判定的決定性作用，從而倒向動機論；另一方面，則持一種非功利主義的觀點，從而貶低

92　《三松堂自序》第六章，《三松堂全集》第一卷，第251頁。
93　《三松堂自序》第六章，《三松堂全集》第一卷，第251頁。

了人的欲望的合理性。

第三，四種境界的劃分，雖然是從道德修養的角度著眼的，但當它面對現實生活中的具體的人，面對各種各樣的人的行為時，依然會出現實際的高下差等的問題。一個人的人生歷程，以及人類的實際存在，能否截然劃分為四個層次，也是值得商榷的。也許更多的人，或者多半人的實際生存狀況，在更多的情形下，是處在馮友蘭所劃定的各個層次之間。就一個人的精神境界說，也可以因時間、地點、環境、條件等客觀因素的不同，而有不同的表現。

總之，馮友蘭的人生境界論，有非常明顯的知識份子的理想主義色彩。他反映了在中國傳統文化背景下，20世紀的中國知識份子對理想人生的追求。

第七章

對東西文化之爭的超越

7.1　訪問泰戈爾

　　馮友蘭是在東西文化激烈衝突的時期離開中國前往美國留學的。從1920年1月入哥倫比亞大學研究院，到該年11月訪問泰戈爾，前後在美國停留的時間還不到一年，他便開始了對東西文化問題的思考和研究。他在晚年回憶這段往事時說：「我第一次來到美國正值我國五四運動末期，這個運動是當時的不同的文化矛盾衝突的高潮，我是帶著這些問題而來的，我開始認真地研究它們。」[1]馮友蘭是在五四運動前離開北京大學的，因為當時他還是一位剛剛畢業的大學生，沒有直接參加當時的中西文化的討論。但作為時代的主要思潮，「五四」前後的文化討論則對馮友蘭有相當大的影響。這種影響的具體表現，就是上述馮友蘭回憶中所說的，他一到美國，便開始了對中西文化問題的研究。而這種研究，若從學術思想上以歷史的順序追蹤、梳理的話，那麼首先引起我們注意的便是馮友蘭對泰戈爾的訪問。

　　1920年11月30日，馮友蘭在紐約的一家客棧中訪問了印度著名詩人兼思想家泰戈爾。一周以後，馮友蘭把訪問記錄整理出來，又加上附記，以《與印度泰穀爾談話》為題寄回國內，並發表在《新潮》雜誌第三卷第一號上，副標題是《東西文明之比較觀》。從歷史角度看，這篇用對話體寫成的訪問記，無論其標題還是內容，都可以反映出馮友蘭當時的文化觀點，也可以反映出作為印度人的泰戈爾對東西文化問題的一些看法。這篇訪問記也是馮友蘭第一篇專門討論文化問題的文章，因此它在馮友蘭文化學術思想發展演變過程中，可以看作

1　　《三松堂自序》第十一章，《三松堂全集》第一卷，第338頁。

是他文化研究的起點。

　　在這篇訪問記中，馮友蘭雖然沒有提出系統的文化觀點，但可以看出他在文化研究起點上的思想脈絡和思想發展的軌跡。首先可以看出他對文化問題的困惑。他在文章開頭便提出問題說：「我自從到美國以來，看見一個外國事物，總好拿他同中國的比較一下。起頭不過是拿具體的、個體的事物比較，後來漸及於抽象的、普通的事物；最後這些比較結晶為一大問題，就是東西洋文明的比較。這個大問題，現在世上也不知有能解答他的人沒有。」[2]正因心中始終環繞著這一問題，所以泰戈爾一來美國，馮友蘭便以為泰戈爾「總算是東方的一個第一流人物」，對於這個問題，總可以代表一大部分東方人的意見。馮友蘭認為，東西文化的比較是一個大問題，而這個「大問題」，現在還沒有解決，而且不知如何解決。泰戈爾給他的回答，顯然沒有使他滿意，因為從當時馮友蘭整理的記錄看，泰戈爾的回答並未超出當時五四時期文化討論的範圍。如泰戈爾在回答西洋文明所以強盛的原因時，認為：「西洋文明所以盛者，是因為他的勢力是集中的。試到倫敦巴黎一看，西洋文明全體，可以一目了然，即美國哈佛大學，也有此氣象。」[3]反觀東方諸國，「卻如一盤散沙，不互相研究，不互相團結，所以東方文明，一天衰敗一天了」[4]。泰戈爾對東西文化差異的回答，顯然是失之膚淺，因為「勢力集中」與「一盤散沙」所能描述的只是一般社會現象而已，不足以說明西方文化的強盛與東方文化的衰敗。正因為泰氏的回答未能解決馮友蘭心中的疑惑，

2　　《與印度泰戈爾談話》，《三松堂全集》第十一卷，第1頁。
3　　《與印度泰戈爾談話》，《三松堂全集》第十一卷，第2頁。
4　　《與印度泰戈爾談話》，《三松堂全集》第十一卷，第2頁。

所以在接下來的問題中，馮友蘭提出了一個文化討論中帶有普通性的問題。他向泰戈爾提出：「我近來心中常有一個問題，就是東西洋文明的差別，是等級的差異（difference of degree），是種類的差異（difference of kind）？」[5]這一問題的提出，反映出馮友蘭對東西文化差異的看法，其文化研究的起點和對文化思考的深度，已大大超越了其同時代人的水準。因為「等級的差異」與「種類的差異」的提法，已經反映出馮友蘭對文化問題的哲學思考。就其理論思維說，「等級」與「種類」有極大的區別。「等級差異」是指同一種類事物的不同發展程度，而「種類差異」則是指不同質的事物之間的差異。就東西文化說，「等級差異」是指東西方的文化在不同時間上的發展程度的不同，其中強調的是程度或不同階段上的差別。而「種類差異」則是含有地域、種族等因素在內的差異，它所強調的是空間的差異性。「五四」以來，對東西文化差異的討論，許多看法往往是從「種類差異」入手的，只是持這種觀點的人不自覺其是以「種類差異」的觀點討論文化的。如從地理環境、民族氣質、食物營養、種族根性以及性格、習俗等方面討論文化的，都可歸為「種類差異」。

當時馮友蘭對東西文化差異的看法並沒有明確的認識，因為當他提出上述問題後，泰戈爾作了明確的回答。泰氏說：「此問題我能答之，他是種類的差異。」[6]在泰氏看來，「西方的人生目的是『活動』（activity），東方的人生目的是『實現』（realization）」[7]。泰戈爾的這種說法，仍是強調兩種文化的差別，是東西方的差別，因此也是「種

5　《與印度泰穀爾談話》，《三松堂全集》第十一卷，第2頁。
6　《與印度泰穀爾談話》，《三松堂全集》第十一卷，第2頁。
7　《與印度泰穀爾談話》，《三松堂全集》第十一卷，第2頁。

類的差異」。馮友蘭對這一回答沒有否定，而且接著提出問題：「中國老子有句話是：『為學日益，為道日損。』西方文明是『日益』；東方文明是『日損』，是不是？」[8]按照馮友蘭的這一說法，即認為西方文明是「日益」，東方文明是「日損」，這仍是以東西方的差別去界定兩種文化的差別，仍未跳出「種類差異」的一般認識。正因如此，又引出泰戈爾對東西文化差異的看法。泰氏完全同意馮友蘭「日益」、「日損」的說法，並補充說：「但是東方人生，失於太靜（Passive），是吃『日損』的虧不是？太靜固然，但是也是真理（Truth）。真理有動（Active）、靜（Passire）兩方面，譬如聲音是靜，歌唱是動；足力是靜，走路是動。動常變而靜不變；譬如我自小孩以至現在，變的很多，而我泰穀爾仍是泰穀爾，這是不變的。東方文明譬如聲音，西方文明譬如歌唱，兩樣都不能偏廢；有靜無動，則成為『惰性』（Inertia）；有動無靜，則如建樓閣於沙上。現在東方所能濟西方的是『知慧』（Wisdom），西方所能濟東方的是『活動』（Activity）。」[9]

泰戈爾的上述看法，實際上在「五四」前後的文化討論中早已有了。當時所謂東西文化的差異乃「靜的文化」與「動的文化」的差異即屬此類。而且泰戈爾的看法正是從馮友蘭「西方文明是『日益』，東方文明是『日損』」這一前提推論出來的。因此，當泰戈爾解釋佛教對現世的看法時，認為佛教否認現世，乃是強調「人為物質的身體所束縛，所以一切不真；若要一切皆真，則須先消極的將內欲去盡，然後真心現其大用，而完全之愛出，愛就是真」[10]。這就是說：「佛

8　《與印度泰穀爾談話》，《三松堂全集》第十一卷，第2頁。
9　《與印度泰穀爾談話》，《三松堂全集》第十一卷，第3頁。
10　《與印度泰穀爾談話》，《三松堂全集》第十一卷，第3頁。

第七章・對東西文化之爭的超越　　235

教以愛為主，試問若不積極，怎能施其愛？」[11]對於泰戈爾的這種看法，馮友蘭仍以「日益」「日損」的觀點來對待。馮友蘭說：「依你所說，東方以為，真正完全之愛，非俟人欲淨盡不能出：所以先『日損』而後『日益』。西方卻想於人欲中求愛，起首就『日益』了。是不是？」[12]

用「動」與「靜」，「日益」與「日損」，「活動」與「實現」，「物質文明」與「精神文明」等範疇、概念去解釋東西方文化的差別，實際上都未跳出當時國內文化討論的範圍，而且也都是在「種類差異」的意義上去瞭解東西方文化差異的。從泰戈爾與馮友蘭的上述對話，我們可以看出，在20年代初，也就是當馮友蘭初到美國時，他的文化觀還是停止在出國前的水準上。也正因為他帶著對文化問題的一些困惑和不解，才訪問了泰戈爾。然而，泰戈爾並未能解決馮友蘭的問題，這更加促使他對東西文化問題進行思考。他在訪問記的評論部分中說：「我現在覺得東方文明，無論怎樣，總該研究。」[13]而研究的方法卻不能按著原來的老辦法，也不能空談理論。在馮友蘭看來，「空談理論，不管事實，正是東方的病根，為科學精神所不許的。中國現在空講些西方道理，德摩克拉西、布爾什維克，說得天花亂墜；至於怎樣叫中國變成那兩樣東西，卻談的人很少。這和八股策論，有何區別？我們要研究事實，而發明這道理去控制他，這正是西洋的近代精神」[14]。

11　《與印度泰穀爾談話》，《三松堂全集》第十一卷，第3頁。
12　《與印度泰穀爾談話》，《三松堂全集》第十一卷，第3頁。
13　《與印度泰穀爾談話》，《三松堂全集》第十一卷，第5頁。
14　《與印度泰穀爾談話》，《三松堂全集》第十一卷，第6頁。

這裡，馮友蘭提出一個研究方法問題。他不滿意「五四」以來研究文化問題的方法，認為那是空談理論。在馮友蘭看來：「無論什麼科學，只能根據事實，不能變更事實。」[15]「要是把中國的舊東西當事實來研究，所用的方法，自然是科學的方法。」[16]而中國的舊方法：「據我所知，很少把東西放在一個純粹客觀的地位來研究的，沒有把道理當作事實研究。」[17]馮友蘭認為，要改變中國原有的落後的舊方法，就「要把歷史上的東西，一律看著事實，把它們放在純粹客觀的地位，來供我們研究，只此就是一條新方法」[18]。馮友蘭強調研究事實，強調把中國歷史上已有的東西當作事實來研究，特別是要把它們放在「純粹客觀的地位」。這些說法，無疑是受到實用主義和新實在論哲學思想的影響。這表明，馮友蘭雖然剛到美國一年，但他對西方哲學的學習和研究已經有所收益，在上面的一系列論述中，他的實用主義和新實在論的觀點雖然還不十分明確，但其最基本原則，如主張把認知的對象作為具有客觀實在性的特性去描述或把握，並且強調邏輯分析方法是唯一的科學方法，或哲學的方法論原則等，在馮友蘭與泰戈爾的談話中都有所表露。這是一個新的兆頭。馮友蘭在以後的文化問題的研究中，之所以能夠逐漸跳出五四時期文化討論的老套，在很大程度上即是得益於新實在論的方法論的啟迪及運用。

訪問泰戈爾，是馮友蘭研究文化問題的真正起點。

15　《與印度泰戈爾談話》，《三松堂全集》第十一卷，第5頁。
16　《與印度泰戈爾談話》，《三松堂全集》第十一卷，第6頁。
17　《與印度泰戈爾談話》，《三松堂全集》第十一卷，第6頁。
18　《與印度泰戈爾談話》，《三松堂全集》第十一卷，第6頁。

7.2 「文化意欲」說與「地域差異」論

馮友蘭對文化問題的研究，可以說付出了一生的心血。從20年代初一直到80年代末，隨著歷史的發展和人類文明的演進，馮友蘭的文化觀點也發生多次變化。從這些變化中，我們可以看到馮友蘭在文化研究中追求真理的勇氣和不倦探索的精神。馮友蘭指出，在如何理解和回答中西兩種文化的矛盾衝突這一問題上，他的思想發展經歷了三個階段：

在第一階段，我用地理區域來解釋文化差別，就是說文化差別是東方、西方的差別。在第二階段，我用歷史時代來解釋文化差別，就是說文化差別是古代近代的差別。在第三階段，我用社會發展來解釋文化差別，就是說文化差別是文化類型的差別。[19]

這裡所謂「用地理區域來解釋文化差別」，若從字面上講，應該是從東西方所占空間位置的不同來解釋文化的不同。但在馮友蘭早期所發表的文章中，他的觀點並非如此。也就是說，馮友蘭所提出的他的思想發展的第一個階段，用地域解釋文化，乃是一種泛稱。實際上，他恰恰反對單純從地理、氣候等方面來解釋東西文化的差別。如他在1922年4月發表的《為什麼中國沒有科學》一文中即認為：「地理、氣候、經濟條件都是形成歷史的重要因素，這是不成問題的，但是我們心裡要記住，它們都是使歷史成為可能的條件，不是使歷史成為實際的條件。它們都是一場戲裡不可缺少的佈景，而不是它的原

19　《三松堂自序》第十一章，《三松堂全集》第一卷，第338頁。

因。」[20]從這段議論中，我們可以清楚地看到，馮友蘭不同意把歷史、文化的成因歸結為地理環境、氣候及經濟條件等。

而在「五四」前後的文化討論中，從地理、氣候、經濟條件等方面去解釋東西方文化差異的觀點，卻正是反映了中國早期馬克思主義者用唯物主義觀點解釋歷史、文化的企圖。如把人類文明分為「南道文明」與「北道文明」的觀點，即是一種典型的地域差異論。這種理論認為：「南道的民族，因為太陽的恩惠厚，自然的供給豐，故以農業為本位，而為定住的；北道的民族，因為太陽的恩惠薄，自然的供給嗇，故以工商為本位，而為移住的。農業本位的民族，因為常定於一處，所以家族繁衍，而成大家族制度—家族主義；工商本位的民族，因為常轉徙於各地，所以家族簡單，而成小家族制度—個人主義。前者因聚族而居，易有婦女過庶的傾向，所以成重男輕女一夫多妻的風俗；後者因轉徙無定，恒有婦女缺乏的憂慮，所以成尊重婦女一夫一妻的習慣。前者因為富於自然，所以與自然調和，與同類調和；後者因為乏於自然，所以與自然競爭，與同類競爭。」[21]這種典型的用地域、氣候的差異解釋東西文化差異的觀點，在馮友蘭的早期著作中不但少見，甚至相反。

既然地理、氣候、經濟條件等因素「都是使歷史成為可能的條件」而「不是使歷史成為實際的條件」，那麼，究竟什麼是使歷史及文化成為實際的原因呢？馮友蘭的回答是非常明確的。他說：「使歷

20　《為什麼中國沒有科學》，《三松堂全集》第十一卷，第32頁。
21　李大釗：《由經濟上解釋中國近代思想變動的原因》，載《新青年》第七卷，第2頁，1920年1月。

史成為實際的原因是求生的意志和求幸福的欲望。」[22]這裡所說的歷史，主要是指人類文化變遷的歷史。在馮友蘭看來，包括文化在內的人類歷史的發展變化的「實際原因」，乃是與物質條件相對待的精神條件的發展。這種觀點恰與文化發展的「地理條件論」相反，更重視人類精神、意識活動在文化發展中的作用。在《為什麼中國沒有科學》一文中，馮友蘭就是按著這樣的理路去分析東西文化差異的。馮友蘭認為，人類「求生的意志和求幸福的欲望」是歷史或文化成為現實的「實際原因」，這是毫無疑義的。問題只在於「求什麼樣的生活」和「什麼是幸福」，人們的回答卻遠非一致。這樣，就又派生出不同的哲學體系和不同的價值標準問題。由於哲學體系和價值標準的不同，「從而有許多不同類型的歷史」[23]，當然也就有許多不同類型的文化。按著這樣的理解，馮友蘭認為，中西文化的差別，或中國的落後，在於中國沒有科學。這一點對中國現實生活狀況影響甚巨。中國落後，在於沒有科學；而沒有科學的原因，「是因為按照她自己的價值標準，她毫不需要」[24]。

這就是說，中西文化的差異，從根本上說是價值標準的不同，因此對「如何生活」和「什麼是幸福」的回答也不同。在中國哲學中，以儒家的價值觀為代表，對上述問題的回答，體現了中國文化的基本精神。按照儒家的價值觀，「幸福和真理都在我們心裡。只有在我們心裡，不是在外部世界裡，才能求得幸福和真理。只要發展我們內部

22　《三松堂全集》第十一卷，第32頁。
23　《三松堂全集》第十一卷，第32頁。
24　《三松堂全集》第十一卷，第32頁。

的力量，我們就自己充足了」[25]。可見，「中國所以未曾發現科學方法，是因為中國思想從心出發，從各人自己的心出發」[26]。

反觀歐洲文化，卻正好與中國相反。馮友蘭認為：「在人類歷史上，中世紀歐洲在基督教統治下力求在天上找到善和幸福，而希臘則力求，現代歐洲正在力求，在人間找到它們。」[27]也就是說，中世紀歐洲力求認識上帝，為得到上帝的幫助而祈禱；現代歐洲正在力求認識自然，征服自然，控制自然。由此看來，東西方對幸福的追求差異甚大，由此而形成的文化之間的差異也就不言自明了。

馮友蘭這種對東西方文化歷史成因的看法，基本上是從思想、精神或意欲的不同來解釋的，這與用地理區域解釋文化差別有著根本的不同。也就是說，在20年代初，馮友蘭對東西文化所持的觀點，恰與當時流行的地理決定論相反，認為文化之現實取決於該民族的基本思想，即取決於它的哲學、價值觀，或者求生之意志和求幸福之欲望。由於「中國自從她的民族思想中『人為』路線消亡之後，就以全部精神力量致力於另一條路線，這就是直接地在人心之內尋求善和幸福」[28]，因此，這種由意志和欲望決定的精神方向則代表了根本不同性質的歷史與文化。而中國「正是因為它的理想是取享受而捨力量，所以中國不需要科學」[29]。在馮友蘭看來，「中國哲學家不需要科學的確實性，因為他們希望知道的只是他們自己；同樣地，他們不需要

25　《為什麼中國沒有科學》，《三松堂全集》第十一卷，第45頁
26　《為什麼中國沒有科學》，《三松堂全集》第十一卷，第50頁。
27　《為什麼中國沒有科學》，《三松堂全集》第十一卷，第49頁。
28　《為什麼中國沒有科學》，《三松堂全集》第十一卷，第49頁。
29　《為什麼中國沒有科學》，《三松堂全集》第十一卷，第51頁。

科學的力量，因為他們希望征服的只是他們自己」[30]。這樣一來，馮友蘭的文化觀則可用一個程式來表述：意志欲望—價值觀—歷史與文化。而歷史與文化類型的不同，決定了現實中有無科學，有無科學決定了現實生活狀況中的種種差別。中西文化的差別，正反映了上述兩種類型文化間的差別。與西方比較，中國文化中沒有產生近代科學，其根本原因即在於中國人根據自己的哲學和價值標準選擇了一條「用全部精神力量致力的路線」，這條路線，用馮友蘭的話說，就是「向內」的路線；而西方文化走的則是與中國文化相反的「向外」的路線。

這樣，馮友蘭的議論又自覺或不自覺地回到了五四時期的流行說法，即中西文化的差異是「向內」與「向外」的差異。如馮友蘭說：「用抽象的、一般的言語談論事物，總是有危險的。但是在這裡我不禁還是要說，西方是向外的，東方是向內的；西方強調我們有什麼，東方強調我們是什麼。如何調和這二者，使人類身心都能幸福，這個問題目前難以解答。」[31]

20年代初，馮友蘭對中西文化差異的看法，基本上是沿著「向內」與「向外」、「心」與「物」、「精神文明」與「物質文明」等這些對立範疇去說明和解釋的。這與他初到美國，初與西方文化接觸，以及受實用主義、新實在論及柏格森哲學的影響有很大關係。如與《為什麼中國沒有科學》一文同年發表的《評柏格森的〈心力〉》一文，其中即有受柏氏影響的痕跡。柏格森認為，西洋的學問是從「物

30　《為什麼中國沒有科學》，《三松堂全集》第十一卷，第51頁。
31　《為什麼中國沒有科學》，《三松堂全集》第十一卷，第53頁。

質」下手的，而研究物質，非精密不可，所以西洋人得了一個精密之習慣。從「心」下手研究的民族，一定不熟悉、不瞭解什麼是精密確定，什麼是「或然」、「不能」與「確然」、「必然」的分別。馮友蘭認為：「我覺得這話很有研究之價值，東方學問，與西方學問的區別，恐怕就在這裡。」[32]這裡，馮友蘭明顯地受到柏格森的影響，把東西文化的差異理解為「心」與「物」的差異。

　　與上述兩文同時發表的還有《論「比較中西」》一文。這也是一篇直接討論中西文化關係的文章。這篇文章的基本觀點應該說是受到實用主義觀點的影響，特別是受到威廉・詹姆斯的影響。馮友蘭在此文中認為，中西文化孰優孰劣是一個需要長期研究的問題，「至少要在數十年百年以後」，「這種大業，就是孔子、亞里斯多德復出，恐怕也要敬謝不敏」[33]。因此，馮友蘭認為，中西文化的比較，則應更多地側重於行為方面。因為行為方面的解決可以借用「意志信仰」的力量。他說：

　　我說我們所以對於這個問題有興趣的原因，既在行為方面，那麼我們現在也可在行為方面，給他找個解決。若行為方面找解決，那就正用著詹姆斯（William James）所說的「意志信仰」（The will to believe）了。「意志信仰」，就是於兩個辯論之中，挑一個與我的意志所希望相合的而信仰之。[34]

32　《三松堂全集》第十一卷，第24頁。
33　《論「比較中西」》，《三松堂全集》第十一卷，第55頁。
34　《論「比較中西」》，《三松堂全集》第十一卷，第57頁。

馮友蘭認為，在理論上暫時不能解決中西文化孰優孰劣的情況下，用「意志信仰」去判斷，以便在行為方面有所創進。因為在馮友蘭看來，「用意志去信仰」，就能「證實我們的才能，至少與西洋人平等，我們就膽大氣壯，而只此膽大氣壯，就是我們得勝之重要條件」[35]。因此，「空口談論文化及民族性之優劣，是沒有用的。他們的優劣，全靠我們的信仰，我們的此時此地！Here and Now！」[36]這裡，馮友蘭強調「意志信仰」對文化優劣的判斷，同前面所談到的把歷史文化發展的動因歸結為「意志」與「欲望」的思想是一致的。

　　由此可以看出，馮友蘭早期的文化觀，以20年代中期以前所發表的《為什麼中國沒有科學》、《論「比較中西」》、《評柏格森的〈心力〉》等文章為代表，是用意志、欲望、信仰等精神性觀念去解釋中西文化的差異，而並非「用地理區域解釋文化差別」。確切地說，馮友蘭早期的文化觀，基本上是屬於「種類差異」論，因為「種類差異」論中即已包含著地理環境論。其中的重點在於強調「文化的差別是東方、西方的差別」。

7.3　「文化古今」說與「時代差異」論

35　《論「比較中西」》，《三松堂全集》第十一卷，第58頁。
36　《論「比較中西」》，《三松堂全集》第十一卷，第59頁。

用歷史時代來解釋中西文化的差別,是馮友蘭文化觀發展的第二個階段。這一階段的出現,標誌著馮友蘭的文化觀開始擺脫五四時期的一般討論。對此,馮友蘭於1982年在美國接受哥倫比亞大學授予名譽博士學位的儀式上的答詞中曾有一個總結:「1922年我向哲學系討論會提交了一篇論文,題為《為什麼中國沒有科學?》……我在這篇論文中主張文化的差別就是東方、西方的差別。這實際上是當時流行的見解。可是待我一深入研究哲學史,就發現這種流行的見解並不對。我發現,向來認為是東方哲學的東西在西方哲學史裡也有,向來認為是西方哲學的東西在東方哲學史裡也有。我發現人類有共同的本性,也有相同的人生問題。這個看法後來就成為我的博士論文的主要論題。」[37]馮友蘭的博士論文於1924年在上海出版,其中的思想,實際上早在其撰寫論文時即已形成。也就是說,當馮友蘭在撰寫博士論文時,即已發現自己以前的一些「見解並不對」。因此可以說,馮友蘭文化觀的第一階段,似乎只有很短的時間。大致從1920年訪問泰戈爾起,至1923年博士論文的完成,前後不過兩年多的時間。

馮友蘭的博士論文於1924年以英文發表時,題為《人生理想之比較研究》(A Comparative Study of Life Ideals)[38];於1926年用中文發表時,改題為《人生哲學》,並加《一種人生觀》作為最後兩章。從總體上看,它是一部中西哲學比較研究的著作,其中對中西文化問題則很少直接述及。故馮友蘭在晚年回顧時說:「這部書雖然否定了對於不同文化矛盾衝突的流行的解釋,但是也沒有提出新的解釋來代替

37　《三松堂全集》第一卷,338頁。
38　又名《天人損益論》。

它。」³⁹也就是說，馮友蘭文化觀由第一階段向第二階段的轉變，有一個過程，這個過程不是一下子完成的。其中儘管在有些地方，提出了「一般人所說之西方文化，實非西方文化，而乃是近代西方文化」⁴⁰的思想，但對此並沒有展開論述。因此只能說，20年代中期《人生理想之比較研究》的發表，是馮友蘭文化觀發展的第二階段的開始，而不能說該文的發表是標誌其文化觀從「東西」向「古今」轉變的完成。

馮友蘭文化觀第二階段的完成，至少應以30年代中期兩卷本《中國哲學史》及《秦漢歷史哲學》等著作和文章的發表為標誌。對此，馮友蘭自己也有明確的說明。他認為，20年代的《人生理想之比較研究》，「沒有提出新的解釋」來代替當時流行的看法，「這種新的解釋卻蘊含在我後來的著作《中國哲學史》裡。……這部書沒有按照傳統的方法把歷史劃分為古代、中古、近代等三個時代，而代之以另一種分法，把中國哲學史劃分為兩個時代，即子學時代，經學時代……這部書斷言：嚴格地說，在中國還未曾有過近代哲學，但是一旦中國實現了近代化，就會有近代中國哲學。這個論斷含蓄地指明，所謂東西文化的差別，實際上就是中古和近代的差別」⁴¹。這段話雖然是馮友蘭在晚年總結自己思想發展變化歷程時所概括的，但它確實可以在30年代中期的許多文章中找到證明。譬如他在《中國哲學史》下卷中說：

39　《三松堂自序》明志章，《三松堂全集》第一卷，第339頁。
40　《人生哲學》附錄《人生哲學之比較研究》序言，《三松堂全集》第一卷，第580頁。
41　《三松堂自序》明志章，《三松堂全集》第一卷，第339頁。

直至最近，中國無論在何方面，皆尚在中古時代。中國在許多方面不如西洋，蓋中國歷史缺一近古時代。哲學方面，特其一端而已。近所謂東西文化之不同，在許多點上，實即中古文化與近古文化之差異。[42]

　　《中國哲學史》下卷於1934年初版。這說明在30年代中期，馮友蘭對東西文化的差異，已經提出了一種有別於20年代的新的解釋，這種新的解釋即「時代差異」論。馮友蘭認為，中西文化之所以存在差別，其根本的原因並不是20年代或五四時期一般人所認為的那樣，是什麼地理環境或地理區域等空間性因素。在馮友蘭看來，人類文化不僅有其起源的問題，而且有其發展變化的歷史。其發展變化的歷史，從文化學的角度看，是一種文化的時間性或時代性。它表現為文化的發展所形成的不同文化時期和文化階段。在這種文化的連續性的發展中，實質上存在著時間的前後次序。其具體表現，則是中古文化必定是由上古文化發展而來；同樣，近古文化也必定是由中古文化發展而來。正是由於文化的連續性所表現出來的時間次序，所以才有文化的時代性的差別。從這種認識的角度看中西文化，馮友蘭認為，中西文化的差別即是時代性的不同。也就是說，西方文化是「近古」文化，而中國文化卻仍處於「中古」時期。由於在時間上相差整整一個時代，所以「中國在許多方面，不如西洋」。

　　馮友蘭在30年代中期以前所撰寫的兩卷本《中國哲學史》，即是

42　《中國哲學史》下卷，中華書局，1984年版，第495頁。《三松堂全集》第三
　　卷，第10頁。

以上述「時代差異」論的觀點，把幾千年的中國哲學發展的歷史劃分為「子學時代」與「經學時代」兩個時期。這種劃分，從某種意義上說，即是強調「中國實只有上古與中古哲學，而尚無近古哲學」[43]。按著這種「時代差異」論的看法，中國在許多方面所以落後於西方，其中包括「為什麼中國沒有科學」等問題，就可以得到一種與20年代完全不同的解釋。

除了《中國哲學史》下卷對東西文化差異作了時代差異的解釋外，馮友蘭於30年代中期寫的一些文章中，幾乎都貫穿了這樣的思想。馮友蘭自己也總結說，30年代中期，以《秦漢歷史哲學》為代表，表明馮友蘭思想的轉變，其中包括文化觀的轉變。如他說：

我抄過來了這篇文章（指《秦漢歷史哲學》）的大部分，因為這篇文章是我於1933—1934年在歐洲的所見所聞的理論的結論，標誌著我的思想上的轉變，認識到所謂東西之分，不過是古今之異。[44]

因此可以說，「時代差異」論的文化觀點，其正式形成應在30年代中期。它是在馮友蘭開始接觸馬克思主義的唯物史觀後產生的，特別是30年代初，馮友蘭的歐洲之行，使他有機會對歐洲文化與中國文化作實際的考察與比較，從而得出上述結論。他說：

在三十年代，我到歐洲休假，看了些歐洲的封建時代的遺跡，大

43　《三松堂全集》第三卷，第7頁。
44　《三松堂自序》第五章，《三松堂全集》第一卷，第226頁。

開眼界。我確切認識到，現代的歐洲是封建歐洲的轉化和發展，美國是歐洲的延長和發展。歐洲的封建時代，跟過去的中國有許多地方是相同的，或者大同小異。至於一般人所說的西洋文化，實際上是近代文化。所謂西化，應該說是近代化。[45]

　　馮友蘭對歐洲的實際考察，使他「確切」認識到「現代的歐洲是封建歐洲的轉化和發展」；而歐洲的封建時代又與中國的許多事物是相同的。這就進一步加深了馮友蘭對東西文化差異的理解，「不是一個東西的問題，而是一個古今的問題」[46]。因為歐洲已從古代發展到近代，所以其文化，實際上是「近代文化」；所謂西化，實際上是指近代化。這樣，馮友蘭的文化觀不僅由「東西」論轉變到「古今」論，而且由時代差異的思想出發，正式提出了「近代文化」與「近代化」的觀念。

　　文化觀上的「時代差異」論的提出，反映了馮友蘭學術思想所涵有的深沉的歷史感和時代感。同時也是他對文化問題所作出的清晰的邏輯分析，這種分析和結論，明顯地超出了他同時代人的水準。從30年代初期至中期，馮友蘭一直持這種「時代差異」論的觀點以解釋東西文化，一直到30年代末、40年代初《新事論》的發表，又提出了文化觀上的「社會差異」論或「社會類型」說，從而使馮友蘭的文化觀又深入一步。但此時，馮友蘭也沒有放棄「時代差異」論的看法；相反，在《新事論》中，他進一步肯定了這種說法。他說：

45　《三松堂自序》第六章，《三松堂全集》第一卷，第240頁。
46　《三松堂自序》第六章，《三松堂全集》第一卷，第240頁。

有一比較清楚的說法，持此說法者說，一般人所謂西洋文化者，實是指近代或現代文化。所謂西洋文化之所以是優越的，並不是因為它是西洋的，而是因為它是近代或現代的。[47]

這裡，顯然是加入了價值判斷，即所謂西洋文化之所以優越，正在於它是近代文化或現代文化，而不在於它是西方的。因為近代或現代文化乃是古代文化的延伸與發展，因此它相對於古代文化來說，具有歷史的進步性，此即其所以為優越的根本原因。就此，他批評那些單純以物質文明區分東西文化的觀點，進一步闡述了「古今之分」的思想。他說：

有人說西洋文化是汽車文化，中國文化是洋車文化。但汽車亦並不是西洋本有的。有汽車與無汽車，乃古今之分，非中西之異也。一般人心目所有之中西之分，大部分都是古今之異。所以以近代文化或現代文化指一般人所謂西洋文化，是通得多。……從前人常說我們要西洋化，現在人常說我們要近代化或現代化。這並不是專是名詞上改變，這表示近來人的一種見解上的改變。這表示，一般人已漸覺得以前所謂西洋文化之所以是優越的，並不是因為它是西洋的，而是因為它是近代的或現代的。我們近百年來之所以到處吃虧，並不是因為我們的文化是中國的，而是因為我們的文化是中古的。這一個覺悟是很大的。[48]

47　《新事論》第一篇《別共殊》，《三松堂全集》第四卷，第225頁。
48　《新事論》第一篇《別共殊》，《三松堂全集》第四卷，第225頁。

有汽車與無汽車，只是時代的不同，而非中西的不同。這裡，馮友蘭明確地把人類的器物的製造等物質文明的發展與人類歷史的演進聯繫起來，認為它們都是歷史的產物。這樣，「古今之分」的文化觀便與歷史是進步的歷史觀統一起來。用歷史的發展解釋文化的發展，就可以清楚地看到，近百年來中國之所以吃虧，「並不是因為我們的文化是中國的，而是因為我們的文化是中古的」。也就是說，近代以來，中國之所以落後，其根本原因不在於中國文化的民族性，而在於中國文化的時代性。與西方相比，我們落後了整整一個時代。因此，要趕上西方，不是從根本上拋棄我們的民族文化，而是在原有基礎上改造它，使它趕上時代的發展，此即「古今之分」的文化觀所得出的必然結論。在這一結論中，既隱含著對「全盤西化」論的否定；同時，用歷史的發展解釋文化的發展，再前進一步，便必然走上用物質生產或經濟原因解釋文化發展的道路。

7.4 「文化類型」說與「社會差異」論

30年代中期，當馮友蘭明確的用「古今之分」的時代差異論解釋東西文化的同時，又產生了馮友蘭文化觀中的另一種思想或方法，我們稱它為「文化類型」說或「社會差異」論。「古今之分」與「文化類型」或「時代差異」與「社會差異」的區別，不僅有理論深化的意義，而且是邏輯推論的必然結果。在馮友蘭看來，只用「古今之分」或「時代差異」解釋東西文化，在邏輯上仍有不周遍的地方。因為近代化或現代化所包含的事物非常繁多，因此同樣有一個去取的問題，如「飛機大炮與狐步跳舞，是否都是近代文化或現代文化所必須有

者？」[49]馮友蘭回答說：「專從近代文化或現代文化說，這個問題是不能問，亦不能答的。」[50]「因為一特殊的事物所有之性質，就此特殊的事物說，是無所謂主要的或偶然的，說一特殊的事物所有之性質有些是主要的，有些是偶然的，都是從類的觀點，以看待特殊事物。」[51]

　　馮友蘭這樣提出問題，顯然是深刻的。因為近代文化或現代文化，「還是從特殊的觀點以觀事物」[52]。從特殊的觀點看事物，就無法區分哪些是主要的，哪些是偶然的，那就勢必把飛機大炮與狐步跳舞，甚至把民主自由與性解放同時吸收過來。為了避免這樣的結果，在理論上就必須分清哪些是主要的，哪些是偶然的，然後才能決定去取。由此，馮友蘭提出「類」的觀點。他說：「我們可從特殊的觀點，以說文化，亦可從類的觀點，以說文化。如我們說，西洋文化，中國文化等，此是從個體的觀點以說文化。此所說是特殊的文化。我們說資本主義的文化，社會主義的文化等，此是從類的觀點，以說文化。此所說是文化之類。講個體的文化是歷史，講文化之類是科學。」[53]從類的觀點講文化，「古今之分」或近代及現代文化「亦是個特殊，不是個類型」[54]。

　　西洋文化或近代文化，若從類的觀點看，都是一個特殊的文化。

49　《新事論》第一篇《別共殊》，《三松堂全集》第四卷，第226頁。
50　《新事論》第一篇《別共殊》，《三松堂全集》第四卷，第226頁。
51　《新事論》第一篇《別共殊》，《三松堂全集》第四卷，第226頁。
52　《新事論》第一篇，《三松堂全集》第四卷，第225頁。
53　《新事論》第一篇，《三松堂全集》第四卷，第218頁。
54　《新事論》第一篇，《三松堂全集》第四卷，第226頁。

在馮友蘭看來，「一個個體，是一個特殊，它是不可學的」[55]。因為「凡所謂學某個體者，其實並不是學某個體，不過是學某個體之某方面，學某個體所以屬於某類之某性」[56]。「某類之某性」相對於「個體」來說，它是從特殊中抽取出來的「一般」或「共相」。因此，個體與個體之性的關係，即特殊與一般的關係，也即殊相與共相的關係。按著一般與特殊關係的理論看，特殊或個體是不可學的，可學者只是個體所具有的某種性質。例如孟子說，他願學孔子，「他所願學而且能學者，是孔子之是聖人之一方面。若孔子之其他方面，如其是魯人，為魯司寇，活七十餘歲等等，皆是不能學的」[57]。同樣，作為一種文化，如西洋文化、現代文化等，按照上述邏輯，它們都是相對的特殊或個體，因此嚴格地說是不能學的。「如所謂西洋文化是指一特殊的文化，則所謂全盤西化者必須將中國文化之一特殊的文化完全變為西洋文化之一特殊的文化。如果如此，則必須中國人俱說洋話，俱穿洋服，俱信天主教或基督教等等，此是說不通，亦行不通的。」[58]在馮友蘭看來，全盤西化就如同全盤學孔子一樣，是把一個個體或一個特殊的文化當作一種普遍的（「共相」）文化來學習，這是絕對做不到的。如果能做到，則所學者與被學者變成了一個同一，一般人變成孔子，中國人變成洋人，這在邏輯上是相悖的。由此他認為：

若從類的觀點，以看西洋文化，則我們可知所謂西洋文化之所以是優越的，並不是因為它是西洋的，而是因為它是某種文化的。於此

55　《新事論》第一篇，《三松堂全集》第四卷，第222頁。
56　《新事論》第一篇，《三松堂全集》第四卷，第222頁。
57　《新事論》第一篇，《三松堂全集》第四卷，第222頁。
58　《新事論》第一篇，《三松堂全集》第四卷，第224頁。

我們所要注意者，並不是一特殊的西洋文化，而是一種文化的類型。從此類型的觀點，以看西洋文化，則在其五光十色的諸性質中，我們可以說，可以指出，其中何者對於此類是主要的，何者對於此類是偶然的。其主要的是我們所必取者，其偶然的是我們所不必取者。若從類的觀點，以看中國文化，則我們亦可知我們近百年來所以到處吃虧者，並不是因為我們的文化，是中國的，而是因為它是某種文化的。於此我們所要注意者，亦並不是一特殊的中國文化，而是某一種文化之類型。從此類型的觀點以看中國文化，我們亦可以說，可以指出，於此五光十色的諸性質中，何者對於此類是主要的，何者對於此類是偶然的，其主要的是我們所當去者，其偶然的是我們所當存者，至少是所不必去者。[59]

「文化類型」說的提出，使馮友蘭的文化觀又在「文化古今」說的基礎上深化一步。而這兩種說法，或對東西文化的兩種解釋，對於馮友蘭來說，幾乎是同時提出的。也就是說，相應於「文化古今」說的「時代差異」論與相應於「文化類型」說的「社會差異」論，都是在30年代中後期形成的，只是前者略早於後者而已。

從上述引文中我們還可以看到馮友蘭對於30年代中期所展開的「全盤西化」與「本位文化」論戰的思想痕跡。馮友蘭是在仔細研究了「全盤西化」論和「本位文化」論的觀點之後，才提出了「文化類型」說的。他認為，必須把西洋文化和中國文化作為某種文化「類型」，才能確定何者當取，何者當去。從這一意義上說，「所謂西洋

59　《新事論》第一篇，《三松堂全集》第四卷，第226頁。

文化是代表工業文化之類型的，則其中分子，凡與工業文化有關者，都是相干的，其餘，都是不相干的。如果我們要學，則所要學者是工業化，不是西洋化。如耶穌教，我們就看出它是與工業化無關的，即不必要學了」[60]。這就是說，從類的觀點看，西洋文化雖然有許多特徵，但其中最重要的特性之一，是它的工業化。因此西洋文化是代表工業文化類型的，而中國文化則是代表農業文化類型的。

工業文化與農業文化，形象地說，即城裡與鄉下的區別。「在現在的世界中，英美及西歐等處是城裡，這些地方的人是城裡人。其餘別的地方大部分是鄉下，別的地方的人大部分是鄉下人。」[61]在馮友蘭看來，英美及西歐等國家之所以富強發達，「並不是因為他們是英美等國人，而是因為他們是城裡人」[62]；中國之所以貧弱愚昧，也並不是因為中國人是中國人，「而是因為中國人是鄉下人」[63]。馮友蘭認為，城裡與鄉下的區別並不是命定的，也不是絕對的，說「賈府的雞蛋天然地比劉家的雞蛋精緻小巧」，「這看法完全是錯誤的」[64]。馮友蘭引用馬克思的話說：

有一位名公說了一句最精警的話，他說：工業革命的結果使鄉下靠城裡，使東方靠西方。鄉下本來靠城裡，不過在工業革命後鄉下尤靠城裡。在工業革命後，西方成了城裡，東方成了鄉下。鄉下既靠城

60　《中國現代民族運動之總動向》，《三松堂全集》第十一卷，第314頁。
61　《新事論》第三篇《辨城鄉》，《三松堂全集》第四卷，第243頁。
62　《新事論》第三篇《辨城鄉》，《三松堂全集》第四卷，第244頁。
63　《新事論》第三篇《辨城鄉》，《三松堂全集》第四卷，第244頁。
64　《新事論》第三篇《辨城鄉》，《三松堂全集》第四卷，第243—244頁。

裡，所以東方亦靠西方。[65]

　　這就是說，城裡與鄉下的區別是歷史的產物，更是經濟發展的產物。馮友蘭此時公開引徵馬克思《共產黨宣言》中的思想，並把東西文化的差別歸結為生產方式的不同。由此可以看出馮友蘭自30年代中期以後，馬克思經濟史觀對他的影響。正因為這樣，他並沒有停止在東方與西方，城裡與鄉下這些形象的比喻上，他進一步論證了英美及西歐等國所以能夠取得城裡人的地位，是因為在經濟上它們先有了一個大改革。他說：

　　這個大改革即所謂產業革命。這個革命使它們捨棄了以家為本位的生產方法，脫離了以家為本位的經濟制度。經過這個革命以後，它們用了以社會為本位的生產方法，行了以社會為本位的經濟制度。這個革命引起了政治革命及社會革命。[66]

　　正是由於西方有這樣一個「大改革」，才打破了它原有的「以家為本位」的生產方式，從而也使它的文化擺脫了「以等級制度為中心之文化」。因此，說到的，在馮友蘭看來，所謂「產業革命」，即是實現生產方式的改變，也就是「以社會為本位的生產方法，替代以家為本位的生產方法」[67]。生產方式的改變，又決定了社會制度的改變，所謂「產業革命」即是「以社會為本位的生產制度，替代以家為

65　《新事論》第三篇《辨城鄉》，《三松堂全集》第四卷，第224頁。
66　《新事論》第三篇《辨城鄉》，《三松堂全集》第四卷，第244頁。
67　《新事論》第三篇《辨城鄉》，《三松堂全集》第四卷，第256頁。

本位的生產制度」[68]。這樣一來，也就實現了不同文化類型的轉變，即由「生產家庭化的文化」轉化為「生產社會化的文化」[69]。也就是說，不同的文化類型，是由「產業革命」或工業化所造成的不同的社會類型決定的，因此東西文化的差別，說到的，又是不同社會類型的差異。「在民初，中國在經濟方面，至少百分之九十九是在生產家庭化的經濟制度中」[70]，那時，「生產社會化的經濟制度，在中國尚沒有萌芽，至多是尚在萌芽」[71]。這種經濟原因，決定了中國社會的性質，仍處在「以家為本位的社會制度」中。因此與西方的差別，是兩種不同社會制度或兩種不同社會性質的差別。馮友蘭在晚年回憶時，即充分肯定了這種「社會差異」論的文化觀，乃是建立在「產業革命」基礎上的。他說：

　　我在當時創造了兩個名詞，說當時西方的社會是「以社會為本位的社會」，當時的中國是「以家為本位的社會」。它們（西方）原來也是「以家為本位的社會」，後來先進入了「以社會為本位的社會」，因為有了產業革命。產業革命就是工業化。[72]

　　用「社會差異」論或用經濟發展、社會發展來解釋文化差別，是馮友蘭文化觀的第三個階段。同時也是馮友蘭以「物質生活的生產方式」的理論來解釋文化歷史成因和不同歷史文化差異的初步嘗試。這

68　《新事論》第三篇《辨城鄉》，《三松堂全集》第四卷，第256頁。
69　《新事論》第三篇《辨城鄉》，《三松堂全集》第四卷，第252頁。
70　《新事論》第十篇《釋繼開》，《三松堂全集》第四卷，第332頁。
71　《新事論》第十篇《釋繼開》，《三松堂全集》第四卷，第333頁。
72　《三松堂自序》第六章，《三松堂全集》第一卷，第241頁。

種觀點，既反映了馮友蘭在文化理論方面向馬克思主義唯物史觀作認同，也反映了他在三四十年代對中國前途的擔心和對未來中國文化的關懷。在他看來，要實現中華民族的強盛和中國文化的復興，「唯一的辦法，即是亦有這種的產業革命」[73]。

73　《新事論》第三篇《辨城鄉》，《三松堂全集》第四卷，第246頁。

第八章
一部被譯成十種語言的書

8.1 《小史》與《簡史》

　　1947年，馮友蘭應美國賓夕法尼亞大學（University of Pennsylvania）的邀請，任該校客座教授，講授中國哲學史（見本書第3章第5節）。為了講課，他用英文寫了一部中國哲學史的講稿。1948年2月，馮友蘭在回國前，把這部講稿交給了美國麥克米倫公司，題名為《中國哲學小史》（A Short History of Chinese Philosophy）。該公司於同年出版了此書。該書過去一直沒有中譯本，直到1985年，方由馮友蘭40年代的學生塗又光先生由英文譯成中文，改題為《中國哲學簡史》，由北京大學出版社出版。至此，這部在國外流傳了近四十年的《小史》方與國人見面。

　　這部著作英文原本稱作《中國哲學小史》，而中譯本改稱《中國哲學簡史》，這是因為在馮友蘭的著作中，還有一部稱為《中國哲學小史》的書。該書出版於1934年1月，是商務印書館《百科小叢書》的一種。為了把這兩部同名的書區別開，故1948年在美國出版的《小史》，譯成中文時，稱《簡史》，蓋「小」與「簡」在字義上本無太大差別之故。

　　使中國哲學史研究現代化，一直是馮友蘭追尋的目標。如果說兩卷本《中國哲學史》是以西方近代史學觀和西方近代哲學的方法論重新審視中國哲學的發生、發展和演變結果的話，那麼，《中國哲學簡史》則是在兩卷本《中國哲學史》的基礎上，進一步使中國哲學史研究現代化的產物。它的價值也遠遠超出作者所自謙自許的「它（指《簡史》）不過是我的《中國哲學史》的一個節本」的說法。因為從

文化史或中西文化交流史的角度看，這本《簡史》也遠遠超出了兩卷本《中國哲學史》在西方的流布和影響。迄今為止，兩卷本《中國哲學史》只有英、日兩種譯本；而《中國哲學簡史》，自它以英文原本問世以來，已有法、意、西、南、捷、日、韓、中文等十種語言的譯本[1]。這是近一個世紀以來，中國的任何一位哲學家或任何一部《中國哲學史》著作都無法與之比擬的。僅憑這一點，我們可以看到，《簡史》的真實價值及其影響。

　　《中國哲學簡史》（以下皆稱《簡史》）的價值，除了它的普及、影響和廣為流傳外，更大的價值，還在於它自身的學術性及寓哲學於文化之中的融通性。馮友蘭在其《三松堂自序》中，謙虛地說他這本書只是《中國哲學史》的一個節本。但在三十四年前，他在該書英文版自序中自信地說：

　　小史（即《簡史》）者，非徒巨著之節略，姓名、學派之清單也。譬猶畫圖，小景之中，形神自足。非全史在胸，曷克臻此。惟其如是，讀其書者，乃覺擇焉雖精而語焉尤詳也。[2]

　　這段話，可以說是馮友蘭對其《簡史》所作的最精闢的概括。其中，猶以「小景之中，形神自足」一語，道出了《簡史》的基本特徵：簡而不缺，重點突出。即《簡史》非節本，亦非抄襲，而是一部首尾連貫、材料與觀點融會、歷史與邏輯統一的完整系統的中國哲學

1　　參閱D・蔔德：《馮友蘭與西方》，載《馮友蘭先生紀念文集》。
2　　馮友蘭：《中國哲學簡史》，北京大學出版社，1985年版，第1頁。

史。也就是說,《簡史》雖然在基本框架上承襲了兩卷本《中國哲學史》,如以孔子為中國哲學史的開端,一直寫到近代的嚴復、康有為,但在結構的調整、內容的編排、理論的說明及對歷代哲學家的評價等問題上,與兩卷本《中國哲學史》相比,《簡史》更具有扼要、簡捷的特點和鮮明的時代性。

首先,《簡史》改變或者放棄了兩卷本《中國哲學史》的歷史分期法,沒有以「子學時代」和「經學時代」去劃分中國哲學的發展階段,而代之以中國哲學自身發展的邏輯,並按著時代的先後加以闡述,這樣,使中國哲學的發展脈絡更加清晰,前後思想的銜接與繼承關係也更加明確。在兩卷本《中國哲學史》中,馮友蘭之所以用「子學時代」與「經學時代」劃分中國哲學史的發展階段,主要是為了突出說明從春秋戰國至秦漢的統一,中間所經歷的經濟、政治、文化等方面的巨大變化。這一變化的契機,在馮友蘭看來,乃是「世祿井田之制破,庶民解放,營私產,為富豪,此上古經濟制度之一大變動」[3]。正是這種經濟制度的大變動,導致中國哲學史上「子學時代」的結束和「經學時代」的開始。《簡史》之所以不再重複上述說法,蓋有兩種原因:其一是《簡史》是用英文寫的,讀者對象大多為外國人,他們對中國古代社會歷史階段的演變缺乏深入的瞭解,而「子學時代」與「經學時代」的劃分,其背後複雜的經濟、政治乃至文化的原因,對於外國人來說則更難把握。因此,《簡史》放棄了如上的說法。其二是按著馮友蘭兩卷本《中國哲學史》的劃分,「子學時代」只有四百餘年,而「經學時代」則延及兩千餘年。從中國哲學史的全

3　　馮友蘭:《中國哲學史》上冊,第35頁。

部歷史發展看，這種劃分在時間上相差極為懸殊，似乎不成比例。也就是說，用「經學時代」概括中國兩千多年的哲學發展，從本質上講是符合中國歷史發展的實際的，但從形式上看，此種劃分，仍失之籠統。因為同樣在「經學時代」，中國哲學的發展表現了多樣性和豐富性。這種多樣性和豐富性雖然都未脫離經學的限制，但都隨著歷史的發展，展示出內容和形式的重大區別。也正因如此，馮友蘭在以後撰寫《中國哲學史新編》時，也放棄了「子學時代」與「經學時代」的分期法。

其次，《簡史》增加了兩卷本《中國哲學史》所沒有的內容。而這些新增加的內容，明顯地突出了對中國哲學發展的整體性把握，這是對中國自二三十年代以來所進行的中西文化討論的哲學反思，也表現了馮友蘭對中國哲學的進一步理解。在《簡史》中，前面增加了兩章，即第一章「中國哲學的精神」，第二章「中國哲學的背景」。後面也增加了兩章，即第二十七章「西方哲學的傳入」與第二十八章「中國哲學在現代世界」。這四章內容的增加，既反映了時代的特點，也反映了馮友蘭對中國哲學的總體把握，其中尤其加強了對中國哲學特點的宏觀分析。這些分析對以後中西哲學及中西文化的討論產生了重大影響。

8.2　以哲學代宗教

前節對《簡史》特點的概括，其具體表現是多方面的，其中關於中國哲學與宗教的關係，馮友蘭在《簡史》中提出了明確的看法。這

些看法反映了馮友蘭對儒家人文精神的繼承和發展，也表現了他對現世人生的關切。他認為，宗教與人生有密切關係，而且每種大宗教的核心都有一種哲學在支持它，因此作為宗教，尤其是大的宗教，「就是一種哲學加上一定的上層建築，包括迷信、教條、儀式和組織」[4]。用這樣的標準來衡量中國哲學，特別是儒家哲學，就可以看出，「不能認為儒家是宗教」[5]。因為在儒家的著作及思想中，「沒有創世紀，也沒有講天堂、地獄」，更沒有宗教儀式和宗教組織。不僅儒家如此，道家也是如此。馮友蘭強調說：

人們習慣於說中國有三教：儒教、道教、佛教。我們已經看出，儒家不是宗教。至於道家，它是一個哲學的學派；而道教才是宗教，二者有其區別。道家與道教的教義不僅不同，甚至相反。道家教人順乎自然，而道教教人反乎自然。[6]

不僅儒家、道家不是宗教，就是作為中國哲學重要組成部分的佛學，也與作為宗教的佛教有區別。在馮友蘭看來，「受過教育的中國人，對佛學比對佛教感興趣得多。……中國人即使信奉宗教，也是有哲學意味的」[7]。

《簡史》對上述中國哲學與宗教關係的論述，闡明了中國哲學或中國文化的一個最基本的特徵，即「與別國人相比，中國人一向是最

4　《中國哲學簡史》，第5頁。
5　《中國哲學簡史》，第5頁。
6　《中國哲學簡史》，第5—6頁。
7　《中國哲學簡史》，第6頁。

不關心宗教的」[8]。他還引證美國學者德克·布德（Derk Bodde）的話說：「中國人不以宗教觀念和宗教活動為生活中最重要、最迷人的部分。……中國文化的精神基礎是倫理（特別是儒家倫理），不是宗教（至少不是正規的、有組織的那一類宗教）。……這一切自然標出中國文化與其他主要文化的大多數，有根本的重要的不同。」[9]但為什麼不同？中國文化為什麼始終體現一種人文精神或理性主義？這一問題，從「五四」至今，都沒有在理論上得到圓滿的解決。馮友蘭在《簡史》中試圖從理論上解決這一問題。

馮友蘭認為，在宗教與哲學的價值觀上，可作「道德價值」與「超道德價值」的區分。一般地講，「愛人，是道德價值；愛上帝，是超道德價值」。但不能由此得出結論，說超道德價值就是宗教價值。因為依馮友蘭的看法，超道德價值並不限於宗教。也就是說，哲學也同樣具有超道德價值的價值。他舉例說：「愛上帝，在基督教裡是宗教價值，但是在斯賓諾莎哲學裡，就不是宗教價值，因為斯賓諾莎所說的上帝實際上是宇宙。」[10]這實際上是等於說，哲學，特別是斯賓諾莎的哲學具有超道德的價值。在馮友蘭看來，哲學要高於宗教，因為嚴格地講，「基督教的愛上帝，實際上不是超道德的。這是因為，基督教的上帝有人格，從而人愛上帝可以與子愛父相比，後者是道德價值」[11]。從這一意義上說，基督教的愛上帝並不是超道德價值，「它是准超道德價值，而斯賓諾莎哲學裡的愛上帝才是真超道德

8　　《中國哲學簡史》，第6頁。
9　　《中國哲學簡史》，第6—7頁。
10　《中國哲學簡史》，第7頁。
11　《中國哲學簡史》，第7頁。

價值」[12]。

　　馮友蘭的上述論證，無疑把中國哲學中的天人合一、天人一體及張載《西銘》中的「乾稱父坤稱母」、「民胞物與」等思想與斯賓諾莎的哲學放在一個層次上來思考，表現了馮友蘭對中國傳統哲學及傳統文化中的理性主義和人文精神的繼承和發揮。

　　既然在哲學中也有超道德價值，所以對中國人或中國文化來說，並非沒有人類先天的對超乎現世的追求的欲望，而是把這種追求的欲望放在了哲學上。「他們不大關心宗教，是因為他們極其關心哲學。他們不是宗教的，因為他們都是哲學的。他們在哲學裡滿足了他們對超乎現世的追求。他們也在哲學裡表達了、欣賞了超道德價值，而按照哲學去生活，也就體驗了這些超道德價值。」[13]這正是中國哲學或中國文化的特點。在馮友蘭看來，西方人以宗教為其終極關懷，往往不如中國人以哲學為其終極關懷。因為宗教與科學向來有衝突。馮友蘭通過對西方世界的觀察，認為在科學進展的面前，宗教的權威降低了。在這種情境下，西方維護傳統的人們往往為宗教權威的下降而悲傷，為越來越多的人不信教而感到惋惜，認為他們已經墮落。但在馮友蘭看來，這種悲觀是沒有理由的，因為除了宗教，還有哲學能夠為人類提供獲得更高價值的途徑——一條比宗教提供的途徑更為直接的途徑：

　　因為在哲學裡，為了熟悉更高的價值，無須採取祈禱、禮拜之類

12　《中國哲學簡史》，第7頁。
13　《中國哲學簡史》，第8頁。

的迂迴的道路。通過哲學而熟悉的更高價值，比通過宗教而獲得的更高價值，甚至要純粹得多，因為後者混雜著想像和迷信。在未來的世界，人類將要以哲學代宗教。這是與中國傳統相合的。人不一定應當是宗教的，但是他一定應當是哲學的。但一旦是哲學的，他也就有了正是宗教的洪福。[14]

　　信仰宗教的人不一定會同意馮友蘭的上述看法，但從中國哲學的角度看人類文化的走向，這些看法無疑是一服清醒劑。因為他是以哲學家的眼光看世界，更是以東方學者看文化。中國哲學的傳統，從孔子開始，便是在平實的社會生活中，去尋找更高的價值，而不是在現實生活之外去建立宗教信仰的大廈。總之，馮友蘭的《簡史》中的這些思想，為後來研究中國文化的學者提供了借鑑。

8.3　儒道互補

　　馮友蘭在《簡史》中，一方面表彰儒家的人文精神，另一方面又將儒家的「入世」精神與道家的「出世」傾向作了比較，在此基礎上提出儒道互補。

　　關於中國哲學中的「儒道互補」，在80年代的文化討論中被炒得很熱。有些學者以為「儒道互補」是自己的發明。其實，馮友蘭在40年代即已提出這一問題，並在《簡史》中作了具體的闡述。馮友蘭認為，中國哲學中一直存在著兩種傳統，即儒家的「入世」精神與道家

14　《中國哲學簡史》，第9頁。

的「出世」態度。此即人們常說的孔子重「名教」，老、莊重「自然」。「中國哲學的兩種趨勢，約略相當於西方思想中的古典主義和浪漫主義兩種傳統。」[15]馮友蘭以杜甫和李白的詩為例，「讀杜甫和李白的詩，可以從中看出儒家和道家的不同。這兩位偉大的詩人，生活在同一時期，在他們的詩裡同時表現出中國思想的這兩個主要傳統」[16]。在馮友蘭看來，這兩個傳統在中國哲學中是既對立又統一，既有區別又有聯繫。由此提出「儒道互補」論。他說：

　　因為儒家「游方之內」，顯得比道家入世一些；因為道家「游方之外」，顯得比儒家出世一些。這兩種趨勢彼此對立，但也是互相補充。兩者演習著一種力的平衡。這使得中國人對於入世和出世具有良好的平衡感。[17]

　　我們如果仔細閱讀與研究《簡史》，就會發現：《簡史》與兩卷本《中國哲學史》的最大不同，即在於《簡史》抓住了「中國哲學的精神」這一中心，並圍繞這一中心展開了關於中國哲學發展的論述。所謂「中國哲學的精神」，亦即圍繞「儒道互補」，或「出世」、「入世」問題而展開的。馮友蘭認為：「中國哲學的歷史中有個主流，可以叫做中國哲學的精神。為了瞭解這個精神，必須首先弄清楚絕大多數中國哲學家試圖解決的問題。」[18]

15　《中國哲學簡史》，第29頁。
16　《中國哲學簡史》，第29頁。
17　《中國哲學簡史》，第29頁。
18　《中國哲學簡史》，第9—10頁。

也就是說，中國哲學的主流或中國哲學的精神，在於如何解決一個人生最重要的問題。這個問題在馮友蘭看來，也就是中國歷代哲學家所關心的問題──「專就一個人是人說，所可能有的最高成就是成為什麼呢？照中國哲學家們說，那就是成為聖人，而聖人的最高成就是個人與宇宙的同一。問題就在於，人如欲得到這個同一，是不是必須離開社會，或甚至必須否定『生』？」[19]於是便出現了普通所謂「出世的哲學」與「入世的哲學」。

入世與出世是對立的，正如現實主義與理想主義也是對立的。中國哲學的任務，就是把這些反命題統一成一個合命題。這並不是說，這些反命題都被取消了。它們還在那裡，但是已經被統一起來，成為一個合命題的整體。如何統一起來？這是中國哲學所求解決的問題。求解決這個問題，是中國哲學的精神。[20]

這裡所謂的「統一」、「合命題」，實際上即是我們常說的「儒道互補」。因此不能僅就表面的現象說中國哲學是入世的或出世的。馮友蘭認為：「專就中國哲學中主要傳統說，我們若瞭解它，我們不能說它是入世的，固然也不能說它是出世的。它既入世而又出世。有位哲學家講到宋代的新儒家，這樣描寫它：『不離日用常行內，直到先天未畫前。』這正是中國哲學要努力做到的。有了這種精神，它就是最理想主義的，同時又是最現實主義的；它是很實用的，但是並不膚

19　《中國哲學簡史》，第9—10頁。
20　《中國哲學簡史》，第12頁。

淺。」[21]

　　中國哲學精神與「儒道互補」思想，是馮友蘭一直關心的。1981年李澤厚的《美的歷程》出版，其中談到儒家的理性主義與中國文化的「儒道互補」，馮友蘭讀到後，甚是高興，認為這是李澤厚發揮了他的思想。他在給李澤厚的信中說：「你的書的主題之一是，中國文化以儒、道兩家為理性主義與浪漫主義的互相補充。如將道學說清，此意就更明顯。」[22]馮友蘭認為「不離日用常行內，直到先天未畫前」的中國哲學精神，即充分體現了儒道互補思想，而這種「互補」、「統一」或「合命題」，至宋代達到高峰。因此，談理性主義或儒道互補，不談宋儒（道學），則缺少了重要環節。他在信中說：「《美的歷程》於講杜詩、顏字、韓文之後，說，他們都是儒家，讀至此以為下又必有一章儒家的發展，可是沒有。好像是缺了一件事，在此書的邏輯中好像是缺一環節。這一件事，這一環節就是道學。」[23]

　　在《簡史》中，馮友蘭就中國哲學與中國文化的前景問題也做了重要闡述，這也是兩卷本《中國哲學史》中所沒有的內容。對於這一問題的提出，主要是基於中國經濟的發展。馮友蘭有感於中國在世界民族之林中的落後狀況，而發出「中國必須現代化」的呼聲。他說：

　　科學的進展突破了地域，中國不再是孤立于「四海之內」了。她也在進行工業化，雖然比西方世界遲了許多，但是遲化總比不化好。

21　《中國哲學簡史》，第11—12頁。
22　馮友蘭：《關於〈美的歷程〉的一封信》，《三松堂全集》第十三卷，第982頁。
23　馮友蘭：《關於〈美的歷程〉的一封信》，《三松堂全集》第十三卷，第982頁。

說西方侵略東方，這樣說並不準確。事實上，正是現代侵略中世紀。要生存在現代世界裡，中國就必須現代化。[24]

「現代侵略中世紀」，是說中國所以遭到帝國主義列強的侵略，主要原因在於中國仍處於中世紀的落後狀態中。要擺脫被動挨打的局面，只有一條路，即實現現代化。那麼，中國哲學和中國傳統文化與現代化究竟是一種什麼關係？「中國哲學所說的東西，是不是只適用於在這種條件下生活的人呢！」

這一問題的提出，實際上也是自「五四」以來關於中國傳統文化適不適應現代生活這一時代話題討論的繼續。所不同的，只是馮友蘭企圖從哲學理論的高度給以回答。馮友蘭認為，對這一問題的回答，是肯定的，又是否定的。因為「任何民族或任何時代的哲學，總是有一部分只相對於那個民族或那個時代的經濟條件具有價值，但是總有另一部分比這種價值更大一些。不相對的那一部分具有長遠的價值」[25]。這就是說，在任何民族或任何時代的哲學中，都有兩部分：一部分是相對於那個民族或那個時代經濟條件所具有的價值，這個價值隨著那個民族或那個時代的經濟條件的喪失而失去其真理性，即成為過時的東西；而另一部分則具有「社會一般」的普遍性，「它是不相對的，具有長遠的價值」[26]。如中國古代的家族制度，「一旦中國工業化了，舊的家族制度勢必廢除，儒家論證它合理的理論也要隨之廢除。但是這樣說並不是說儒家的社會哲學中就沒有不相對的東西

24　《中國哲學簡史》，第35頁。
25　《中國哲學簡史》，第35—36頁。
26　《中國哲學簡史》，第36頁。

了」[27]。

　　不僅社會哲學中有相對的與不相對的兩部分，就是在人生哲學中也是如此。一個民族或一個時代的哲學所提出的人生理想，有一部分必定僅只屬於該民族或該時代的經濟社會條件所形成的人生理論。但是，必定也有一部分屬於「人生一般」，這個「人生一般」即具有不相對的性質，因此而有長遠價值。馮友蘭以儒家的理想人生的理論為例說：「照這個理論說，理想的人生是這樣一種人生，雖然對宇宙有極高明的覺解，卻仍然置身於人類的五種基本關係的界限之內。這些人倫的性質可以根據環境而變。但是這種理想本身並不變。」[28]因此，不能由於五倫中有些倫常要廢除，就連儒家的人生理想，也一道廢除；反過來說，也不能由於這種人生理想是可取的，就把五倫都原封不動地保存下來。由此，馮友蘭得出結論：「每個哲學各有不變的東西，一切哲學都有共同的東西。」[29]這些不變的共同的東西是什麼呢？《簡史》雖然沒有明確回答，但早在《簡史》出版的前十餘年，馮友蘭在《秦漢歷史哲學》中就談到了。他說：「在歷史的演變中，變之中有不變者存。……人類的社會雖可有各種一套一套的制度，而人類社會之所以能成立的一些基本條件，是不變的。有些基本條件，是凡在一個社會中的人所必須遵守的，這就是基本道德。這些道德，無所謂新舊，無所謂古今，是不隨時變的。」[30]《簡史》的思想與《秦漢歷史哲學》的思想完全是一致的。一直到1957年，馮友蘭再度提出

27　《中國哲學簡史》，第36頁。
28　《中國哲學簡史》，第37頁。
29　《中國哲學簡史》，第37頁。
30　馮友蘭：《秦漢歷史哲學》，《三松堂全集》第十三卷，第458頁。

《中國哲學遺產底繼承問題》（被別人概括為「抽象繼承法」），都是順著上述脈絡發展過來的（詳見第9章）。

8.4　對文化的普遍關切

如果說兩卷本《中國哲學史》在史論方面反映了中國30年代的水準；那麼，《中國哲學簡史》，作為40年代末期的產物，它也必然要反映40年代末期中國哲學與中國文化研究的狀況與水準。因為在整個40年代前半期，中國經歷了歷史上外族入侵的挑戰。與全民族抗戰的歷史進程相適應，馮友蘭建立並完成了他的新理學哲學體系。因此，《簡史》的寫作是在馮友蘭成為一名著名哲學家以後完成的。這一事實本身決定了《簡史》的理論思維水準和《簡史》對中國哲學發展的看法要比兩卷本《中國哲學史》更成熟，也更深刻。這一點，除了上述所闡述的兩卷本《中國哲學史》所未載的內容外，還可以從《簡史》本身的結構反映出來。

首先，《簡史》對中國歷史上變化最大的兩個時期——先秦至兩漢的轉化和古代向近代的轉化——的處理及理論說明，都有別於兩卷本《中國哲學史》。

在《簡史》中，馮友蘭以「世界政治和世界哲學」為一章，專門闡述由戰國末期的分裂向秦統一的歷史轉變。馮友蘭認為，在這一歷史轉變過程中，除了經濟和社會的原因外，還有思想上的原因，這就是中華民族或在中國文化背景下的中國人對政治統一的渴望。《孟子》記載梁惠王問孟子：「天下惡乎定？」孟子回答說：「定於一。」荀

子也把「一天下」作為自己的政治理想，認為：「臣使諸侯一天下，是又人情之所同欲也。」[31]這裡的「一」，就是「統一」，「天下」就是「世界」。馮友蘭強調，應該用「world（世界）」翻譯中文的「天下」，因為中文的「天下」一詞，其字面意義就是「普天之下」。馮友蘭之所以立此一章，並辯證這一問題，自有其深意。他看到20世紀40年代後期的中國，面對著內戰的考驗，然而，中國人渴望的是國家統一、天下太平。因為自秦統一中國以後的兩千多年，「中國人一直在一個天下一個政府之下生活，只有若干暫短的時期是例外，大家都認為這些例外不是正常情況。因此，中國人已習慣於有一個中央集權的機構，保持天下太平，即世界和平」[32]。馮友蘭向世人宣佈，從中國人，特別是中國的哲學家、思想家乃至中國歷史和中國哲學史的全部發展看，中華民族都是一個愛好和平統一的民族。但近幾十年來，「中國又被拖進一個世界，其國際政治局面，與遙遠的春秋戰國時代的局面相似。在這個過程中，中國人已經被迫改變其思想和行動的習慣。在中國人的眼裡，這一方面又是歷史的重演，造成了現在的深重的苦難」[33]。

對於「中國的統一」這一節的上述論斷，馮友蘭的美國朋友—布德博士曾提出懷疑。布德博士認為，在中國歷史上，諸如「六朝」、「元朝」、「清朝」等「外族」的入主中原，曾多次造成中國社會的不安與中國政治的分裂。這些歷史過程，「實際上為時之久，足以使中

31　見《荀子·王霸篇》。
32　《中國哲學簡史》，第213頁。
33　《中國哲學簡史》，第214頁。

國人在思想上對於分裂或異族統治感到司空見慣」³⁴。布德博士的看法在於說明，20世紀上半期中國的內憂外患同中國歷史上所發生過的一系列戰禍具有相同的性質。馮友蘭為此專門為「中國的統一」一節作了章節附註。並以這個章節附註作為此章的一節，名之為「關於中國人的民族觀念」，用以闡述自己的看法。這些看法，對於研究中國文化與民族關係具有重要意義。

馮友蘭認為，強調元朝、清朝是外來的統治，是現代的民族主義的看法。從先秦以來，中國人鮮明地區分「中國」或「華夏」與「夷狄」，當然是事實，「但是這種區分是從文化上來強調的，不是從種族上來強調的」³⁵。因為從歷史上看，當蒙古人和滿人征服了中國的時候，他們早已在很大程度上接受了中國文化。「他們在政治上統治中國，中國在文化上統治他們。」³⁶「中國人最關切的是中國文化和文明的繼續和統一，而蒙古人和滿人並未使之明顯中斷或改變。所以在傳統上，中國人認為，元朝和清朝，只不過是中國歷史上前後相繼的許多朝代之中的兩個朝代而已。」³⁷馮友蘭認為，就傳統的觀點而論，元、清正如其他朝代一樣，都是「正統」，此即從文化上著眼，而非強調種族區別。甚至當佛教輸入時，雖然許多中國人認識到除了中國人也還另外有文明存在，但信仰佛教的中國人，則認為印度是「西方淨土」，他們對印度的稱讚，「是作為超世間的世界來稱讚」。所以佛教的輸入，儘管對中國人的生活產生巨大影響，但也並未改變

34　《中國哲學簡史》，第220頁。馮友蘭引布德語。
35　《中國哲學簡史》，第221頁。
36　《中國哲學簡史》，第221頁。
37　《中國哲學簡史》，第221頁。

中國人自以為是人間唯一的文明人的信念。

人們或許就此說中國人缺乏民族主義,「但是我認為這正是要害。中國人缺乏民族主義,是因為他們慣於從天下即世界的範圍看問題」[38]。或者說中國人太看重文化,所以當中國人在十六、十七世紀開始與歐洲人接觸時,並未感到多大的不安,因為在他們的眼裡,歐洲人不過是與以前的夷狄一樣的夷狄而已,故也稱他們為夷。「可是一發現歐洲人具有的文明雖與中國的不同,然而程度相等,這就開始不安了。」[39]馮友蘭認為,在中國歷史上,只有春秋戰國時期有與此相似的情況,當時的各國雖不相同,但是文明程度相等,互相攻戰。「中國人現在感覺到是歷史重演,原因就在於此。」[40]

馮友蘭在其《簡史》的中間,加了上述一節,可以給我們很多重要的啟示。這表明,他對中國哲學史研究的視野,已經從30年代的兩卷本《中國哲學史》過渡到40年代末的《中國哲學簡史》,其目的即在於更好地闡釋歷史上已經發生過的東西,以為未來社會的借鑑。所謂「三史以釋今古」,其義即在於此。

《簡史》在結構上還有一個重要的突破,即表現在章節名題上對中國哲學的發展及內容的總體把握,比兩卷本《中國哲學史》更進了一步。他明確地把先秦道家的發展概括為三個階段:以楊朱為代表的第一階段,以老子為代表的第二階段和以莊子為代表的第三階段。這樣的概括,可以更好地揭示道家哲學在先秦哲學發展中的邏輯關係。

38　《中國哲學簡史》,第222頁。
39　《中國哲學簡史》,第223頁。
40　《中國哲學簡史》,第223頁。

同樣，對先秦儒家學派的概括，也不同於兩卷本《中國哲學史》。在《簡史》中，馮友蘭把孔子以後的儒家分為兩大派：一派是以孟子為代表的「儒家的理想主義派」，另一派是以荀子為代表的「儒家的現實主義派」。這兩派思想的發展，反映了先秦自孔子後，儒家學派內部的矛盾發展運動，並因此確立了以後整個儒學史發展的基本方向。

　　對於魏晉南北朝的哲學發展，《簡史》也鮮明地作了新的概括。他認為，「玄學」的「玄」字來源於《老子》，所以「玄學」這個名稱表明它是道家的繼續。而這一時期的道家又不同於先秦時期的道家，因此，玄學所繼承的道家，可稱為「新道家」。「『新道家』是一個新名詞，指的是西元三、四世紀的『玄學』。」[41]對這一時期新道家的不同思想，馮友蘭把它概括為兩派。一派以向秀、王弼、郭象為代表，稱為「新道家的主理派」；另一派以《列子‧楊朱篇》及竹林七賢為代表，稱為「新道家的主情派」。馮友蘭對「新道家」的概括及對新道家兩派的劃分，都是在此以前所沒有的。

　　「新儒家」的名詞，早在馮友蘭兩卷本《中國哲學史》中即已提出，它是指稱宋代「道學」的。《簡史》對此也作了較為詳細的說明。《簡史》認為，新儒家是先秦儒家理想派的繼續，特別是孟子的神秘傾向的繼續。正因為這個緣故，這些人被稱為「道學家」，他們的哲學被稱為「道學」。而「『新儒家』這個名詞，是一個新造的西洋名詞，與『道學』完全相等」[42]。與兩卷本《中國哲學史》不同的

41　《中國哲學簡史》，第253頁。
42　《中國哲學簡史》，第308頁。

是，《簡史》把唐代的韓愈、李翱也直接歸到新儒家的行列，因為它是在「新儒家：宇宙發生論者」一章中闡述韓愈和李翱的。這當然也是一種新的劃分或新的概括。

此外，在《簡史》中，馮友蘭還明確地提出了新儒家的三個主要思想來源：第一，是儒家本身；第二，是佛家，其中包括以禪宗為仲介的道家；第三，是道教。《簡史》明確地概括出：「在某種意義上，可以說新儒家是禪宗的合乎邏輯的發展。……道教有一個重要成分是陰陽家的宇宙發生論。新儒家的宇宙發生論主要是與這條思想路線聯繫著的。」[43]馮友蘭的這一看法，對中國哲學史或中國文化史的研究都具有重要意義。也就是說，何以在清代出現對程朱、陸王學派的重大反動，即可從上述觀點中找出一部分答案。因為在清代出現的反對程朱陸王的領袖人物，都譴責他們在禪宗和道家影響下，錯誤地解釋了孔子及孔子以後的儒家思想，從而喪失了儒家固有的實踐方面。因此有人攻擊說：「朱子道，陸子禪。」馮友蘭認為，這種譴責並非不公正，但從哲學的觀點看來，這種譴責完全是不相干的。因為「新儒家是儒家、佛家、道家（通過禪宗）、道教的綜合。從中國哲學史的觀點看來，這樣的綜合代表著發展，因此是好事，不是壞事」。[44]

總之，《中國哲學簡史》與兩卷本《中國哲學史》比較，有許多獨到之處。因此不能簡單地把它看作是兩卷本《中國哲學史》的節本，也不能相互等同和相互代替，因為《簡史》代表並反映了馮友蘭40年代中國哲學史研究的水準。應該說，它是馮友蘭在中國哲學史

43　《中國哲學簡史》，第309頁。
44　《中國哲學簡史》，第367頁。

研究方面的第二個里程碑，也是從兩卷本《中國哲學史》向七卷本《中國哲學史新編》過渡的中間環節。

在本節結束之前，還有一件事值得一提，即胡適對《簡史》的英文原本也有過一個極其簡短的評價。胡適在1950年1月5日的日記裡，在提到這本英文小史時說：

前些時曾見馮友蘭的A Short History of Chinese Philosophy，實在太糟了。我應該趕快把《中國思想史》寫完。[45]

這裡，胡適只有「實在太糟了」這幾個字評價《簡史》，未免有失公允，更有失大家風度。這裡同樣反映了胡適對自己始終未完成一部完整的中國哲學史而感到懊悔，同時也反映了胡適對馮友蘭所抱有的成見。

45　《胡適的日記》手稿本第17冊，轉引自周質平：《胡適與馮友蘭》。

第九章

五十年代的一椿公案

9.1 「抽象繼承法」的由來

中國現代史上的50年代，是共產黨對知識份子進行思想改造的黃金時代。從對電影《武訓傳》的批判，到對胡適、俞平伯的批判，最後都歸結到對知識份子的改造上。這一系列的思想批判運動，最後以清算胡風「反革命集團」為高潮，落下了50年代前5年的歷史帷幕。中國現代史確如舞臺戲劇一樣，是一環扣一環，一幕接一幕地發展。在連續發展的歷史中，50年代的前5年與後5年，都有一個小高潮。前一個高潮以批「胡風集團」為標誌，後一個高潮則以「反右鬥爭」為標誌。在這種高潮迭起的政治思想運動中，馮友蘭與大多數知識份子一樣，多是以懺悔的心態投入運動。「但是在有的時候，也發表了一些不是懺悔的見解和主張。」[1]儘管這些不是懺悔的見解和主張，「剛一提出來，就受到了批判」[2]，但它表達了馮友蘭當時內心的真實思想和真實願望。這些思想和願望，在今天看來，卻具有重要的文化意義。

50年代中期，即上文所述兩個高潮的中間，是一個相對平靜的時期。雖然這種平靜往往意味著新的思想政治運動的高潮的到來，但在當時是不易預見的。因為當時國際國內的政治環境稍稍趨於穩定，中國共產黨有鑒於蘇共二十大所暴露出來的蘇聯社會主義模式的弊端，開始反思蘇聯的經驗。1956年4月，毛澤東著名的《論十大關係》的講話，表示了要在黨內外調動一切積極因素的願望。5月，又提出了旨在促進科學技術發展和文學藝術繁榮的「百花齊放、百家爭鳴」的

1 　《三松堂自序》第七章，《三松堂全集》第一卷，第261頁。
2 　《三松堂自序》第七章，《三松堂全集》第一卷，第261頁。

所謂「雙百方針」。特別是於同年九月通過的中共八大檔，正確分析了我國社會主義改造基本完成以後的基本形勢，指出無產階級同資產階級的矛盾已經基本解決，國內的主要矛盾已經是人民對於建立先進的工業國的要求同落後的農業國的現實之間的矛盾，已經是人民對於經濟文化迅速發展的需要同當前經濟文化不能滿足人民需要的狀況之間的矛盾。根據這種形勢，八大確定了黨的中心任務，就是集中力量解決這個主要矛盾，發展生產力，把我國儘快地從落後的農業國變為先進的工業國，以逐步滿足廣大人民群眾日益增長的物質和文化需要。

在「雙百方針」和黨的八大精神鼓舞下，中國的知識份子曾一度感到興奮。因為從1949年以來，黨還從來沒有如此明確地提出以發展生產力為主要任務。知識份子以為施展自己才能的時候到了，認為這實在是一個難得的機會。因此，在黨的八大之後不久，在文學、藝術、教育、學術等領域裡，都不同程度地出現活躍的氣氛。北大哲學系尤其如此。當時北大哲學系主任，號稱康得研究專家的鄭昕教授，率先於10月8日在《人民日報》發表了《開放唯心主義》一文。他從政治與學術關係的角度，論證了開放唯心主義的意義，以為共產黨允許唯心主義思想和唯物主義思想自由爭辯，自由競賽。「這就說明了我們的大學裡有比資本主義國家多得無比的思想自由和學術自由。資本主義國家不敢叫馬克思主義進大學的門，但是他們誇口他們的『學術自由』，而我們卻叫反對馬克思主義的唯心主義自由講授，這就充分說明人民民主專政的優越性：在人民民主政權下的人民是能充分享

受民主與自由的。」[3]為此，鄭昕教授還呼籲那些當時仍淹留在資本主義國家裡的朋友們：「你們不要再存顧慮，不要再聽資本主義社會的政客們的惡毒宣傳了；祖國殷切期待你們回來自由研究和自由講學，祖國的空氣是自由的。」[4]自由研究和自由講學的理想還沒有實行，知識份子們便開始有些喜形於色了。他們盼望的就是這一天，能夠自由地表達自己的思想，把自己的所長奉獻給祖國。

當然，開放唯心主義，對於鄭昕教授來說，還有更大的意義。即以德國古典哲學為代表的唯心主義哲學家們，「給人類創造了寶貴的精神財富」，正確地對待它們，「就能給馬克思列寧主義帶來豐富的歷史遺產」，「我們沒有任何理由輕視這一份歷史遺產，甚至於對它作簡單的否定」。[5]但是，新中國成立以來，「唯心主義成了政治反動的代名詞，只許批判，不許辯護」，結果反倒使「唯心主義思想掩藏得愈深愈牢靠」。[6]正確的做法應該是，把學術觀點與政治觀點分開，使對唯心主義的批判與辯護，成為「自由爭論的兩方，這就給有唯心主義思想的人以無限自由的感覺。自由是改造的起點，只許批判，不許辯護，就很難使人心服」[7]。鄭昕的這篇文章，在當時對於解放思想、活躍學術氣氛起到了促進作用。其中已經涉及歷史文化遺產（其中包括唯心主義）的繼承問題和對待歷史文化遺產的方法問題。

繼鄭昕《開放唯心主義》一文之後，馮友蘭於10月23日在《人民

3　《開放唯心主義》，《中國哲學史問題討論專輯》，科學出版社，1957年版，第6頁。
4　《開放唯心主義》，《中國哲學史問題討論專輯》，第6頁。
5　《開放唯心主義》，《中國哲學史問題討論專輯》，第7頁。
6　《開放唯心主義》，《中國哲學史問題討論專輯》，第5頁。
7　《開放唯心主義》，《中國哲學史問題討論專輯》，第5頁。

日報》發表了題為《關於中國哲學史研究的兩個問題》的文章。馮友蘭認為，「我們近年來的哲學史工作，就是把唯心主義看成是毫無意義的東西」[8]。實際上，「唯物主義與唯心主義是一個東西（哲學）的兩個對立面。它們互相排斥，而又互相影響、互相滲透，這就是兩個對立面底矛盾與統一」[9]。在馮友蘭看來，構成事物統一體的矛盾雙方，既有相互排斥的一面，又有相互滲透的一面。只講排斥、鬥爭，不講聯繫、滲透，就勢必否認一方面，誇大一方面。「這樣的處理，是把問題簡單化了」[10]，「是受了教條主義的束縛」[11]，「是從『粗陋的、簡單的、形而上學的唯物主義的觀點』來看」[12]，因此也就是違背辯證法的。最後他得出結論說：

> 我們近來的哲學史工作，大概用的是形而上學唯物主義的方法，把哲學史中的唯物主義與唯心主義底鬥爭，簡單化、庸俗化了，使本來是內容豐富生動的哲學史，變成貧乏、死板。[13]

馮友蘭認為，如果按著當時的理論研究中國哲學史，那麼中國古代哲學幾乎全得否定，沒有什麼可以繼承的東西。這一看法與鄭昕在《開放唯心主義》一文中關於唯心主義哲學同樣可以成為人類精神文化遺產的看法是一致的。這裡，一個極為重要的問題被提出來：那就是對中國幾千年的哲學史，其中包括中國幾千年的傳統文化要不要繼

8　《關於中國哲學史研究的兩個問題》，《三松堂全集》第十二卷，第93頁。
9　《關於中國哲學史研究的兩個問題》，《三松堂全集》第十二卷，第90頁。
10　《關於中國哲學史研究的兩個問題》，《三松堂全集》第十二卷，第90頁
11　《關於中國哲學史研究的兩個問題》，《三松堂全集》第十二卷，第84頁。
12　《關於中國哲學史研究的兩個問題》，《三松堂全集》第十二卷，第93頁。
13　《關於中國哲學史研究的兩個問題》，《三松堂全集》第十二卷，第96頁。

承和如何繼承的問題。就此，馮友蘭於1957年1月8日，在《光明日報》上又發表了《中國哲學遺產的繼承問題》。也就是在這篇文章中，他提出了全面瞭解中國古代哲學思想和繼承中國哲學遺產的方法。他說：「我們近幾年來，在中國哲學史底教學研究中，對中國古代哲學似乎是否定的太多一些。否定的多了，可繼承的遺產也就少了。我覺得我們應該對中國的哲學思想，作更全面的瞭解。」[14]為了全面瞭解中國哲學思想，以便解決「否定的多，繼承的少」的問題，他提出：中國哲學史有些命題既有抽象的意義，又有具體的意義。按其具體的意義說，許多命題都沒有進步意義，因此只能否定，不能繼承；但「就其抽象意義說，則有進步作用，是可以繼承的」[15]。這就是著名的、後來被概括為「抽象繼承法」的由來。

《中國哲學遺產底繼承問題》一經發表，便引起當時哲學界廣泛而熱烈的討論。就在此時，中宣部指示北大哲學系召開一次「中國哲學史問題座談會」。於是從1957年1月22日至26日座談會在北大哲學系召開，會上主要討論兩個問題：一個是關於對唯心主義哲學的評價問題，另一個則是中國哲學遺產的繼承問題。因為是中國哲學史問題座談會，又因馮友蘭是中國哲學史教研室主任，故會議由馮友蘭主持，並作了重點發言。在這次座談會上，他除了再次提出《中國哲學遺產底繼承問題》一文中的主要觀點外，還針對學術界對他的批評，談了他的「補充意見」。後來他又對補充意見作了修改，以《再論中國哲學遺產底繼承問題》為題，分別刊載於該年3月29日、30日的

14　《中國哲學遺產底繼承問題》，《三松堂全集》第十二卷，第97頁。
15　《中國哲學遺產底繼承問題》，《三松堂全集》第十二卷，第101頁。

《人民日報》上。此後不久，馮友蘭又於5月10日至14日主持了由中國社科院哲學所、北大中哲史教研室、人大哲學史教研室共同召開的「中國哲學史工作會議」。在此次會議上，大家也就馮友蘭關於中國哲學遺產的繼承問題展開了討論。

馮友蘭關於中國哲學遺產的繼承問題的兩篇文章和圍繞這兩篇文章的主要觀點進行討論的兩次座談會，可以說是「文革」前中國知識份子對中國傳統文化和哲學遺產普遍關切的表現，同時也是中國當代哲學發展史上一次有重要意義和產生重要影響的學術活動。由於當時正處於50年代兩次政治運動的高潮之間，所以當時儘管「左」的教條主義仍占統治地位，但總的說來，學術界對馮友蘭的批評基本上是正常的。可是，不久，這種基本正常的學術批評便被急風暴雨式的「反右鬥爭」所取代，「抽象繼承法」也隨之成為一項不大不小的「政治帽子」戴在了馮友蘭的頭上。

9.2　「抽象繼承法」的內容

馮友蘭關於「抽象繼承法」的主要觀點，集中表現在1957年初他所發表的專論中國哲學遺產繼承問題的兩篇文章中。首先他認為：「在中國哲學史中有些命題，如果作全面瞭解，應該注意到這些命題底兩方面的意義：一是抽象的意義，一是具體的意義。」[16]

什麼是命題的抽象意義與具體意義呢？馮友蘭舉例說，比如「學

16　《中國哲學遺產底繼承問題》，《三松堂全集》第十二卷，第97頁。

而時習之，不亦說乎」這句話，若從它的具體意義看，「孔子叫人學的是《詩》、《書》、《禮》、《樂》等傳統的東西。從這方面去瞭解，這句話對於現在就沒有多大用處，不需要繼承它，因為我們現在所學的不是這些東西」[17]。這就是說，所謂哲學命題的具體意義，是指一個哲學命題所包含的時代內容，因為這些內容都是具體的，因此可以隨著時代的變化而變化。對於孔子的這句話，確實可以有不同的理解，尤其對「學」的內容，歷來都有不同的解釋。毛奇齡《四書改錯》謂：「此開卷一學字，自實有所指而言。」賈誼《新書》認為：「以學道言，則大學之道，格致誠正修齊治平是也。以學術言，則學正崇四術，凡春秋《禮》、《樂》，冬夏《詩》、《書》皆是也。此則學也。」[18]朱熹則認為：「學而時習之」之「學」，乃「至乎聖人之事」，即「伊川先生所謂『儒者之學』是也。」[19]正因為孔子所謂學，有其具體內容，所以馮友蘭以為「學而時習之，不亦說乎」這一命題有其具體意義。其具體意義是該命題所包含的具體的時代的內容。這對於不同時代的人來說，是不能繼承的。但不能因為哲學命題的具體意義不能繼承，就因此全部否定它的價值，在馮友蘭看來，哲學命題還有另外一面意義，即其抽象意義。

什麼是哲學命題的抽象意義呢？仍以「學而時習之，不亦說乎」為例。馮友蘭認為，「如果從這句話的抽象意義看，這句話就是說：無論學什麼東西，學了之後，都要及時的經常的溫習與實習，這都是很快樂的事。這樣的瞭解，這句話到現在還是正確的，對我們現在還

17　《中國哲學遺產底繼承問題》，《三松堂全集》第十二卷，第97—98頁。
18　轉引自程樹德《論語集釋》卷一，中華書局，1990年版，第3—4頁。
19　轉引自程樹德《論語集釋》卷一，中華書局，1990年版，第3頁。

是有用的」[20]。也就是說，這句話的抽象意義是可以繼承的。

在《中國哲學遺產的繼承問題》一文中，馮友蘭並未從理論上論證他的論點，而多是從具體實例中說明哲學命題所包含的具體與抽象兩方面的意義。如他又以孔子「節用而愛人」這一命題為例，分析其中所包含的具體意義和抽象意義。馮友蘭認為，從具體意義看，孔子所說的「愛人」是有其具體內容的。因為儒家主張親親，即認為人們因為血緣關係而有親疏的不同，因此愛是有差等的，應該首先愛自己的父母，然後才能推廣及人。由此可以看出「節用而愛人」這一命題中，它的具體意義，乃是指該命題所包含的時代內容。在孔子的時代，孔子認為愛首先是愛父母，這樣，「愛」就是非常具體的，因此也就有了很大的侷限性。墨子就不同意這種說法，認為愛應不分差等。因此墨子反對的，即上述命題的具體意義。在馮友蘭看來，一個哲學命題所包含的具體內容越充分，它的侷限性也就越大，因此也就不能繼承。相反，一個命題的抽象意義，乃是在剔除了其具體所指之後，所保留的超時代的內容。因此，「從抽象意義看，『節用而愛人』，到現在還是正確的，是有用的，可以繼承下來」[21]。在馮友蘭看來，在剔除了這一命題的時代侷限後，它與現在或將來都有許多共同性，「我們現在不是也主張勤儉辦社，關心群眾嗎？孔子所說『為仁之方』即實行『仁』底方法為『忠恕』之道，『己所不欲勿施於人』。過去我們說孔子這樣講有麻痺人民，緩和階級鬥爭底意義。從具體意義看，可能有這樣的意義。但從抽象意義方面看，也是一種很

20　《中國哲學遺產的繼承問題》，《三松堂全集》第十二卷，第98頁。
21　《中國講學遺產底繼承問題》，《三松堂全集》第十二卷，第99頁。

好的待人接物的方法，我們現在還是可以用」[22]。

從1957年1月8日，《光明日報》發表《中國哲學遺產底繼承問題》，中間經過「中國哲學史座談會」上的討論，許多人對馮友蘭的上述提法提出了批評。為此，馮友蘭在座談會上發表了《關於中國哲學遺產繼承問題的補充意見》。在補充意見中，馮友蘭對他的觀點做了兩點說明。其一是說，「抽象」和「具體」這兩個形容詞，很容易引起麻煩，因此他把「抽象意義」和「具體意義」的提法改為「一般意義」和「特殊意義」。其二認為，他所說的「抽象意義」可以繼承，主要是指中國哲學史中的唯物主義思想或唯物主義命題，對於一些諸如「理在氣先」的唯心主義命題，其抽象意義也是不能繼承的。[23]儘管馮友蘭對自己的觀點作了修正，但其基本思想未變，故引起當時哲學戰線的廣泛批評。為此，馮友蘭又在《人民日報》上發表了《再論中國哲學遺產底繼承問題》。這篇文章是對前一篇文章的進一步闡發，特別是對哲學命題的「抽象意義」和「具體意義」的提法做了全面的說明和補充。

馮友蘭認為，他的文章之所以引起爭論，是因為「在我那篇文章裡有許多地方講得不夠全面；對於有些問題的提法，也不恰當」[24]。為了消除誤會，他作了全面的說明。

首先，馮友蘭認為：「所謂繼承，包括三個問題：第一，什麼是

22　《中國講學遺產底繼承問題》，《三松堂全集》第十二卷，第99頁。
23　《關於中國哲學遺產繼承問題的補充意見》，《中國哲學史問題討論專輯》，第284頁。
24　《再論中國哲學遺產的繼承問題》，《三松堂全集》第十二卷，第125頁。

繼承，就是關於繼承的意義的問題；第二，怎樣繼承，就是關於繼承的方法問題；第三，繼承什麼，就是關於繼承的內容與選擇標準的問題。」[25]馮友蘭認為，他所強調的哲學命題的「抽象意義」，只是上述三個問題中的一個，也就是關於繼承的方法問題。對於方法問題不能孤立地看，應該與「什麼是繼承」和「繼承什麼」聯繫起來。

正因為以前對「什麼是繼承」的問題沒有搞清楚，「因此中國哲學的繼承問題就成為問題」，「有個時期，大家強調，古代與現在『毫無共同之處』，好像無論什麼事情，都要從頭作起。那就無所謂繼承問題」。[26]因此，所謂繼承，就是「在歷史發展的各階段中，各階級向已有的知識寶庫中，取得一部分的思想，加以改造，使之成為自己的思想鬥爭的武器，在自己的事業中，發揮積極作用。這就是思想繼承」[27]。繼承不是全盤拿過來，而是有選擇的，並且要加以改造，以使傳統的東西發生積極作用。這就產生了如何分析、改造的問題，也就是如何繼承的問題。在馮友蘭看來，「在研究古代哲學的工作中，我們如果注重其中命題的抽象意義，就可見可以繼承的比較多。如果只注重其具體意義，那可以繼承的就比較少，甚至於同現在『毫無共同之處』，簡直沒有什麼可以繼承」[28]。從這段材料中，我們看到，馮友蘭所關注的問題仍是對傳統哲學的繼承問題，他所提出的哲學命題的抽象意義可以繼承的觀點，乃是為了在更大範圍內繼承中華民族的文化遺產創造理論根據，其用心可謂良苦。

25　《再論中國哲學遺產的繼承問題》，《三松堂全集》第十二卷，第125頁。
26　《再論中國哲學遺產的繼承問題》，《三松堂全集》第十二卷，第127頁。
27　《再論中國哲學遺產的繼承問題》，《三松堂全集》第十二卷，第126頁。
28　《再論中國哲學遺產的繼承問題》，《三松堂全集》第十二卷，第128頁。

但馮友蘭良苦的用心，在那個強調階級鬥爭的年代裡很難被人理解，他的「抽象意義」的提法也因此一再遭到非難。如有人認為：「馮先生提出了一個值得認真考慮的問題，但是他所設想的解決問題的方法是趨向於一個錯誤的方向。其所以是錯誤，就因為在應當實事求是地做具體分析的時候，卻採用了一種最省力的辦法。從主觀出發在頭腦裡做一次簡單的抽象，這是不能解決實際問題的。」[29]馮友蘭認為，這樣的批評就是一種誤解。因為「一提到抽象，有些人就會聯想到形式邏輯的抽象。這種抽象誠然很簡單，很省力……但是我所說的抽象，不是那種抽象」[30]。為了避免誤解，馮友蘭特別提出：「我在以下不用『抽象』與『具體』這兩個字眼，而用『一般』與『特殊』這兩個字眼。」[31]馮友蘭認為：

　　我們對於一個哲學命題進行分析，指出其中有一般意義與特殊意義，並且在一定範圍內把它們分別來看，這是我們研究哲學史的一種經常的工作。事實上我們在哲學史研究工作中，都是這樣作的。[32]

　　「抽象」與「具體」，「一般」與「特殊」，在哲學的理論思維中，二者是一致的。「抽象意義」或「一般意義」，指的是某哲學命題所具有的普遍性，它可以超出一定時代、一定階級的限制，在更廣泛的範圍內適用。而「具體意義」或「特殊意義」則是指某哲學命題在當時所具有的特殊形式。它是隨著各個不同的時代，有其特殊的具體內

29　胡繩：《關於哲學史的研究》，《中國哲學史問題討論專輯》，第516頁。
30　《再論中國哲學遺產底繼承問題》，《三松堂全集》第十二卷，第128頁。
31　《再論中國哲學遺產底繼承問題》，《三松堂全集》第十二卷，第128頁。
32　《再論中國哲學遺產底繼承問題》，《三松堂全集》第十二卷，第130—131頁。

容，因此從根本上說，「這個特殊形式就是它的侷限性」[33]。

馮友蘭在區別哲學命題的一般意義和特殊意義的基礎上，又強調二者的不可分離性。他認為：「說一個哲學命題有一般意義與特殊意義，並不等於說一般意義能離開特殊意義而單獨存在。」[34]因此必須反對兩種傾向：一種是「專注一般意義，而把特殊意義拋開」；另一方面的錯誤，「那就是專注於古代哲學命題的特殊意義，而不注意於它的一般意義。這樣做的結果，必然要把古代哲學史說成是一部錯誤大全」[35]。在馮友蘭看來，區分哲學命題的一般意義和特殊意義，目的就在於更好地繼承中華民族的優秀的哲學與文化遺產。為了做到這一點，必須首先解決方法問題。而他的「抽象意義」或「一般意義」的提法，歸結起來，「主要的是一個方法問題」。「我承認，專靠這個方法，未必能解決哲學遺產中的繼承問題；但是，不用這個方法，就不能解決哲學遺產中的繼承問題，也不能作哲學史研究工作。」[36]在馮友蘭看來，他的這個方法，對於解決繼承問題與哲學史研究工作，「是必要的，但不一定是充足的」[37]。

馮友蘭的這一思考，反映了他對中國傳統哲學與傳統文化繼承問題的普遍關切。在中國的民族哲學與民族文化遭到普遍懷疑和全面批判的時候，馮友蘭提出的哲學命題的「抽象意義」或「一般意義」可以繼承的思想，的確不失為一種補偏救弊的方法；起碼在當時條件

33　《再論中國哲學遺產底繼承問題》，《三松堂全集》第十二卷，第133頁。
34　《再論中國哲學遺產底繼承問題》，《三松堂全集》第十二卷，第130頁。
35　《再論中國哲學遺產的繼承問題》，《三松堂全集》第十二卷，第134頁。
36　《再論中國哲學遺產底繼承問題》，《三松堂全集》第十二卷，第140頁。
37　《再論中國哲學遺產底繼承問題》，《三松堂全集》第十二卷，第140頁。

下，可以引起人們對中國哲學與文化遺產繼承問題的廣泛關注。

9.3 「抽象繼承法」的遭遇

作為一種補偏救弊的方法，馮友蘭的上述思想在當時確實造成了一種「理論效應」。這種「效應」是由幾種因素造成的。

在改革開放以前的那些年代裡，人們往往習慣於一種「思維定式」。即馬恩列斯毛沒有說過的話，或馬恩列斯毛的思想中沒有的思想，一旦被別人提出來，一定會遭來物議，甚至會被當作一種新的「思想動向」而引起廣泛注意。即使被別人提出來的思想是一種很簡單的思想；或者與馬恩列斯毛不相違背的思想，都可能被當作一種「離經叛道」的行為而遭到批判。

與上述「思維定勢」相聯繫的再一個因素，是「因人定位」的觀念。同樣一種思想或同樣一句話，若出於「左」派口中，則往往被認定為是正確的，起碼不會被當作是錯誤的。相反，若出於從舊社會過來的，尤其像馮友蘭這樣的學術權威之口，那麼他所說的話或他所提出的學術觀點，就值得懷疑，甚至要查一查老賬，翻一翻老底，看他以前是怎樣說的，然後把現在的觀點與他以前的觀點聯繫起來加以批判。

再者是所謂哲學的黨性原則。那時所理解的黨性，多指階級性或黨派性。即認為哲學或哲學史不但要有高度的科學性，「而且要有高度的黨性。有的人為了反對教條主義，不但傷害了哲學史的科學性，

而且削弱了，甚至否認了哲學史的黨性原則」[38]。這種觀點，把批評教條主義與貫徹哲學的黨性原則對立起來。而馮友蘭《關於中國哲學史研究的兩個問題》及《中國哲學遺產底繼承問題》兩文所提出的觀點，都具有反對教條主義的意義，因此必然遭到批判。

由於馮友蘭的上述文章及觀點在當時確實造成了一種「理論效應」，所以引起當時理論界、學術界的密切關注，它所涉及的範圍大大超出了中國哲學史的界限，當時，許多著名學者及黨內理論家都參加了討論，並對馮友蘭的觀點提出了批評。

最初，對馮友蘭把哲學命題劃分為「抽象意義」和「具體意義」的批評，基本上是在學術討論的範圍內進行的。儘管其中也有些極「左」的觀點，但不占主導地位。但是，到了1957年底，即學術界、理論界經過轟轟烈烈的反右鬥爭之後，正常的學術討論被政治鬥爭所取代，學術問題也被看作是政治問題。因此，50年代後期和60年代初期，對馮友蘭上述觀點的批判，基本上由學術問題轉向政治問題，並且多以當時流行的階級鬥爭觀點和階級分析方法對馮友蘭哲學命題的「抽象意義」和「具體意義」進行了批判。這一時期的批判，之所以表現為不正常，其突出特點是把馮友蘭的學術觀點同馮友蘭個人的所謂思想表現、政治表現聯繫起來，把馮友蘭當時的理論觀點與過去的理論觀點，特別是同其新理學的理論觀點聯繫起來。聯繫起來之後，又把馮友蘭的觀點作為一種修正主義思潮加以批判，這樣就使原來的學術討論完全走了樣、變了形，表現為一種絕對化的極「左」思潮。

38　《中國哲學史問題討論專輯》，第120頁。

上述絕對化的極「左」思潮的一個典型代表，即是關鋒《反對哲學史工作中的修正主義》一文。此文寫於1957年10月，發表在《哲學研究》1958年第一期上。這篇文章似乎是一個信號，即對「反右鬥爭」作理論上的總結。1957年夏，毛澤東發表了《一九五七年夏季的形勢》，該文在對全國範圍內的「反右鬥爭」作出總結的同時，又提出了下一階段的任務，指出：「目前的鬥爭，在一段必要時間之後，應當由急風暴雨的形式轉變為和風細雨的形式，以便從思想上搞得更深更透。」[39]同年十月，毛澤東又在《做革命的促進派》一文中，對中共「八大」決議提出批評。他認為：「現在是社會主義革命，革命的鋒芒是對著資產階級⋯⋯主要矛盾就是社會主義和資本主義，集體主義和個人主義，概括地說，就是社會主義和資本主義兩條道路的矛盾。」[40]而黨的「八大」決議上，卻寫著當時的「主要矛盾是先進的社會主義制度同落後的社會生產力之間的矛盾」[41]。毛澤東認為，「八大」的「這種提法是不對的」[42]。因此，在急風暴雨式的「反右鬥爭」結束之後，階級鬥爭並未止息，這種鬥爭形式的改變，是為了更好地「從思想上搞得更深更透」。關鋒的《反對哲學史工作中的修正主義》一文，就是在這種背景下產生的，它對於當時在北大舉辦的「中國哲學史問題座談會」來說具有「清算」的性質。關鋒認為，以賀麟、陳修齋、馮友蘭為代表的觀點，「他們的根本論點的實質卻是修正主義的」[43]。那時，對他們的觀點雖然也進行了批判，但「還沒有分析它

39　《毛澤東選集》第五卷，人民出版社，1977年4月版，第461頁。
40　《毛澤東選集》第五卷，人民出版社，1977年4月版，第475頁。
41　《毛澤東選集》第五卷，人民出版社，1977年4月版，第475頁。
42　《毛澤東選集》第五卷，人民出版社，1977年4月版，第475頁。
43　《反對哲學史工作中的修正主義》，《哲學研究》1958年第1期。

的修正主義的實質、嚴重性和它的根源。因此，現在有必要對它作進一步的清算」[44]。

在關鋒《反對哲學史工作中的修正主義》一文的影響下，吳傳啟發表了《從馮友蘭先生的抽象繼承法看他的哲學觀點》一文。此文第一次把馮友蘭關於哲學命題可以劃分為「抽象意義」和「具體意義」，並認為「抽象意義」可以繼承的觀點，概括為「抽象繼承法」。吳傳啟的文章是繼關鋒之後，再一次從「清算」的立場對馮友蘭的「抽象繼承法」展開批判。吳氏認為，馮友蘭「抽象繼承法」的提出，是馮友蘭資產階級學術觀點的大暴露，由此聯繫到政治及世界觀的改造，則說明了「一個人的思想改造，特別是學術思想改造，是長期的、困難的和艱苦的事情。一般說來，這種改造的過程是反覆的，是波浪式前進的。所以馮先生雖然早有『警惕』於前，然而他的資產階級的學術觀點，仍然繼續表現於後」[45]。其中關於哲學遺產的「抽象繼承法」，「就是一個突出的例子」[46]。在吳傳啟看來，馮友蘭關於哲學遺產繼承問題的觀點和看法，不是枝節問題，「而是在根本問題上」所表現出來的「同馬克思主義的對立」，因此必須「在學術思想上進一步地清算」。[47]

吳傳啟對馮友蘭「抽象繼承法」的「清算」，主要是從兩方面進行的：一個是把馮友蘭的「抽象繼承法」與新理學中的哲學觀點聯繫起來，認為馮友蘭把哲學命題分為「抽象意義」和「具體意義」，實

44　《反對哲學史工作中的修正主義》，《哲學研究》1958年第1期。
45　《從馮友蘭先生的抽象繼承法看他的哲學觀點》，《哲學研究》1958年第2期。
46　《從馮友蘭先生的抽象繼承法看他的哲學觀點》，《哲學研究》1958年第2期。
47　《從馮友蘭先生的抽象繼承法看他的哲學觀點》，《哲學研究》1958年第2期。

際上就是《新理學》中關於「真際」與「實際」的翻版。吳氏認為，照這種說法，所謂「繼承」問題，就只存在於「理念世界」，不存在於現實世界；只存在於「真際」，不存在於「實際」；只存在於「抽象」，不存在於「具體」。因為在馮友蘭看來，孔子「節用而愛人」這句話，從具體意義講，其所謂「人」是指「貴族」；然而從其抽象意義說，則不管愛什麼人，都是「愛人」。吳氏認為，這樣一來，馮友蘭所謂的「愛人」，便是一種「超時空而獨立存在的『愛人』」，這種「愛人」在具體的、實際的社會中，或在現實世界中是沒有的。由此，吳傳啟得出結論認為，馮友蘭的「抽象繼承法」，在理論上是反科學的，在實踐上是「混淆階級界限，混淆唯物主義同唯心主義的界線」[48]，因此它「也就是通向於『無黨性』和『超階級』的陽關大道」[49]。

　　吳傳啟對「抽象繼承法」的另一方面的「清算」，則是聯繫馮友蘭的政治立場，認為馮友蘭在解放前，利用「新理學」的所謂「超世」哲學，「一方面『肯定』當時國民黨反動統治是『合理』的；另一方面則『否定』無產階級領導的革命為不合理」[50]。不僅如此，吳氏還把馮友蘭在「抽象繼承法」中提出的「在哲學遺產中是否有可以為各階級服務底成分」這一問題，與馮友蘭在《新事論》中提出的「某種社會制度是可變的，而基本道德則是不可變的」[51]這一問題聯繫起來，並把馮友蘭的上述觀點概括為「基本道德論」。

48　《從馮友蘭先生的抽象繼承法看他的哲學觀點》，《哲學研究》1958年第2期。
49　《從馮友蘭先生的抽象繼承法看他的哲學觀點》，《哲學研究》1958年第2期。
50　《從馮友蘭先生的抽象繼承法看他的哲學觀點》，《哲學研究》1958年第2期。
51　《新事論》，《三松堂全集》第四卷，第364頁。

在吳傳啟看來，馮友蘭的「抽象繼承法」完全是「基本道德論」的「借屍還魂」。他認為，在政治上，馮友蘭的這種「所謂不變的『基本道德』，實際上不過是當時反動統治者所企圖恢復的封建舊道德而已。然而這種觀點直到現在仍然頑固地表現在馮先生的文章裡。……蛛絲馬跡，前後印證，難道不是『基本道德』論的『魂兮歸來』嗎？」[52]這樣，在當時的一些「左」派眼裡，馮友蘭的「抽象繼承法」及其「基本道德論」，便成為一種不折不扣的「組織反動勢力的力量」，成為「集當時對抗革命的反動思潮的大成」。[53]

　　在吳傳啟的文章發表之後，關鋒又在《哲學研究》1958年第3期上發表了《批判馮友蘭先生的「抽象繼承法」》一文。該文充分肯定了吳傳啟對「抽象繼承法」的概括，並在吳氏批判的基礎上，對「抽象繼承法」作了三條「判決」：「（一）馮友蘭先生所說的『一般意義』，實際上是一個超唯物、唯心的形而上的絕對」[54]；「（二）馮先生所說的『一般意義』是超階級的絕對」[55]；「（三）馮先生的『一般意義』實質上是超時代的絕對」[56]。在關鋒看來，馮友蘭的「抽象繼承法」由於有上述三個「絕對」，因此犯了五個錯誤：第一，關鋒認為，把「一般意義」繼承過來，弄成歷史上各個時代的唯心主義、各個時代的唯物主義都是一樣的，因此「犯了簡單化的錯誤」；第二，馮友蘭主觀地給歷史上的哲學命題附加上「一般意義」或「特殊意義」，這樣就「犯了主觀主義的錯誤」；第三，把「一般意義」弄

52　《從馮友蘭先生的抽象繼承法看他的哲學觀點》，《哲學研究》1958年第2期。
53　《從馮友蘭先生的抽象繼承法看他的哲學觀點》，《哲學研究》1958年第2期。
54　《批判馮友蘭先生的「抽象繼承法」》，《哲學研究》1958年第3期。
55　《批判馮友蘭先生的「抽象繼承法」》，《哲學研究》1958年第3期。
56　《批判馮友蘭先生的「抽象繼承法」》，《哲學研究》1958年第3期。

成脫離具體而獨立存在的絕對或「真際」，因而「走上唯心主義」；第四，把哲學形態的更替，看作亙古不變的「一般意義」的改裝，「走上形而上學的道路，離開馬克思主義的歷史觀點」；第五，只注意有價值的命題的「一般意義」，而忘記它的「特殊意義」，就會在評價歷史人物時，「美化古人」。[57]

關鋒為馮友蘭「抽象繼承法」所概括的「三個絕對」與「五條錯誤」，實際上等於在政治上和理論上宣判了「抽象繼承法」的「死刑」。此後，理論界基本上是根據自己的需要以「抽象繼承法」為「反面教材」或「活靶子」來批判的。如陳伯達在批評「厚古薄今」和所謂「繁瑣考證」的時候，也根據自己的需要批判了「抽象繼承法」。

陳伯達認為，在繼承文化遺產的問題上，存在著「左」、右兩種傾向。右的傾向是，凡古皆好，否認正當的批判；「左」的傾向則是割斷歷史、抹殺一切，否認對文化遺產的繼承。由於陳伯達自己就是「左」的代表，因此他不可能真正地糾正「左」的傾向，而是在不斷反右的道路上越走越「左」，這是一條歷史的規律。

1959年中期，陳伯達在《紅旗》雜誌上發表了《批判地繼承和新的探索》一文。該文即把馮友蘭的「抽象繼承法」當作右的傾向加以批判，認為這一方法中蘊藏著一種「具體的復古主義」，因此，「抽象繼承法」實質上「卻是在繼承歷史遺產、文化遺產的名義下，在玄

57　以上五條概括均見《批判馮友蘭先生的「抽象繼承法」》，《哲學研究》1958年第3期。

虛中繞圈子，把古代加以現代化，把現代加以古代化」[58]。在陳伯達看來，馮友蘭提出「抽象繼承法」的目的，是「想剝奪哲學、道德的概念中的具體內容，使這類概念成為超客觀存在、超時間、超歷史條件的某些絕對的、先驗的形式、公式或名稱」[59]，「這樣，也就可以方便地去磨平唯物論和唯心論的界線，磨平這個階級道德和那個階級道德的界線」[60]。陳伯達對「抽象繼承法」的批判，雖然是以扣帽子的方式說了一些大話和空話，但這種批判方式及其批判水準正是反映了50年代中後期，中國的學術研究所受到的極「左」思潮的干擾和破壞。馮友蘭因所謂「抽象繼承法」而遭到極不公正的對待。

9.4 「抽象繼承法」的得失

在粉碎「四人幫」以前的極「左」年代裡，理論上、學術上的不同看法無法擺脫政治的糾纏，因此對馮友蘭所謂的「抽象繼承法」的研究也不能進行真正的理論探討和公正的評價。粉碎「四人幫」以後，特別是改革開放以後，隨著中國的社會環境和政治環境的逐步改善，理論研究和學術研究才逐步走上正常軌道。但由於理論本身的複雜性和人們對一種理論體系的瞭解和把握上的差異，特別是方法論上的差異，使人們對馮友蘭的「抽象繼承法」仍存在著不同看法，有的甚至仍持批判態度。我們認為，這是正常的，因為它是人們在經歷了對極「左」思潮的歷史反思後所重新作出的判斷，因此也就具有了不

58　《批判的繼承和新的探索》，《紅旗》1959年第13期。
59　《批判的繼承和新的探索》，《紅旗》1959年第13期。
60　《批判的繼承和新的探索》，《紅旗》1959年第13期。

同的性質。

如果我們把馮友蘭提出的「抽象繼承法」放到當時的歷史實際中去考察，就會發現一個最基本的事實：在當時階級鬥爭理論占統治地位的客觀形勢下，人們很難直接表達自己對文化遺產繼承問題的看法。馮友蘭在當時所以能夠力排眾議，提出哲學命題的「抽象意義」可以繼承的觀點，其意義不在於理論上的表述，而在於對當時以「左」的態度粗暴否定文化遺產的教條主義和形而上學的抵制。這一點應該成為正確評價「抽象繼承法」的一個基本前提。也就是說，承認不承認在文化遺產的繼承問題上當時有「左」的教條主義存在，如果承認它存在，那麼如何糾正或用什麼方法糾正，那就是另外的問題。這兩個問題既有聯繫又有區別，所以不應混淆。而當時及以後對「抽象繼承法」的批判，恰恰嚴重混淆了上述兩個問題。這樣本來是應該糾正在哲學遺產繼承問題上的「左」的錯誤，反而變成了批右。這樣，「左」的東西不但未得到糾正，反而變本加厲，越來越「左」。馮友蘭的「抽象繼承法」的提出，是為了糾正在哲學或文化遺產的繼承問題上所存在的「左」的教條主義，這是一個基本前提。如果看不到這樣一個基本前提，或故意混淆抹殺這個基本前提，就不會正確對待和公正評價「抽象繼承法」及其提出者本人。

對「左」的東西如何糾正？或用什麼方法糾正？這個問題在當時儘管做不到，但認識到它存在和認識不到它存在，這又是一個問題。馮友蘭認識到這一問題，然後提出解決的方法，儘管這個方法可能不全面，甚至理論上有不足，但這只是前進中的不足。抓住理論上的不足並以此掩蓋當時在文化遺產繼承問題上所存在的真正問題，這就勢

必造成「南轅北轍」。當時對「抽象繼承法」的批判，即深深陷入到理論討論的迷霧中而失去了方向。一方面對馮友蘭的觀點「咬文嚼字」，把一場對現實問題的討論引向了脫離實際的空洞的形而上學；另一方面又對馮友蘭進行歷史的與現實的政治討伐，把當時的理論討論上升為階級鬥爭和政治問題。

從理論上看，當時批判馮友蘭的人也沒有在理論上講清楚。他們所使用的武器都自稱是馬克思主義的辯證唯物論或唯物辯證法，但在批判中，他們自己卻往往陷入形而上學。在理論上講不清，最後便祭起「黨性」與「階級性」的大棒，對馮友蘭進行政治批判。現在，通過歷史的考察和理論的沉思，我們可以看到，所謂「抽象繼承法」，並非如當時批判的人所說的那樣複雜。把哲學命題分解為不同層次的意義，這對於哲學家來說本來是極為正常的。在當代無論哪一派哲學來說，對哲學命題的瞭解，都不能像50年代那樣從政治原則出發，或從某一特定的思想模式出發。「抽象繼承法」的原意主要體現在對某一哲學命題或某一哲學體系進行理論分析。至於如何分析，卻可以有不同的方法和不同的意見。馮友蘭的「抽象繼承法」，即可以看作是各種不同方法、不同意見中的一種。

作為不同方法或不同意見中的一種，馮友蘭的「抽象繼承法」不能說沒有任何理論意義和參考價值。就其理論意義說，把哲學命題劃分為「抽象意義」和「具體意義」，這在理論上不但不違背邏輯，而且恰恰是邏輯分析所要求的。哲學命題的「抽象意義」與「具體意義」的提法，後來馮友蘭又補充為「一般意義」和「特殊意義」。就其基本理論說，這一問題實際上是一般與個別、共性與個性的關係問

題。人們對事物的認識，其中包括對某一哲學命題的認識，只有從個別進入到一般，才有可能認識事物的本質。因為作為事物內部的本質聯繫，其中包括哲學命題所含有的不同意義的聯繫，都體現了這一領域中所有個別事物中的共同的東西，即一般的東西。可見，「在任何一個命題中，好像在一個『單位』（『細胞』）中一樣」，都可以發現一般和個別的辯證關係。[61]「從任何一個命題開始，如樹葉是綠的，伊萬是人，哈巴狗是狗等等。在這裡就已經有辯證法：個別就是一般。」[62]這裡所謂「任何一個命題」，當然包括哲學命題，都有一般與個別的關係問題，這似乎是馬克思主義哲學起碼的常識。然而在那些自詡為馬克思主義者的眼裡，只有他們可以這樣說，馮友蘭卻不能這樣說。如關鋒在《揚棄三法》一文中認為，繼承過程中有三種方法，其中即有「把哲學命題的意義區分為一般意義和特殊意義」的方法[63]。這裡，關鋒的說法與馮友蘭的說法完全一致。然而在關鋒看來，馮友蘭是背離馬克思主義的修正主義，而他自己卻是馬克思主義的。

從上述分析看，馮友蘭把哲學命題劃分為「一般意義」和「特殊意義」，其前提沒有錯。因為任何一個命題中都包含有一般與個別的關係，這是一個哲學常識。但在以往對馮友蘭的批判中，很多人都認為馮友蘭把哲學命題劃分為「一般意義」和「特殊意義」，其劃分的本身就是錯誤的。如有人說：「在我看來，馮友蘭先生的『抽象繼承法』正是由於他把哲學命題作了抽象意義和具體意義的區分，就從根

61　列寧：《談談辯證法問題》，《列寧選集》第2卷，第714頁。
62　列寧：《談談辯證法問題》，《列寧選集》第2卷，第713頁。
63　關鋒：《揚棄三法》，《新建設》1957年第12期。

本上弄錯了。」[64]

　　「抽象繼承法」的前提沒有錯，而重視哲學命題的「一般意義」是否就錯了呢？我們的回答也是否定的。在一般與個別的關係上，我們應該承認，二者既對立又統一（同一）。說它是統一（同一）的，是因為「個別一定與一般相聯而存在。一般只能在個別中存在，只能通過個別而存在」[65]。從二者相互聯繫來說，「任何個別都是一般。任何一般都是個別的（一部分，或一方面，或本質）」[66]。在我們看到二者同一的方面時，還要看到其對立的一面。因為「任何一般只是大致地包括一切個別事物。任何個別都不能完全地包括在一般之中，如此等等」[67]。正因二者的同一只是相對的，因此二者之間又有差異，其差異與對立表現在：「任何個別經過千萬次的轉化而與另一類的個別（事物、現象、過程）相聯繫。」[68]「這裡已經有偶然和必然、現象和本質，因為當我們說伊萬是人，哈巴狗是狗，這是樹葉等等時，我們就把許多特徵作為偶然的東西拋掉，把本質和現象分開，並把二者對立起來。」[69]這裡，列寧論證得很清楚，個別與一般除有同一的一面，還有對立的一面。從其對立的一面說，「一般」是在排除了偶然性、現象及具體特徵後所表現出來的對事物的本質或共同性的把握。這一情況完全適用於對哲學命題「一般意義」和「特殊意義」的分析。按著這種理解，哲學命題的「一般意義」，即是在排除了該

64　《抽象繼承法是不能成立的》，《中國哲學史方法論討論集》，中國社會科學出版社，1980年版，第192頁。
65　《談談辯證法問題》，《列寧選集》第2卷，第713頁。
66　《談談辯證法問題》，《列寧選集》第2卷，第713頁。
67　《談談辯證法問題》，《列寧選集》第2卷，第713頁。
68　《談談辯證法問題》，《列寧選集》第2卷，第713頁。
69　《談談辯證法問題》，《列寧選集》第2卷，第713頁。

哲學命題中所包含的具體的偶然性的東西後，對於客觀實際中普遍聯繫或普遍規律的一般理解或一般認識。哲學命題的「特殊意義」，即是該命題所包含的具體的內容或偶然性的成分，也即是對於客觀實際中普遍聯繫或普遍規律的具有時代侷限的理解。[70]

正因為哲學命題的「抽象意義」具有對事物的本質或共同性的把握，因此它與「具體意義」比較，具有必然性和穩定性。這一點也可以從「本質意義」與「現象意義」的層次上去比較。「抽象意義」亦可理解為「本質意義」；「具體意義」或「特殊意義」可以理解為「現象意義」，這是前面所引證的列寧的思想中所本有的含義。就「本質意義」與「現象意義」的關係說，二者既對立又統一。現象表現本質，但也可以歪曲地反映本質。從這一意義上說，本質則是對事物的準確把握。所以一般與個別的關係，共性與個性的關係是哲學的真問題，是任何哲學都回避不了的。馮友蘭從一般與個別的關係方面，提出哲學命題的兩重意義，恰恰是一種同形而上學對立的辯證思維，是難能可貴的。同時，他的哲學命題的「抽象意義」可以繼承的觀點，也正是在上述理論意義指導下提出來的，這一看法同樣有合理因素。

對馮友蘭的「抽象繼承法」能夠在哲學理論方面給以恰當說明並肯定其有合理因素的，只有張岱年先生。無論在1956年還是在粉碎「四人幫」之後，張岱年先生對這一問題的看法是一貫的。如他在50年代中國哲學史討論會上的發言，就充分肯定了馮友蘭「所謂一個命題的『具體意義』，就是一個命題在一定的社會歷史條件之下的實際

70　參見張岱年：《論中國哲學史研究中的理論分析方法》，《中國哲學史方法論討論集》，第127頁。

意義，這是正確的提法」[71]。他雖然也批評了馮友蘭關於「抽象意義」的提法，但在他具體地考察歷史文化時，實際上也是按著馮友蘭「抽象繼承法」的方法去作分析的。比如他認為：「在那些不同的時代的，或不同的階級的，彼此不同的道德觀念之間，除了相互對抗相互衝突的關係之外，是否也還有相互滲透相互影響的關係呢？」[72]他的回答是肯定的，它們之間有「共同的因素」，「共同的根源」，「所以就有了共同的方面」。因此在他看來，「在人類歷史中，有一些道德觀念或道德標準是在很長的時期中，對於不同的階級，起過或者還在起著作用的；它似乎是各階級所需要的⋯⋯惟其如此，所以古今或新舊道德之間，有其一定的繼承關係」[73]。正因為如此，吳傳啟在批判馮友蘭的「抽象繼承法」時，也把張岱年等人列在其中，認為在哲學遺產的繼承問題上，「張岱年用這種方法找到了為『各階級所需要的』道德」[74]。在另一篇文章中，張先生也認為哲學命題可以劃分為一般與特殊。他說：「在有規律意義的命題中，有一般與特殊的問題。命題所表指的規律是有一般性的，而那個命題在當時所涉及的事物則是特殊的。」[75]他以《漢書・河間獻王傳》中關於劉德的治學態度是「實事求是」的記載為例，說明了哲學命題不僅可以劃分為「一般意義」與「特殊意義」，而且其「一般意義」具有超時代的內容。他說，「實事求是」這句話，「可以說揭示了科學方法的最基本的原則。劉德所謂『實事』有其特殊內容，他所謂『是』也有其特殊的意義。但是

71　張岱年：《關於哲學遺產的繼承問題》，《中國哲學史問題討論專輯》，第344頁。
72　張岱年：《道德的階級性和繼承性》，《新建設》1957年第1期。
73　張岱年：《道德的階級性和繼承性》，《新建設》1957年第1期。
74　吳傳啟：《從馮友蘭先生的抽象繼承法看他的哲學觀點》，《哲學研究》1958年第2期。
75　張岱年：《關於哲學思想的階級性與繼承性》，《新建設》1957年第8期。

『實事求是』作為一個規律是有一般性的。所以我們現在可以用這句話來表示唯物主義的基本態度」[76]。張先生的這篇文章是1957年6月寫的，發表於《新建設》1957年的8月號上。但事隔一個月，張先生在北大便被打成「右派」。

1979年10月，張岱年先生在粉碎「四人幫」後首次舉行的中國哲學史方法論問題討論會上，再次肯定了馮友蘭的「抽象繼承法」。他在充分討論了哲學思想、哲學概念的階級意義和理論意義之後，對哲學命題的兩重意義作了詳細論證。他認為，「中國哲學史研究的一個重要任務」，就是「分析歷史上的思想家所提出的哲學命題的全部理論意義」。而哲學命題的理論意義又有兩層：即一般意義與特殊意義，或稱抽象意義與具體意義。這兩層意義應如何理解呢？張岱年先生認為：「哲學命題的抽象意義就是它的普遍性形式，其具體意義就是它的特殊性內容。」[77]他舉例說，如李塨提出的「理在事中」的命題，其「事」主要是指他的老師顏元所提出的「三事三物之學」，即「正德、利用、厚生」與「六德、六行、六藝」。這些主要是指封建統治階級的政治、道德原則及禮樂書數等。「顏李所謂事物有其時代的內容，顯然不同於我們今天所謂事物。這是『理在事中』命題的具體意義。然而，肯定事物之理即在事物之中，這個命題的抽象意義仍然是必須肯定的。」[78]這樣，張岱年先生等於完全接受並詳細闡發了馮友蘭的「抽象繼承法」。在張先生看來，把哲學命題區分為一般意

76　張岱年：《關於哲學思想的階級性與繼承性》，《新建設》1957年第8期。
77　張岱年：《論中國哲學史研究中的理論分析方法》，《中國哲學史方法論討論集》，第128頁。
78　張岱年：《論中國哲學史研究中的理論分析方法》，《中國哲學史方法論討論集》第，128頁。

義與特殊意義，不但在理論上是正確的，而且它表現了認識的辯證發展過程。他說：

　　哲學命題具有一般意義與特殊意義，這正是表現了人類對於客觀規律或普遍聯繫的認識有一個演變發展的過程。每一個時代的思想家根據當時的科學水準而接近客觀真理。哲學命題的具有時代侷限的詳細內容即其特殊意義；哲學命題所包含的符合客觀實際的核心觀念即其普遍性的一般意義。哲學命題的不同層次的意義正表現了認識的辯證發展過程。[79]

　　因此，我們可以得出結論說，馮友蘭的「抽象繼承法」把哲學命題區分為「抽象意義」與「具體意義」，正是體現了「人類對客觀規律或普遍聯繫的認識有一個演變發展過程」。同時它是對一般與個別關係這一哲學的「真問題」在哲學命題和哲學思想分析中的具體運用。

　　至於其不足或者缺點也是有的，這也是一種理論觀點或方法從提出到運用有一個逐步完善的過程。我們不能要求一種理論觀點在它剛剛提出時就是百分之百的正確。馮友蘭「抽象繼承法」在理論上的不足主要表現在三個方面。第一，過多地強調「抽象意義」可以繼承，而「具體意義」不能繼承，這就有割裂一般與個別辯證關係的危險。第二，實際上，我們在考察古代哲學文化遺產的時候，不僅對一些哲

79　張岱年：《論中國哲學史研究中的理論分析方法》，《中國哲學史方法論討論集》，第130—131頁。

學命題的抽象意義給以繼承，其具體意義有時也是可以繼承的。這就是說，對哲學命題的「具體意義」不能一概排斥。第三，對「抽象意義」的繼承，也不是絕對的。因為「抽象意義」與「具體意義」的關係，正如「一般」與「個別」的關係一樣，它們的差異也是相對的。在一種情況下是「抽象意義」的東西，在另外的情況下可能是有「具體意義」的東西。

總之，50年代及以後關於「抽象繼承法」的爭論並不是一個簡單的問題，它既關係到哲學遺產的繼承問題，又關係到哲學遺產繼承的方法問題，這一問題對我們今天的現代化建設，其中包括中國文化的建設，仍具有重要參考價值。

第十章

晚年定論──《中國哲學史新編》

10.1　中國哲學史三部曲

　　中國哲學是中國文化的重要組成部分，它是中華民族智慧的結晶，代表了中華民族理論思維的最高水準。因此可以說，中國哲學是中國文化的核心部分，它在整個中國文化系統中起著主導作用。馮友蘭自20年代起，一直到他生命的結束，始終潛心研究中國哲學，企圖在中國哲學發展的歷史中，探求中國未來文化發展的道路；在中國古人的哲學智慧中，發現振興中華民族的思想動力和個人在宇宙人生中的生命源泉。

　　1990年，馮友蘭在《中國哲學史》臺北版自序中，曾高度概括了他一生的著述情況，他說：「余平生所著，三史六書耳。三史以釋今古，六書以紀貞元。」[1]其中所謂「三史」，即《中國哲學史》（兩卷本）、《中國哲學簡史》、《中國哲學史新編》。這三部中國哲學史分別代表了馮友蘭學術創作的三個不同時期，從而也反映了馮友蘭在不同的歷史階段和不同的歷史社會環境中所表現的學術觀點的差異。

　　兩卷本《中國哲學史》產生於30年代初。當時除胡適的《中國哲學史大綱》外，尚無一部用近代方法或近代史學觀寫出的中國哲學史。而且胡適的《大綱》只有半部。同時，即使用近代方法或近代史學觀寫出中國哲學史，也還有用什麼樣的近代方法或什麼樣的近代史學觀的問題。因為西方近代哲學有不同派別，因此也有不同方法。如胡適的《大綱》是以實用主義方法和實用主義觀點寫出來的。而在西方近現代哲學流派中，實用主義恰恰是不重視哲學本體論或根本沒有

1　　《三松堂全集》第十三卷，第575頁。

哲學形上學的哲學。胡適在美國留學期間所學到的實用主義，正是以杜威為代表的美國的實用主義哲學。這派哲學所強調的是人的經驗及經驗所及的「人化世界」，認為人最要緊的事情莫過於不斷適應環境，從而在不斷變化的環境中求得生存。因此，個人為了生存必須依靠自己奮鬥，既不依賴他人，也不受他人制約，主張人的個性解放、思想自由和民主權利等。美國實用主義哲學幾乎影響了胡適的一生及其所展開的學術研究活動。他以這種方法及觀點研究中國哲學史，遂出現了「以實用主義改鑄古人」的傾向，在他的筆下，老子、墨子等古代哲學家，都成了實用主義或實驗主義的代言人。

馮友蘭雖然同胡適一樣，也是首先把西方近現代哲學方法引進中國哲學史研究的人，但他所採用的方法與胡適不同。他所採用的方法是新實在論。而新實在論又恰恰強調馮友蘭早年所服膺的邏輯分析方法。在新實在論或新柏拉圖主義哲學中，認知對象的客觀性始終是該哲學體系所關心的焦點，但它所謂的認知對象的客觀性或實在性，往往又與所謂的「共相」糾纏在一起，並由此強調事物的「共相」，亦即現代哲學所稱的「一般」。

在馮友蘭中國哲學史三部曲中的兩卷本《中國哲學史》，即是以新實在論的理論方法為基礎而撰寫出來的。它的出現，標誌中國哲學史的研究從古代走上了近現代的道路，為中國哲學史的研究開闢了廣闊的前景。這其中最突出的表現，則是用邏輯分析的方法審視中國幾千年的哲學發展，盡力突出了哲學之為哲學本身而非哲學之為政治的理論厘定工作，從而擺脫了傳統的經學形式，使哲學史的研究進入了真正的歷史與邏輯的統一，時代與民族的統一。至於這種「統一」是

否完善，還有待於進一步的研究與考察，但它畢竟做出了歷史性的嘗試。

《中國哲學簡史》是40年代的產物，它距兩卷本《中國哲學史》的誕生前後相差十幾年。而在這十幾年的歷史發展中，中國社會的政治、經濟、國際環境及學術、文化等各方面都發生了巨大的變化。在政治及國際環境方面，40年代中後期，中國抗日戰爭的勝利，無疑為中華民族增強了自信心；但抗戰結束後，國共兩黨的矛盾又在新的歷史條件下趨於激化，中國面臨內戰的巨大壓力。對此，《中國哲學簡史》不能不有所反映。在《簡史》中，馮友蘭專門以「世界政治和世界哲學」為一章，闡述了中華民族或在中國文化背景下的中國人對政治統一及民族團結的渴望（詳見第8章）。這表現了馮友蘭對中國未來前途的深切關懷。而這種表現是以哲學或哲學史，即從理論或文化的方式表達出來的。

在這種背景下，《簡史》所用的方法，除繼承了兩卷本《中國哲學史》的邏輯分析方法外，還吸收了自30年代以來中國學術界所流行的社會史觀和文化史觀的方法。如馮友蘭在《簡史》中再次強調，他在《新理學》中力圖排除程朱理學所含有的權威主義、保守主義成分，這是因為：「『理』的實現，要有物質基礎。各種類型的社會都是實現社會結構的各種『理』，實現每個『理』所需要的物質基礎，就是一定類型的社會的經濟基礎。」[2]馮友蘭在40年代所完成的「貞元六書」，特別是《新事論》一書，即是「應用這種解釋於中國的文

2　《中國哲學簡史》，第386頁。

化和歷史」³。而《簡史》則又是在《新事論》基礎上，運用了這一方法。

　　《簡史》除運用上述方法外，還特別重視文化傳統對中國社會發展的影響，認為中華民族的統一多來自中國文化的凝聚力。在中國歷史上，朝代的更迭、民族的融合、分裂後的再統一等等，往往是從文化上著眼，而非強調種族的區別。正因如此，當中國的少數民族入主中原建立政權後，由於它們在很大程度上接受並繼續中國文化，從而使中國文化沒有發生斷裂，因此，中國人很自然地把少數民族建立的政權，如元朝清朝等都看作是中國歷史上前後相續的正統朝代。這一觀點在於揭示中國哲學與中國文化對中國社會政治的發展及其統一的歷史作用。

　　到60年代初，馮友蘭又開始撰寫《中國哲學史新編》，以完成他的中國哲學史三部曲的最後一部。《新編》的撰寫，上距《中國哲學簡史》又是十幾個年頭。從40年代後期到60年代初期，中國歷史發生了更加巨大的變化。這一變化要比馮友蘭以前所經歷的變化深刻得多，因此它帶給這位哲學家的影響也要比以前任何歷史變化所帶給他的影響大得多。單就《新編》七卷本的完成時間來看，從60年代初《新編》的起筆，到90年代《新編》全部完成，中間的歷史跨度長達近30年。《新編》作為馮友蘭學術創作的重要成果，可以說也是他後半生所走過的曲折道路在學術上的反映。在馮友蘭整個學術生涯中，還沒有一部著作像《新編》那樣經歷了這麼漫長而曲折的歷程。從初

3　　《中國哲學簡史》，第386頁。

稿，到修訂，再從修訂到「修訂的修訂」，幾乎耗費了馮友蘭後半生的大部分時間和心血，從而也創造了中國學術史上的一個「奇跡」。

從30年代兩卷本《中國哲學史》的誕生，到90年代初《中國哲學史新編》七卷本的完成，中間經歷了整整60年。三部中國哲學史所研究的對象應該說是同一的，其主題詞都是中國哲學發展的歷史。然而，這三部產生於不同時代的中國哲學史著作，無論就其內容還是形式抑或方法，都有許多不同。這正如黑格爾所說：「當一個人追溯他自己的生活經歷時，他會覺得他的目的好像是很狹小似的，可是他全部生活的迂迴曲折都一起包括在他的目的裡了。」[4]馮友蘭的中國哲學史三部曲，在一定意義上說，其創作過程即是馮友蘭自己的生活經歷的過程，所不同的只是這種生活經歷是以哲學史的形式反映出來的。因此，他的目的「三史以釋今古」，亦包含著馮友蘭的全部生活的迂迴曲折。在這些迂迴曲折中，《中國哲學史新編》尤其如此。《新編》七卷本的最終完成，反映了中國自1949年以後「道術遷變」的全過程。

10.2 「不為餘子學邯鄲」

1949年，中國革命取得勝利，馮友蘭經過十餘年的思想改造，至1960年始獲得重新進行學術研究的可能性條件。如本書三章六節所述，當時的知識份子，為新中國成立後的欣欣向榮所鼓舞，人們深信，正是中國革命的勝利，制止了帝國主義的侵略，推翻了「三座大

---

4   《小邏輯》，商務印書館，1980年版，第423頁。

山」的壓迫，使中國從半封建半殖民地的枷鎖中解放出來，重新獲得了國家的獨立和民族的解放，「人們相信馬克思主義是真理」。另一方面，由於整個50年代對知識份子進行了一系列思想改造運動，廣大知識份子，其中包括馮友蘭在內，都必須以新的立場、觀點和方法進行學術研究，這既是時代的要求，也是政治鬥爭、思想鬥爭在「道術遷變」中的反映。在當時，如果違背這種時代的要求，學術生命也就可能宣告終止。這對於向以學術為「天下之公器」的學者來說，是一個痛苦的轉折。因為在強調階級鬥爭的時代，學術非但不能成為天下之公器，而且相反，它只能是階級鬥爭的工具，學術乃是一定階級的學術。基於這樣的認識，就決定了那些從舊社會過來的知識份子，他們的研究在一定程度上都帶有對自己過去學術思想「清算」的性質，因此也就不可避免地帶有懺悔的痕跡。馮友蘭晚年回憶說：「在解放以後，我也寫了一些東西，其內容主要是懺悔。首先是對我在四十年代所寫的那幾本書的懺悔，並在懺悔中重新研究中國哲學史，開始寫《中國哲學史新編》。」[5]

由以上可知，《新編》的寫作是在懺悔中開始的。如何懺悔？馮友蘭首先總結了他在1949年以前對中國哲學史研究的狀況：「我從一九一五年起就從事中國哲學史，在將近五十年的學習和寫作的過程中，凡經歷了三個階段。」[6]「第一階段是『五四』以前我在北京大學當學生的時代；在這個階段所學的主要是封建的學術觀點和歷史方法。」[7]「第二階段是從『五四』以後到解放以前；在這個階段所學

5　　《三松堂自序》，第280頁。
6　　《中國哲學史新編》第一冊《自序》，人民出版社，1962年版。
7　　《中國哲學史新編》第一冊《自序》，人民出版社，1962年版。

的、所用的以至所教的，都是資產階級學術觀點和歷史方法。」[8]只有到了第三階段，即1949年新中國成立以後，「才開始學習馬克思主義的學術觀點和歷史方法」。馮友蘭為自己所設定的哲學史創作的三個階段，在一定意義上說，正與中國近現代歷史的發展階段相適應，因此也反映了中國近現代學術思想發展遷變的軌跡。在馮友蘭看來，他的哲學史創作的第三階段，是以馬克思主義學術觀點和歷史方法為指導的，與前兩個階段的學術觀點和歷史方法相比，「這才走上了真正的科學的道路；走上了為人民服務，為歷史進步事業服務的道路」[9]。

這樣的道路，對馮友蘭來說，完全是一種新的道路。他比較三個階段所走過的道路說：「這幾個階段的過程，有點像孔子所說的，『齊一變，至於魯；魯一變，至於道』。可是，『至於道』談何容易，又有點像孟子所說的，『望道而未之見』，只是約略望見一點而已。」[10]面對新的道路，新的方法，馮友蘭抱定的完全是一種謙虛的學習態度。這一態度，從1962年《新編》第一冊出版時馮友蘭在該書扉頁上的題詞可以看出。其題詞說：

> 望道便驚天地寬，
> 南針廿載溯延安。
> 小言亦可潤洪業，
> 新作亦需代舊刊。

8　《中國哲學史新編》第一冊《自序》，人民出版社，1962年版。
9　《中國哲學史新編》第一冊《自序》，人民出版社，1962年版。
10　《中國哲學史新編》第一冊《自序》，人民出版社，1962年版。

始悟顏回歡孔氏，

不為餘子學邯鄲。

此關換骨脫胎事，

莫當尋常著述看。

「不為餘子學邯鄲」，典出《莊子‧秋水》：「且夫子獨不聞夫壽陵餘子之學行於邯鄲與？未得國能，又失其故行矣，直匍匐而歸耳。」莊子借公孫龍與魏牟的談話，講述了壽陵一少年到邯鄲去學走路的故事。這位少年不但沒有學會趙國人的走法，而且把自己原來的走法也忘了，結果只好爬著回到燕國。壽陵餘子的教訓可謂深矣。

馮友蘭深以壽陵餘子為戒，並從1960年起，開始以馬克思主義的學術觀點和歷史方法撰寫《中國哲學史新編》。至1962年，出版了《新編》第一冊；1964年出版了《新編》第二冊。這是馮友蘭以馬列主義、毛澤東思想為指導研究中國哲學史的第一次嘗試。但此書僅出版了兩冊，便開始了「文化大革命」，他的工作也就被迫停止了。

《新編》一、二冊雖然只寫到漢代，還不是一部完整的中國哲學史，但它是新中國成立以後中國哲學史研究的第一部著作。因此，它不僅反映了當時的學術風氣和學術水準，而且也反映了作者當時的思想。這正如馮友蘭在該書《自序》中所說，這部書之所以稱為「新編」，其「新」字「是相對於我在解放前寫的《中國哲學史》說的。至於用現在的學術水準說，這部書是『新』或者還是『舊』，這就有

待於讀者的評價了」[11]。這就是說，《新編》是在新的歷史條件下開始的學術創作，因此它不可避免地帶有新時期的歷史特點。此特點亦如作者在該書《自序》中所說：「我的主觀企圖是寫一部以馬克思主義、毛澤東思想為指南的中國哲學史。」根據這一想法，這部書為自己立了一些「清規戒律」，即強調並突出「哲學戰線上唯物主義與唯心主義、辯證法與形而上學的鬥爭」、「階級鬥爭和哲學家的階級立場」等等。

《新編》一、二冊基本上是以這種面貌出現的。馮友蘭在該書《緒論》中，對中國哲學史的對象、內容、範圍、特點、形式、線索及研究中國哲學史的立場、觀點、方法等幾乎都做了規定。如他就中國哲學史研究的內容說：「總起來說，哲學史是唯物主義與唯心主義鬥爭的歷史，也是辯證法觀與形而上學觀鬥爭的歷史，同時也是唯物主義和辯證法觀不斷勝利的歷史。」[12]哲學史的這種內容作為哲學史家研究的對象說，因為它是階級鬥爭的產物，因此也就決定了「哲學史不是也不可能客觀主義地處理它的對象。哲學史本身也是一種階級鬥爭的工具。在階級社會中，哲學史家本身也處於一定的階級地位。他所寫的哲學史必然是從他的階級觀點出發，為他的階級利益服務」[13]。與30年代的兩卷本《中國哲學史》及40年代的《中國哲學簡史》相比，階級分析和階級鬥爭的觀點幾乎成為《新編》一、二冊的一條主線，甚至貫穿全部章節。除階級鬥爭和階級分析的觀點外，還有「唯物論與唯心論、辯證法與形而上學的鬥爭」。此即馮友蘭所概

---

11   《中國哲學史新編》第一冊《自序》，1964年版。
12   《中國哲學史新編》第一冊《自序》1964年版，第6頁。
13   《中國哲學史新編》第一冊《自序》1964年版，第6頁。

括的「這兩種『主義』和兩種『觀』的矛盾和鬥爭」，就構成哲學史的主要內容。這種認識，一方面來自當時現實政治鬥爭的需要；另一方面也是受了蘇聯的影響。馮友蘭後來總結說：「解放以後，提倡向蘇聯學習。我也向蘇聯的『學術權威』學習，看它們是怎樣研究西方哲學史的。學到的方法是，尋找一些馬克思主義的詞句，作為條條框框，生搬硬套。就這樣對對付付，總算寫了一部分《中國哲學史新編》。」[14]

馮友蘭於60年代撰寫的《新編》一、二冊，是馮友蘭於新中國成立以後學術創作的重要階段。它作為60年代中國社會的特殊產物，反映了那個時代馬克思主義、毛澤東思想及階級鬥爭理論對知識份子學術創作的規範和影響，也反映了馮友蘭力圖改變舊的學術觀點從而跟上時代步伐所做的努力。

但是，自新中國成立以來，特別是自1957年「反右」鬥爭以來，在中國全面推行的階級鬥爭理論，嚴重混淆了現實的政治鬥爭與文化學術研究的界限。在人類社會及其發展的歷史長河裡，其中包括階級社會在內，文化、藝術、哲學、宗教等等，它們各自都有自己獨特的領域和豐富的內容，也各有其對歷史文化發展所起的特殊作用和特殊的發展規律，因此，階級鬥爭或階級分析，是絕不能將它們全部包括在內，更不能代替。對於中國哲學史的研究更是如此。正如有的學者指出的那樣：「以孔孟老莊來說，孔子在政治上可能是保守的，但政治立場的保守對其哲學思想所起的作用是有限的。孔子思想之傑出及

14　《中國哲學史新編》第一冊，人民出版社，1982年修訂本，第1頁。

其在中國文化思想發展中開創與奠基地位之確定，絕不是這種政治立場導致的，而是其對民族文化、精神之真正深刻的代表與體認。老子也可能是隱士，是沒落貴族，在某些方面反映出對世界的消極的觀察，但老子哲學、智慧之無與倫比的深刻、廣闊、豐富，亦是因為老子是中國民族前此的文化、智慧及其政治、軍事鬥爭經驗發展到了很高水準而老子善於總結的結果。莊子的人生哲學可能有消極的一面，但莊子《逍遙遊》等所達到的精神境界與思想水準，亦絕不是某種消極的精神狀態所能提供的，它同樣地是時代與民族精神風貌或知識份子之深刻智慧與特異心靈的反映。因為哲學作為時代的與民族的智慧與精神之集中表現，其深厚的基礎與生命之根是民族以往所積累的全部智慧與文化及其歷史與人生經驗；是民族在每一時代的時代歷史使命與需要。所以真正的哲學，必須首先是民族的社會的，雖然同時也會是階級的。」[15]

不僅中國哲學史是如此，中國歷史、中國文學、藝術、宗教蓋皆如此。有些問題並不是用階級鬥爭所能完全解釋清楚的，如民族、氏族、家族、宗教、宗派、教派等等。然而，在60年代的中國學術界，階級鬥爭理論成了萬能的法寶，以為階級鬥爭就是馬克思主義。「尤其在反右運動中，普遍推行了根據政治思想來劃定階級成分的方法。從此，階級不是如馬克思主義通常認為的那樣，指的是一個人在經濟生活中的地位，而是一種主觀的概念，可以隨掌權者的好惡而改變。」[16]

---

15   金春峰：《馮先生之中國哲學史研究的啟示》，《馮友蘭先生紀念文集》，北京大學出版社，1993年版，第115頁。
16   李銳：《毛澤東的早年與晚年》，貴州人民出版社，1992年版，第321頁。

因此，「把馬克思主義或歷史唯物主義歸結為階級鬥爭，歸結為劃分階級，特別是在政治思想上劃階級」，乃是「對馬克思主義與歷史唯物主義的扭曲與偏離」。「但在六十年代，這卻是占統治地位的指導思想，所以馮先生在《新編》中那樣突出階級分析，並不是個人的愛好，而是歷史與時代狀況的反映。」[17]

10.3 「請向興亡事裡尋」

如果說60年代初馮友蘭《新編》一、二冊的撰寫反映了那個時代的狀況的話，那麼，到了70年代，天下大變，馮友蘭的《新編》顯然又遠遠跟不上時代的「發展」了。中國社會經過60年代後半期「文革」的猛烈衝擊，到了70年代，則更變本加厲地把階級鬥爭擴展到文學、史學及學術研究的一切領域。甚至對自然科學的研究，也強調科學家的階級立場和階級觀點。不僅強調「哲學要從哲學家的課堂和書齋裡解放出來」，而且出現了工農兵撰寫的批判愛因斯坦相對論的文章，大有「要把基本粒子的研究從物理學家的實驗室裡解放出來」的趨勢。甚至有人叫囂，「猴子跳打字機，跳上一萬年，也能跳出一部莎士比亞」的狂言漫語，詆毀知識、詆毀知識份子的勞動、詆毀人類幾千年的文明創造到了無以復加的地步。在唯意志論和「鬥爭哲學」瀰漫的年代裡，被「四人幫」吹漲了的階級鬥爭更成了懸在人們頭上的一把利劍，稍不留意，便會被這把利劍砍下頭顱而失去性命。為了達到卑劣的政治目的，「四人幫」篡改歷史，提出「評法批儒」的口

17　金春峰：《馮先生之中國哲學史研究的啟示》，《馮友蘭先生紀念文集》，第115頁。

號。從此，這一口號像一條幽靈盤踞在學術研究領域，使學術研究這一聖潔的事業成為封建權術的婢女和政治鬥爭的工具。

他們引證列寧的話，強調在兩千多年的哲學發展過程中，「唯物主義和唯心主義的鬥爭永遠不會陳腐」，因此，在中國哲學史的發展中，「儒法兩條哲學路線的鬥爭也是不會陳腐的」。因此擺在哲學史工作者面前的任務，就是與廣大工農兵群眾一道，破除尊儒反法的思想體系，正確評價法家，深入批判儒家。因為，法家和尊法反儒的進步思想家的著作，是中國歷史上優秀的哲學遺產；而反動儒家的所謂「經典」卻是民族文化中的糟粕。在這種思想指導下，中國歷史上的殷紂王、柳下蹠、秦始皇等都成了法家的代表人物，成為順應歷史潮流從而推動歷史發展的革新派思想家。他們認為，帝辛（殷紂王）在同保守派的鬥爭中，提出「我生不有命在天」的思想，沒有把天神放在眼裡，打擊了保守派尊天神的思想，是一種「隱蔽的無神論」。這種隱蔽的無神論，乃是無神論的初級形式。僅憑「我生不有命在天」這一句話，就斷言殷紂王是無神論者，是法家，從而推動歷史前進。他們忘記了或企圖推翻殷紂「以酒為池，縣肉為林，使男女裸相逐其間，為長夜之飲」[18]及以「炮烙之法」、「醢九侯」、「剖比干」的暴君行為和幾千年的歷史定案。

對秦始皇的評價也是如此。在評法批儒運動中，「四人幫」對秦始皇頂禮膜拜，加封其為「厚今薄古的專家」、「革新派路線的代表」、「法家代表人物」、「地主階級傑出政治家」、「先秦無神論思想

18　司馬遷：《史記・殷本紀》。

的發揮者」等等。尤有甚者，他們對秦始皇的「焚書坑儒」大肆吹捧。認為「焚書坑儒」乃是意識形態領域裡的一場革命。但後來秦始皇所以很快滅亡，其主要原因是殺人不夠，鎮反不徹底，「他只殺了四百六十個反革命，而使不少反革命得以潛伏下來」。這就是說，秦始皇的「坑儒」坑得少了，還應多坑多殺。對於「焚書」也不徹底，因為秦始皇還不夠高明，他不懂書燒了，「但存在於人們頭腦中的舊意識舊思想是燒不掉的」。怎麼辦呢？最好是在「坑儒」殺人的同時，對意識形態領域實現全面的專政。

以上對那一段歷史的回顧，並非聳人聽聞，只要翻一翻70年代初期報紙雜誌上發表的文章和各種出版物，我們便會一目了然。這些都是由「四人幫」所推行的「階級鬥爭理論」和極「左」思潮所導致的必然結果。在這一歷史背景下，再來看馮友蘭的學術創作，便可以有一種歷史感或一種同情的瞭解。

馮友蘭在70年代初期所做的事，便是再修訂他於60年代初所撰寫的《新編》一、二冊。因為按著新的「標準」，原來的《新編》已經不符合「時代精神」了。因此，「到了七十年代初期，我又開始工作。在這個時候，不學習蘇聯了。對於中國哲學史的有些問題，特別是人物評價問題，我就按照『評法批儒』的種種說法。我的工作又走入歧途」[19]。

從60年代初，到70年代初，在短短的十年中，《新編》一、二冊就經歷了幾次歷史的磨難。因此在1972年，當有人問起馮友蘭哲學思

19　《中國哲學史新編》第一冊，人民出版社，1982年版，第1頁。

想改變的經過時，馮友蘭無限感慨地用一首詩作了回答。[20]詩曰：

> 去日南邊望北雲，
> 歸時東國拜西鄰。
> 若驚道術多遷變，
> 請向興亡事裡尋。[21]

「去日」，指抗日戰爭時期。當時日寇盤踞中國北方大部分領土，南渡人士望著北方的戰火硝煙，如烏雲密佈，心中充滿感慨與憂患。「歸時」，指1972年。其時正值日本田中首相訪華。從40年代日本帝國主義大舉侵華，到70年代日本首相親臨北京，並就日本侵華向中國人道歉（「東國拜西鄰」），其間不到三十年時間，世界格局發生巨大變化。這些巨大變化，對於像馮友蘭這樣經歷了不同時代的老一輩知識份子來說，具有極其鮮明的時代感和強烈的民族意義。民族戰爭的勝利，社會的經濟、政治、制度的變遷，必然導致思想、學術的變遷，此即「若驚道術多遷變，請向興亡事裡尋」的真實含義。

但社會變遷與國家興亡還有另一方面，即一個國家內部的政治鬥爭同民族矛盾既有聯繫又有區別。六七十年代在中國發生的以「文革」為中心的政治矛盾，純屬一個國家內部的政治鬥爭。它對思想、學術乃至文化的影響又不同於抗日戰爭時期民族矛盾所給予的影響。民族矛盾與民族鬥爭的成敗往往關係到一個民族自身的存亡；而一個

---

20   1972年7月，馮友蘭的學生、美籍華人學者王浩歸國參觀，馮友蘭贈詩作答。
21   《三松堂自序》，三聯書店，1984年版，第311頁。

國家的內部政治鬥爭，雖有時亦與民族自身存亡有關，但它更多的是關係到由哪一個政治集團或政治派別掌權，從而推行某種不同的政治路線和不同的治國方式的問題。儘管不同的治國方式會給一個國家的人民帶來不同的後果，但它畢竟同民族間的鬥爭有重大區別。這一點在中國歷史上是屢見不鮮的。馮友蘭在抗日戰爭時期，以其高漲的民族主義情懷，當其所見，「隨時盡所欲言」，撰寫了「貞元六書」，以為民族的生死存亡披肝瀝膽，做了一位哲學家該做的事。但六七十年代，雖也「世變方亟，所見日新」，然而時移事易，殊不知此時存在於國家內部的轟轟烈烈的政治鬥爭，恰有如莊子書中的朝菌、蟪蛄，它們自己尚不知晦朔、春秋之變，無法掌握自己的命運，更何況身居局外、穩坐書齋中的學者呢？

黑格爾曾說過：「哲學史上的事實和活動有這樣的特點，即人格和個人的性格並不十分滲入它的內容和實質。與此相反，在政治的歷史中，個人憑藉他的性情、才能、情感的特點，性格的堅強或軟弱，概括點說，憑藉他個人之所以為個人的條件，就成為行為和事件的主體。在哲學史裡，它歸給特殊個人的優點和功績愈少，而歸功於自由的思想或人之所以為人的普遍性格愈多，這種沒有特異性的思想本身愈是創造的主體，則哲學史就寫得愈好。」[22] 六七十年代《新編》一、二冊，恰恰違背了黑格爾提倡的哲學史寫作的原則，似乎混淆了哲學史與政治史的界限。同時，從馮友蘭上述那首詩所反映出來的思想，似乎也混淆了民族鬥爭與國家內部的政治鬥爭的區別，以為思想、學術的遷變，不僅要受民族鬥爭的制約，而且也要不斷跟上國家內部政

22　《哲學史講演錄》第一卷，商務印書館，1962年版，第7頁。

治鬥爭的形勢。這是馮友蘭六七十年代在學術思想上多變的一個重要原因。

70年代初期馮友蘭對《新編》一、二冊的修訂，貫穿了「評法批儒」的精神。但這兩冊的修訂本還沒有來得及出版發表，「四人幫」及其所推行的極「左」路線便宣告破產了。中國歷史進入了一個新的階段。從此，馮友蘭的學術研究也獲得了一次歷史性的轉折。

10.4 「完全從頭開始重寫」

這次轉折，可以說是馮友蘭學術生涯中的最後一次，同時也是最大的一次轉折。這不僅對於馮友蘭個人是如此，就是對我們整個國家和民族也是如此。十年「文革」的危害及「文革」中急風暴雨般的「階級鬥爭」對社會、人心所造成的刺激，常常像噩夢一樣，成為民族的心理重負。這對於親身經歷了六七十年代中國政治風雲變幻的任何一位頭腦健全的人來說，似乎都有這種感覺。

痛定思痛，人們如大夢初醒。馮友蘭自己也深刻認識到：「經過這兩次折騰，我得到了一些教訓，增長了一些知識⋯⋯路是要自己走的；道理是要自己認識的。學術上的結論是要靠自己的研究得來的。一個學術工作者所寫的應該就是他所想的，不是從什麼地方抄來的，不是依傍什麼樣本摹畫來的。」[23]對於《中國哲學史新編》的寫作，馮友蘭也作了一個總結。他認為，最初是想憑自己的努力，修訂30年

23　《中國哲學史新編》第一冊，1982年版，第2頁。

代的《中國哲學史》，但「這個修訂本只出版了頭兩冊之後，我又感到修訂得連我自己也不滿意。我又著手修訂修訂本，但是在它即將付印之前，我發現這個修訂修訂本又必須重新再寫」[24]。「三十年已經過去了，就這樣修訂、重寫，還沒有出版定本」[25]。為了最後出版《新編》定本，馮友蘭下決心以自己所見所想，「完全從頭開始重寫」。在對歷史和自己的經歷作了一番反思之後，馮友蘭又以「老驥伏櫪」的精神，全神貫注地進行他一生最後的學術創作—繼續撰寫《中國哲學史新編》。

重新修訂《新編》一、二冊的工作，於1980年正式開始。所謂重新修訂，實際上等於重寫。好在《新編》一、二冊此時已有兩種版本：一個是60年代的版本，一個是70年代「評法批儒」時的版本。這兩個版本此時雖然不能再用，卻可以作為底本，以供重寫時參考。此時馮友蘭已經85歲。計畫《新編》共寫七冊，1980年時，還在先秦兩漢時期的哲學中打轉轉，以後的六冊待何時完成？這時有人向他提出建議，「趁先生身體硬朗，索性從第三冊寫起，以便在先生有生之年，完成七卷本《新編》的寫作計畫」[26]。因為在旁觀者看來，馮友蘭為《新編》一、二冊花費了太多的時間和精力。他從寫作到反覆修訂，使他耗去了幾乎近二十年的時間。別人的建議對馮友蘭來說，沒有絲毫作用。因為在馮友蘭看來，「如果不修訂一、二冊，寫作就無法進行下去。因為中國哲學史是一部系統的歷史，人們可以用不同的方法去研究它，但不可以在同一部歷史中用不同方法去寫作。否則歷

24　《三松堂自序》，第365頁。
25　《三松堂自序》，第365頁。
26　李中華：《豐厚的遺產，永恆的懷念》，載《馮友蘭先生紀念文集》，第69頁。

史就會變成一個雜亂無章的拼盤」[27]。他引證孔子「吾道一以貫之」的話說：「我寫《新編》也要一以貫之。」[28]他還說：

「歷史」這個詞有兩個意義。其一是說本來的歷史、客觀的歷史。它就像一條冰凍的長河，靜靜地躺在那裡，永遠不會再變。其二是說寫的歷史。寫的歷史有信與不信之分，因此就要不斷地變動。人們的認識總要不斷地接近歷史真實，摹本與原本只能是不斷接近，但永遠不會完全重合。所以自然科學永遠要進步，寫的歷史永遠要重寫。[29]

從馮友蘭的這些談話中，不難看出他為什麼不斷地修訂《新編》一、二冊，原來就是為了使「寫的歷史」能夠真實地反映「本來的歷史」。這是一個歷史家對歷史負責的態度，也反映了馮友蘭不斷追求真理的科學精神。

從1980年到1984年，馮友蘭用了近五年的時間修訂或重寫了《新編》一、二、三冊。這三冊《新編》分別於1982、1984、1985年由人民出版社出版。1985年12月，是馮友蘭90壽辰，北大哲學系為馮友蘭舉行了慶祝會。無論在會前、會上，還是在會後，人們都非常關心馮友蘭對《新編》的寫作，並由此聯想到他的身體及《新編》的最終完成。因為在《新編》前三冊完成時，馮友蘭已是90歲高齡的老人，此時他的聽力、視力及身體的其他部位均已出現生理障礙。但所有這些

27　李中華：《豐厚的遺產，永恆的懷念》，載《馮友蘭先生紀念文集》，第70頁。
28　李中華：《豐厚的遺產，永恆的懷念》，載《馮友蘭先生紀念文集》，第70頁。
29　李中華：《豐厚的遺產，永恆的懷念》，載《馮友蘭先生紀念文集》，第70頁。

困難都阻擋不住馮友蘭學術創作的生命衝動，他以一種頑強的信念支撐著他的寫作。當有人問起「是什麼想法和力量支持著您的努力」時，他回答說：

工作的動力當然是有的。不過這是內在的、自己心中發出來的，不是外面加上去的。從前我在《新世訓》的《自序》中說：「承百代之流，而會乎當今之變。好學深思之士，心知其故，烏能已於言哉。」「烏能已」就是說不得已，情不自禁，欲罷不能，這些感覺，大概就是那個自發的動力在發生作用吧。[30]

這裡，馮友蘭所說的「內在的」或「自發的」動力，即是他對中國幾千年的輝煌燦爛的傳統文化所傾注的普遍關懷。他把自己的生命融於這種普遍關懷之中，因此，無論遇到什麼挫折，他都一如既往，不為所動。他把自己比作蠶，「一個蠶，它既生而為蠶，就沒有別的辦法，只有吐絲，它也是欲罷不能」[31]。不難設想，一個人只有當他把自己的全部生命融於自己所嚮往的事業中的時候，他才能做到「欲罷不能」。他還把自己比作薪，火的燃燒要靠薪，文化的承傳要靠生命。他說：

人類的文明好似一籠真火，往古來今對於人類文明有所貢獻的人，都是嘔出心肝，用自己的心血腦汁為燃料，才能把真火一代一代

30　馮友蘭：《〈中國哲學史新編〉回顧及其他》，原載《文化：中國與世界（3）》，三聯書店，1987年版，第226頁。載《三松堂全集》第十三卷。
31　馮友蘭：《〈中國哲學史新編〉回顧及其他》，原載《文化：中國與世界（3）》，第226頁。載《三松堂全集》第十三卷。

傳下去。凡是任何方面有成就的人，都需要有拼命精神，即使寫一篇文章或寫一幅字，都要集中全部精神才能做得出來。這些東西，可能無關巨集旨，尚且需要全部的生命去做，至於傳世之作，就更不用說了。他為什麼要拼命？就是情不自禁，欲罷不能。[32]

馮友蘭是以「情不自禁，欲罷不能」及「用心血和腦汁為燃料以傳中國文化這團真火」的精神，「排除一切干擾，用全力完成《中國哲學史新編》」[33]。

《新編》前三冊的完成，使馮友蘭多年來對《新編》的修訂工作宣告結束。相對於六七十年代的《新編》一、二冊，新完成的三冊明顯地去掉了於60年代初馮友蘭為自己確立的「清規戒律」，不再以「階級鬥爭」或哲學上「兩條路線的鬥爭」為基本線索。但階級分析的觀點他沒有放棄，這是馮友蘭多年來學習馬列主義的收穫和成果。但重新修訂的《新編》對「階級分析」或「階級觀點」的理解與他在六七十年代的理解有根本不同，對此，本章第6節有專門論述。本節所要著重指出的是，重新修訂的《新編》一至三冊，從起始到終了，恰與60年代的《新編》的起始相吻合，即撰述了從先秦至東漢末這一段中國哲學史的發展。有鑒於「文革」和「評法批儒」時期，「四人幫」及極「左」思潮對歷史的篡改和對階級鬥爭、「暴力革命」的頌揚，馮友蘭在《新編》修訂本第三冊的緒論中，專門寫了「過秦」與

32　馮友蘭：《〈中國哲學史新編〉回顧及其他》，原載《文化：中國與世界（3）》，第226頁。載《三松堂全集》第十三卷。
33　馮友蘭：《〈中國哲學史新編〉回顧及其他》，原載《文化：中國與世界（3）》，第226頁。載《三松堂全集》第十三卷。

「宣漢」兩節，從中可以看出，他對歷史的重新反思。

馮友蘭認為，秦統一中國後，為了建立一套與封建社會的經濟基礎相適應的上層建築，秦始皇和李斯提出「以法為教」、「以吏為師」的政策，是想在上層建築方面實行暴力專政，「焚書坑儒」便是這種暴力專政的表現。但是，「要建設一套上層建築，本來是極其複雜的事，秦始皇和李斯把問題看得太簡單了，所用的手段也太生硬粗暴了」[34]。「焚書坑儒」的結果，不但沒有鞏固秦王朝的統治，反而使秦王朝由此走向滅亡。馮友蘭總結說：

他們實際上是搞了一個「真空」，這個「真空」是幾條法令，一群官吏，所萬萬不能「填補」的。他們想用快刀斬亂麻的手段，割斷歷史，但歷史是不能割斷的。誰要企圖割斷它，它就會把割斷者割斷。秦朝的滅亡證實了這個真理。[35]

所謂「過秦」，是借用賈誼《過秦論》的用語，意謂秦王朝的過失和錯誤。馮友蘭上述論斷，與「評法批儒」時極「左」思潮對秦始皇的評價恰好相反。秦王朝的滅亡，不是所謂「對儒生坑的不夠」或「對知識份子殺的太少」。恰恰相反，秦朝滅亡的一個最根本的原因，即在於其對人民實行暴力，企圖用奴隸主階級專政的辦法，鉗制人們的思想。表現在文化上，即「非秦記皆燒之，非博士官所職，天

34　《中國哲學史新編》第三冊（1984年修訂本），人民出版社，1985年版，第3頁。

35　《中國哲學史新編》第三冊（1984年修訂本），人民出版社，1985年版，第3頁。

下敢有藏《詩》、《書》、百家語者，悉詣守尉雜燒之。有敢偶語《詩》、《書》者棄市。以古非今者族。吏見知不舉者與同罪。令下三十日不燒，黥為城旦」[36]。此即在文化上企圖造成「真空」，然後用「幾條法令」和「一群官吏」去填補。這種做法實際上是「割斷歷史」。企圖割斷歷史的人，最終總會被歷史所割斷。秦朝的滅亡是一例，中國現代史上的「四人幫」亦是一例。

馮友蘭在修訂本《新編》中還對儒家和法家的統治術作了比較，認為儒家主張「導之以德，齊之以禮」，是「以德服人」；法家主張「導之以政，齊之以刑」，是「以力服人」。秦王朝所以很快滅亡，除了上述所謂「割斷歷史」的倒行逆施外，還在於它推行了「以力服人」的法家統治術。馮友蘭對此評論說：

「導之以政，齊之以刑」，是法家的統治術，實際上就是奴隸主對於奴隸的統治術，是把奴隸當成牛馬一樣使用的辦法。牛馬不服從號令，就抽它幾鞭子。《管子》說：「治人如治水潦；養人如養六畜；用人如用草木。」這就是奴隸主對待奴隸的態度和辦法。[37]

法家用奴隸主統治奴隸的辦法，在封建社會中是行不通的。用賈誼《過秦論》的話說，此即「仁義不施而攻守之勢異也」。一個政權或一個統治集團，當它的政策或統治措施和歷史形勢的發展不相適應時，就要碰得頭破血流。鑒於秦王朝滅亡的教訓，漢初統治者一上

36　《史記·秦始皇本紀》。
37　《中國哲學史新編》第三冊（1984年修訂本），第6頁。

臺，便展開了討論。漢高祖問陸賈，秦朝為什麼失敗，以後他自己應該怎麼辦。陸賈說：「公於馬上取天下，能以馬上治之乎？」馮友蘭就此評論說：「馬上取天下，就是攻，要用暴力。如果要治天下，那就是守，守就不能專用暴力了。」[38]

《新編》修訂本的上述議論，無疑都帶有對以往歷史的反思和對「評法批儒」的清算性質，也是馮友蘭破除了「清規戒律」後，「靠自己的研究」得出來的結論。可以說，這是80年代《新編》一至三冊的最突出特點。此外，新《新編》與舊《新編》（60年代《新編》一、二冊）相比，還有兩個特點：其一是，「注意說明哲學思想的出現和社會政治的關係，注意體現社會存在決定社會意識這個歷史唯物論的原理」[39]。其二是，「對於漢朝統治和漢朝的哲學，特別是春秋公羊學，作了新的評價」[40]。

對於第一點，新《新編》一直堅持用經濟的原因說明思想、文化乃至哲學的發展演變。為此，馮友蘭在定本新《新編》第一冊《緒論》中，用大量的篇幅論證春秋戰國時代社會大轉變的經濟動因，乃在於「初稅畝」的出現。他從史料方面舉出這個時期生產方式，特別是生產關係轉變的證據，為理解和評價先秦時期的哲學發展奠定了堅實的基礎。「《新編》抓住『初稅畝』作為突破口，認為這是中國社會從奴隸制轉變到封建制的一個關鍵」[41]。因為馮友蘭從三四十年代

38　《中國哲學史新編》第三冊（1984年修訂本），第7頁。
39　馮友蘭：《〈中國哲學史新編〉回顧及其他》，《文化：中國與世界（3）》，第226頁。
40　《文化：中國與世界（3）》，第227頁。
41　《文化：中國與世界（3）》，第226頁。

以來，一直堅持「社會制度的轉變，歸根到底，是生產方式的轉變」[42]
這一歷史唯物論原理。三四十年代是不自覺地運用，80年代的《新
編》則是自覺地運用。60年代的《新編》雖也講「歷史唯物論」，但
在史料的收集和在理論說明上，都有「教條」之嫌，而80年代的《新
編》，則是在揚棄了教條主義之後對馬克思主義的真正的吸收。

10.5　對春秋公羊學的表彰

　　對於前節所提到的第二點，是關於春秋公羊學的。如前所述，中
國自秦統一中國以後，統治者及地主階級思想家一直在尋求建立一套
與封建社會的經濟基礎相適應的上層建築。秦始皇與李斯選擇了法家
的統治術，企圖建立一套以法家思想為指導的社會意識形態，以鞏固
其剛剛取得的封建政權。然而，「地主階級成功了，可是秦始皇和他
的秦朝卻失敗了，而且失敗得很慘」[43]，「在中國歷史中，一個統治
全國的大朝代還沒有這樣短命的」[44]。究其失敗的原因，很重要的一
條即是不懂得「攻守之勢異也」，即不懂得「攻」需暴力而「守」需
仁義。馮友蘭認為，「就統治術這一方面說，法家恰恰是繼續奴隸主
統治奴隸的辦法，而儒家卻有一套新路子、新辦法」[45]。這個新路
子、新辦法，實際上也並不新，因為孔、孟、荀早就提出來了，此即
「導之以德，齊之以禮」，對人民施以仁政。

42　《中國哲學史新編》第一冊（1980年修訂本），第48頁。
43　《中國哲學史新編》第三冊（1984年修訂本），第4頁。
44　《中國哲學史新編》第三冊（1984年修訂本），第4頁。
45　《中國哲學史新編》第三冊（1984年修訂本），第7頁。

既然法家的路子不行，漢初統治者經過一段休養生息後，於武帝時便正式選取儒家思想作為統治階級的意識形態，提出「罷黜百家」，定孔子為一尊的政策。對此，馮友蘭評價說：「從表面上看來，定孔丘為一尊，就是以儒家思想作為統治思想。但是，歷史是發展的，這個漢朝定為一尊的孔丘，已經不是原來的孔丘了，儒家思想也不是原來儒家的思想了。」[46]這是因為：

一個時代的統治思想，必須和當時的歷史條件相適應，必須是針對當時的問題，能夠解決當時的問題。無論某種思想原來是什麼樣子，經過這一適應，它就不是原來的樣子了，這就叫發展。[47]

馮友蘭的這一評價，具有深刻的理論參照意義。無論是歷史上的儒家還是法家，當它與某一特定的歷史發展階段相聯繫，當它經過後來的思想家根據當時的社會實踐對它加以綜合運用的時候，都不可避免地增加了新的內容或採取新的形式，從而把原來的思想體系推向一個新的發展階段。任何離開社會的需要和發展，企圖一成不變地固守原來的思想，只能成為僵死的教條。從這一意義上說，「漢代的儒家思想，是春秋公羊學」[48]。

馮友蘭對春秋公羊學的看法，多是在國家、民族和文化意義上評價的。他認為以董仲舒為代表的漢代公羊家，把一部魯國的歷史──《春秋》描述為一部具有革新意義的「法典」，特別是經過孔子的「筆

46　《中國哲學史新編》第三冊（1984年修訂本），第8頁。
47　《中國哲學史新編》第三冊（1984年修訂本），第8頁。
48　《中國哲學史新編》第三冊（1984年修訂本），第8頁。

削」，使《春秋》的每一個書法都有很深的意義。「這個很深的意義，就是當時歷史趨勢的反映，也往往是當時政治措施的理論根據。」[49]

如中國歷史上或中國文化中的「大一統」思想，即是經過公羊家的闡發，在漢代獲得重要的理論意義和現實意義。因為按照《春秋》本身的記載，根本說不上有「大一統」思想。《春秋》開篇的第一條記載只有六個字，即「元年春王正月」。這本來是魯國史官於隱西元年照例記載的一句沒有任何理論意義的話。但《公羊傳》大加發揮，對這句話解釋說：「元年者何？君之始年也。春者何？歲之始也。王者孰謂？謂文王也。曷為先言王而言正月？王正月也。何言乎王正月？大一統也。」[50]一切統一於王，此之謂「一統」。「大」者，乃讚美之辭，言「一統」是偉大的事業。歷史上，解釋《春秋》的有三家：左傳、穀梁與公羊。三家中唯有公羊一派據此提出「大一統」思想，不能不說是一種創造。就此，馮友蘭評價說：

　　《公羊傳》一開始就讚美一統，這是當時歷史趨勢的反映。《公羊傳》這樣說，表明它對於這個趨勢的支持。[51]

作為公羊學派的重要代表人物董仲舒，也是在這個意義上讚美大一統。他在《對策》中說：「《春秋》大一統者，天地之常經，古今之通誼也。」馮友蘭認為，董仲舒的思想正是與漢代公羊學派的思想相合，因此董氏哲學便以公羊家「大一統」原則為前提，「以證明『罷

49　《中國哲學史新編》第三冊（1984年修訂本），第47頁。
50　《春秋公羊傳》隱西元年。
51　《中國哲學史新編》第三冊（1984年修訂本），第47頁。

黜百家」是應該的，這是這個原則在實際上的應用」[52]。

《春秋》公羊學對儒家思想的再一個發展，即中國歷史上的所謂「夷夏之辨」。這一問題在中國文化史或民族發展史上都佔有重要地位。馮友蘭在《新編》第三冊中，正是從中國文化史或中華民族發展史的意義上，充分肯定了公羊春秋和漢朝所推行的民族政策。

中國文化中的夷夏（或華夷）觀念來源甚早。最初它即是與民族的混合有密切關係。自西元前21世紀至西元前8世紀的一千三百多年間，以黃河流域為中心的中原地區，先後出現由不同民族混合而成的夏、商、周三個王朝。他們與周圍的民族相互往來，並逐漸擴展到自己周圍的不同土著集團。經過十幾個世紀的融合與同化，終於形成具有獨立文化形態的華夏民族。他們對異族自感文化上的優越，視華夏文明為一整體，自稱「諸夏」，而對那些與自己的信仰、禮俗、道德、文化等不同的民族則稱「夷」、「蠻」、「戎」、「狄」。古時，在黃河流域以外的地區，皆被稱為「蠻夷」，有「九夷、八狄、七戎、六蠻」之稱。這些不同民族所居之地，又被稱為「四海」。「九夷」在東，「八狄」在北，「七戎」在西，「六蠻」在南。「諸夏」的範圍相當狹小，僅限於黃河流域。直到春秋時期，秦、楚、吳、越等國還被諸夏國家視為異類。即使在諸夏地區之內，並且與諸夏種姓相同，但由於文化上的差異，也往往被排斥在諸夏之外。馮友蘭在《新編》中以公羊家的夷夏觀說明了漢朝的民族政策對中華民族統一的作用和意義。馮友蘭認為，照公羊家所說的「夷狄」和中國的分別，不在於

52　《中國哲學史新編》第三冊（1984年修訂本），第47頁。

種族的不同，而在於沒有文化，特別是沒有道德。在春秋時期，幾個大諸侯國中，從當時的中原文化的觀點看，吳、楚被視為蠻夷。

《春秋》昭公二十三年書：「吳敗頓、胡、沈、蔡、陳、許之師于雞父。鬍子髡、沈子楹滅，獲陳夏齧。」《公羊傳》認為，《春秋》的「書法」對於吳有貶意，因為《春秋》「不與夷狄之主中國也。然則何為不使中國主之？中國亦新夷狄也。」但也不是全貶，因為「吳少進也」。這就是說，在當時大轉變時期，有些本來是中國的諸侯國，而在文化道德上成為夷狄，也有些原來是夷狄的諸侯國，而在文化道德上成為中國。[53]

馮友蘭的這種分析，完全符合公羊家的意思。也就是說，在中華民族長期發展融合過程中，中國文化起了非常重要的作用，它幾乎成為一把「尺規」或一種「凝固劑」，在華夷轉換過程中促進了中華民族的融合與統一。從這個意義上看，可以說漢代的董仲舒繼承了儒家關於夷夏之辨的思想。馮友蘭繼續引證說，《春秋》宣公十二年記載晉、楚兩國的邲之戰，《公羊傳》認為《春秋》「不與晉而與楚子為禮」。董仲舒也說：「《春秋》之常辭也，不予夷狄而予中國為禮，至邲之戰，偏然反之，何也？曰：《春秋》無通辭，從變而移。今晉變而為夷狄，楚變而為君子，故移其辭以從其事。」[54]由此可見，董仲舒在對待夷夏關係上的看法，與上述公羊家的思想亦完全一致。就此，馮友蘭進一步指出：

53　《中國哲學史新編》第三冊，第48頁。
54　《春秋繁露·竹林》。

公羊家認為，《春秋》對於「中國」和「夷狄」的分別，態度是極嚴肅的，但這種分別又是相對的，一個原是夷狄的種族、部族或個人，如果接受了中國文化，它們就進入「中國」，成為「新中國」。一個原來是中國的人，如背離了中國文化，他就變為「夷狄」，成為「新夷狄」。「夷狄」可以轉化為「中國」；「中國」可以轉化為「夷狄」。轉化為「中國」，《春秋》的「書法」就以「中國」待之；轉化為「夷狄」，《春秋》的「書法」就以「夷狄」待之。一視同仁。這個原則成為漢朝的民族政策。[55]

馮友蘭對公羊學在夷夏關係問題上的論釋，與其在40年代後期所撰寫的《中國哲學簡史》的觀點不謀而合。即強調了中國自先秦以來，雖然一再強化「夷夏之辨」或「華夷之別」，但其辨其別的宗旨，則始終是從文化上來強調的，而不是從種族上來強調的。這說明了一個最基本的事實，即「中國人最關切的是中國文化和文明的繼續和統一」[56]。在這個問題上，可以說漢代的《春秋》公羊學為漢代的民族政策提供了歷史的和理論的依據。馮友蘭舉《漢書》中所記載的司馬相如出使「西南夷」的故事以證明此點。司馬相如奉武帝命「通西南夷」，對不贊成的人講述漢武帝的政策說，作為明君，「必將崇論閎議，創業垂統，為萬世規。故馳騖乎相容並包，而勤思乎參天貳地」[57]，「而夷狄殊俗之國，遼絕異黨之域，舟車不通，人跡罕至，政教未加，流風猶微，內之則犯義侵禮於邊境，外之則邪行橫作放殺

55　《中國哲學史新編》第三冊，第48頁。
56　《中國哲學簡史》，第221頁。
57　《漢書·司馬相如傳》。

其上，君臣易位，尊卑失序，父兄不辜，幼孤為奴虜，系累號泣。內鄉而怨」[58]。針對這種情況，中國的賢君不能坐視不顧，「故乃關沬、若，微牂牁，鏤靈心，梁孫原，創道德之塗，垂仁義之統，將博恩廣施，遠撫長駕，使疏逖不閉，昆爽闇昧得耀乎光明，以偃甲兵於此，而息討伐於彼。遐邇一體，中外禔福，不亦康乎？」[59]馮友蘭認為，司馬相如這一長篇議論，即體現了公羊家所主張的「春秋之義」，「這就是漢朝的民族政策」[60]。馮友蘭評價說：

> 「相容並包」，「遐邇一體」是多民族國家的民族政策的根本。可注意的是，司馬相如對「夷狄」和「中國」的區分，完全是從文化上講的，這正是春秋公羊家所講的「春秋之義」。……按上面所說的原則，漢朝把不同的種族、部族、部落融合起來，成為一個統一的民族，稱為漢族。漢族的形成是中華民族形成的第一階段。[61]

《新編》第三冊對漢代春秋公羊學作了很高的評價，認為它不僅在中國歷史上第一次社會大轉變時期對中國統一民族的形成具有重要意義，而且在中國歷史上第二次社會大轉變中也起了很大的作用。如鴉片戰爭前後的先進人物魏源、龔自珍等都提倡過春秋公羊學。尤其是「戊戌變法」時的康有為，則更是以春秋公羊學為「變法」的理論根據。「這不是偶然的，這是因為春秋公羊學的基本精神是『改

58　《漢書・司馬相如傳》。
59　《漢書・司馬相如傳》。
60　《中國哲學史新編》第三冊，第49頁。
61　《中國哲學史新編》第三冊，第49頁。

制』。」[62]馮友蘭認為，春秋公羊學所說的改制，就是為以漢朝為代表的封建社會制定一套上層建築，以為封建社會的經濟基礎服務。至於公羊家為中國社會所制定的上層建築是好是壞，它對中國社會的發展有何影響等問題，馮友蘭也作了具體的分析。他認為：「所謂好壞也是相對的，一種社會的上層建築，如果能鞏固那種社會的經濟基礎，它就是好的。如果不能，它就是壞的。上層建築的好壞，就看它對於經濟基礎是否合適。」[63]基於這樣的理由，馮友蘭在《新編》中對公羊家的理論作了總的評價。他說：

公羊家為中國封建社會所制定的上層建築是不是合適呢？是合適的。上邊已經說過，董仲舒所說的「三綱」對於當時中國社會的經濟基礎是合適的。也許太合適了，所以我們在反封建的時候，要批判它，就覺得要多費一點功夫。好比一座房子，如果蓋得很堅固，拆的時候就覺得很費力。但不能由此得出結論說，蓋房子就不應該堅固，就只能蓋地震棚式的房子，以便隨時都可以拆掉。[64]

《新編》第三冊《緒論》及關於漢代的春秋公羊學的論述，基本上代表了馮友蘭80年代《新編》的寫作動機和寫作目的。他是在中國改革開放的形勢鼓舞下，以文化發展的目光，審視漢代哲學的特點，比60年代《新編》對漢代哲學的論述增加了許多新內容。所以馮友蘭在回憶《新編》七卷本的寫作時，認為第三冊，尤其《緒論》部分，

62　《中國哲學史新編》第三冊，第87頁。
63　《中國哲學史新編》第三冊，第88頁。
64　《中國哲學史新編》第三冊，第88頁。

乃是他的「得意之作」[65]。

10.6 「非常可怪」之論

《中國哲學史新編》寫到第六、第七冊時，馮友蘭已經是接近95歲的老人了。他在回顧《新編》第四冊的寫作過程時說：「中國有兩句成語：『胸有成竹』，『目無全牛』，《新編》以下三冊（指第五、六、七冊）雖然還沒有寫出來，但是我有這樣的感覺。當然許多想法還會在具體寫作時冒出來。」[66]這就是說，馮友蘭對《新編》後三冊的寫作是充滿信心，而且是胸有成竹的。這樣，儘管此時馮友蘭已年過90，但從宋代至現代的千餘年的中國哲學史，對於馮友蘭來說是瞭若指掌。「目無全牛」典出《莊子‧養生主》，是說技術熟練到只用心神去領會而不必用眼睛去觀看的程度。馮友蘭以「目無全牛」自比，說明他對《新編》後三冊，尤其對第六、第七兩冊內容的腹稿早已打定。因此，儘管年紀大，且目力衰退，也沒有能阻止馮友蘭對《新編》最後三冊的完成。正如馮友蘭自己所說：此時「我的目力衰退，不能看書，想要翻書找新材料已經是不可能了。查材料可以由別人幫助，找材料別人很難幫忙，因為有的材料是可遇而不可求的」[67]。從1986年到1990年的三年多的時間裡，馮友蘭就是這樣「以心治」，非以目治的辦法寫完了《新編》第五、六、七三冊，共五十餘萬字。他在回顧當時的狀態時，把自己比作一個反芻動物或一頭老

65　《〈中國哲學史新編〉回顧及其他》，原載《文化：中國與世界》（3），現收在《三松堂全集》第十三卷。
66　《〈中國哲學史新編〉回顧及其他》，《三松堂全集》第十三卷，第502頁。
67　《〈中國哲學史新編〉回顧及其他》，《三松堂全集》第十三卷，第502頁。

黃牛。他說：

> 我只能在已經掌握的材料中發現新問題，產生新理解。好像一個
> 反芻動物，把胃裡已有的食物再加咀嚼。不過在咀嚼中也能口吐白
> 沫，覺得津津有味。[68]

> 我好像一條老黃牛，懶洋洋地臥在那裡，把已經吃進胃裡的草
> 料，再吐出來，細嚼爛咽，不僅津津有味，簡直是「其味無窮」。既
> 然其味無窮，其樂也無窮了，古人所謂「樂道」，大概就是指此而言
> 吧。[69]

　　這兩條材料說明了一個問題，即馮友蘭在撰寫《新編》第六、第
七兩冊時，已經進入了較為「自由」的階段。這是因為他所用的材料
都是以前掌握的材料；而他所用的觀點和方法卻與以前不同，即他所
謂的「不依傍任何人」。也就是馮友蘭自粉碎「四人幫」以後，所總
結的歷史經驗和教訓，「決定在繼續寫《新編》的時候，只寫我自己
的現有的馬克思主義水準上所能見到的東西，直接寫我自己的現有的
馬克思主義水準上對於中國哲學和文化的理解和體會，不依傍別
人」[70]。這段話是馮友蘭在1980年重新修訂《新編》時說的。十年來
他重新修訂與撰寫《新編》，也確實是這樣做的。這就決定了《新編》
七卷本的最終完成，可以作為馮友蘭學術思想的晚年定論。他不可能
也沒有機會再推翻自己的觀點，因為這些觀點，「確是照我所見到的

68　《〈中國哲學史新編〉回顧及其他》，《三松堂全集》第十三卷，第502頁。
69　《〈中國哲學史新編〉回顧及其他》，《三松堂全集》第十三卷，第508頁。
70　《中國哲學史新編》第一冊（1980年版）「自序」。

寫的」[71]。這也即是馮友蘭所說的「發現新問題」、「產生新理解」，亦即他在後二冊寫作前所預測的那樣，「其中將有一些提法異乎尋常」[72]，這些異乎尋常的提法，在一般流俗的眼光看來，可能是一些「非常可怪之論」[73]，甚至是對馬克思主義的背離。但它確是「不依傍別人」所發現的新問題以及對這些新問題產生的新的理解。

新問題、新理解，或稱「非常可怪之論」，首先表現在對太平天國和洪秀全的評價。在中國歷史上，特別是在中國近代史上，洪秀全領導的太平天國，可謂是農民革命的楷模。毛澤東在其著作中，曾多次提到並給以充分的肯定。認為洪秀全領導的太平天國運動，同近代史上的義和團運動、辛亥革命等運動一樣，「都表現了中國人民不甘屈服於帝國主義及其走狗的頑強的反抗精神」[74]，因此洪秀全是中國近代史上摸索救國救民真理的先驅者，他同康有為、嚴復、孫中山等人一樣，都是「自從一八四〇年鴉片戰爭失敗那時起，先進的中國人民，經過千辛萬苦，向西方國家尋找真理」的代表性人物[75]。

馮友蘭在《新編》第六冊中，對洪秀全及其領導的太平天國運動卻作出了與上述毛澤東對洪秀全的評價完全相反的結論。馮友蘭認為，在一種社會大轉變的過程中，有兩種社會力量。一種社會力量是順著歷史發展的主流推動歷史前進；另一種社會力量則是違反社會發展的趨勢，把歷史拉向後退。因此評價歷史事件和歷史人物的最重要

71　《中國哲學史新編》第七冊《自序》，蘭燈文化事業有限公司，1991年12月版。
72　《〈中國哲學史新編〉回顧及其他》，《三松堂全集》第十三卷，第505頁。
73　《〈中國哲學史新編〉回顧及其他》，《三松堂全集》第十三卷，第505頁。
74　毛澤東：《中國革命和中國共產黨》。
75　毛澤東：《論人民民主專政》。

標準，是看它對中國歷史是推向前進還是拉向後退。那麼，中國近代歷史發展的主流是什麼呢？馮友蘭說：「在中國社會第二次大轉變的發展過程中，歷史的主流是近代化，其主要的內容是振興工業，提倡科學和技術，這是近代維新的主流。」[76]而洪秀全及其領導的太平天國運動，恰恰是與當時歷史發展的主流相違背的。馮友蘭在《新編》第六冊中，提出兩點論據來證明他的觀點。他認為，中國近代史上的維新運動有兩個基本課題：一個是反對封建主義；一個是向西方學習。而洪秀全對這兩個基本課題都沒有解決好。

就反對封建主義這一方面說，馮友蘭認為，中國封建主義的主要內容即是毛澤東所說的「四大繩索」或「四種權力」。「這四種權力——政權、族權、神權、夫權，代表了全部封建宗法的思想和制度，是束縛中國農民的四條極大的繩索。」[77]而洪秀全以上帝為「天父」，耶穌為「天兄」，他自己為「天王」，這是以全社會為一大宗族，「天父」是天上的族長，「天王」是地上的族長。「地上的族長自稱奉天上的族長的命令進行統治，這就把君權和族權統一起來了。」[78]政權和神權在太平天國那裡也是統一的，它自己所創立的一套神仙系統，同它的組織本身構成國家機器並進行統治。而「妻道有三從，無違爾夫主」的夫權觀念也以太平天國官方檔的形式頒發出來。由此馮友蘭得出結論說：「太平天國並沒有真正廢除封建主義的四大繩索，把老百姓解放出來，而是改頭換面，把封建主義的繩索集中在一個人的手中。天王是族長，是皇帝，又是教主，這樣的『三位一體』使天王更

76　《中國哲學史新編》第六冊，人民出版社，1989年版，第71頁。
77　毛澤東：《湖南農民運動考察報告》，《毛澤東選集》第四卷，第33頁。
78　《中國哲學史新編》第六冊，第62頁。

容易成為一個中央集權的專制主義的獨裁者。」[79]

　　就第二個基本課題—向西方學習來說，洪秀全更是與中國近代史的主流背道而馳。馮友蘭評論說：「初步看來，洪秀全和太平天國是主張向西方學習的，但所要學習的是西方的宗教，是西方中世紀的神權政治，這就與近代維新的總方向和中國近代史的主流背道而馳了。」[80]在馮友蘭看來，中國近代維新的總方向是工業化和科學技術，而洪秀全和太平天國的神權政治卻是要把中國中世紀化、宗教化。就此，馮友蘭對洪秀全和太平天國進行了嚴屬地批評，認為「洪秀全宣傳基督教，實行神權政治，這在客觀上和西方的侵略起了裡應外合的作用」[81]，由此，「洪秀全和太平天國的神權政治不是把中國歷史推向前進，而是拉向後退」[82]。由此馮友蘭進一步得出結論：

　　在近代向西方學習的過程中，對於什麼是西方的「長技」這個問題有不同的回答。1919年的五四運動把西方的「長技」歸結為兩個方面：民主與科學。學習西方和批判封建主義，必須從這兩個方面的觀點出發，批判才有正確的意義，學習才有正確的方向；如果不從這兩個方面出發，而從專制和宗教的觀點出發，那就不只是「以五十步笑百步」，而且簡直是以百步笑五十步了。那不僅沒有什麼意義，簡直是一個笑話了。[83]

79　《中國哲學史新編》第六冊，第63頁。
80　《中國哲學史新編》第六冊，第64頁。
81　《中國哲學史新編》第六冊，第71頁。
82　《中國哲學史新編》第六冊，第65頁。
83　《中國哲學史新編》第六冊，第64頁。

馮友蘭對洪秀全及太平天國的評價是《新編》第六冊最精彩的部分。這裡，我們且不論他的評價是對還是錯，因為在歷史領域，對洪秀全和太平天國的看法本身包含著許多複雜性，不是本文所能解決的。但僅就馮友蘭的觀點說，我們至少可以看到，他所普遍關心的問題，仍是中國的近代化問題。洪秀全向西方學習，學來的不是工業化和科學技術，而是西方的宗教。西方的宗教同專制主義一樣，不但不能把中國引向前進，反而會把中國拉向倒退。在中國向西方學習的過程中，這是一個最大的歷史教訓。馮友蘭對洪秀全及太平天國的這種評價，是中國近代史研究中極少見的，同時它又涉及對曾國藩的評價。馮友蘭說：「這個評價把洪秀全和太平天國貶低了，其自然的結果是把它的對立面曾國藩抬高了。曾國藩是不是把中國推向前進是可以討論的，但他確實阻止了中國的倒退，這就是一個大貢獻。」[84]這種對曾國藩的評價也是中國近代史研究中少見的。

洪秀全領導的農民起義及其所建立的太平天國，之所以在中國近代史上沒有起到歷史進步作用，其中一個重要原因是農民階級不代表新的生產力。「因為農民不代表新的生產力，所以只好在舊的生產關係中打圈子。在起義勝利以後，他會想到用選舉的辦法選舉總統嗎？這是不可能的。他只好另立一個皇帝，這個皇帝只好由他們自己的領袖擔任，這是勢所必至。」[85]馮友蘭認為，在中國近現代歷史上，農民問題始終是一個大問題。這一點，在《新編》第七冊中，又有許多新的闡發和新的議論。馮友蘭認為，在中國新民主主義革命階段，有

84　《中國哲學史新編》第六冊《自序》。
85　《中國哲學史新編》第六冊《自序》，第70頁。

兩個大問題值得注意。一個是同盟軍問題，即無產階級領導的新民主主義革命選擇了農民作為同盟軍，這是因為「無產階級和農民都處在舊社會中的最下層」，因此這兩個階級是天然的盟友。馮友蘭認為，毛澤東對中國革命的一大貢獻，是提出和制定了工農聯盟、農村包圍城市的理論和政策，使黨的組織下鄉，找到了天然同盟軍，結成了工農聯盟。但「農民本來不代表新的生產關係，這樣也跟著共產黨代表新的生產關係了」[86]。馮友蘭認為，工農聯盟的結果，使共產黨如虎添翼，最後終於取得了政權，建立了新中國。但由於農民不代表新的生產關係，因此也就為後來的革命進程帶來了迂迴與曲折。馮友蘭認為，1958年出現的人民公社和「共產風」，即是迂迴曲折的具體表現。馮友蘭說：「被毛澤東稱為『一大二公』的人民公社，是否代表一種新的生產關係？不見得。在刮『共產風』的時候，農民不僅是公社社員，也還是他們原來家庭中的成員，仍處於他們原有家庭的組織中。每個社員，在公社勞動所得工分，並不歸個人所有。他們回家後還要如數交給家長，由家長支配。從這一方面看，人民公社倒像一個封建大家庭。這是因為在封建社會中，農民附著於土地，依靠自然經濟生活，人民公社就是在這種基礎上建立起來的，它並沒有改變自然經濟，所以還不能超出封建經濟形態的範圍。」[87]

　　除了同盟軍問題外，再一個大的問題是新民主主義革命的性質問題。馮友蘭認為，毛澤東的《新民主主義論》及1949年政治協商會議通過的《共同綱領》，都確定了新民主主義革命時期政治、經濟、文

86　《中國哲學史新編》第七冊，蘭燈文化事業股份有限公司，1991年12月版，第8頁。
87　《中國哲學史新編》第七冊，第137頁。

化等各方面的政策。其中，新民主主義的經濟制度，包括五種經濟同時並存。作為一種制度，究竟要保持多長時期？「毛澤東在《新民主主義論》中說，有一個相當長的時期」[88]；「劉少奇說至少五十年」[89]。「實際上是不到五年就變了。1954年全國人民代表大會制定了《中華人民共和國憲法》，這就正式取消了《共同綱領》的法律效力。」[90]同時亦宣佈了革命性質的轉變，即由新民主主義革命轉變到社會主義革命，毛澤東亦由此走上了「左」的道路，一直到文化大革命，極左思想達到頂點，給中國革命和建設帶來極大損害。馮友蘭認為，不從中國當時的革命任務出發，而從他們所認為的革命性質出發，這就是超階段的革命。「使中國從半封建半殖民地的社會，直接進入社會主義的社會，就是超階段的革命。所超的是什麼階段呢？這一點，在中國共產黨的領導階層中，經過幾十年的實踐，到最近才說清楚。最近黨的領導人說：能超過的，是資本主義制度；不能超過的，是商品經濟。因為商品經濟這一階段不能超過，所以，想使中國這個半封建半殖民地的社會進入社會主義，必須經過新民主主義的階段，這就是現在說的社會主義初級階段。這個階段，從民主主義的觀點看，就稱為『新民主主義』；從社會主義的觀點看，就稱為『社會主義初級階段』。其理論內容和實際措施是一致的，其總方向是要建設一個沒有資本主義制度、沒有資本家的商品經濟。這是一個偉大的試驗。如果成功，那就是具有中國特色的社會主義了。」[91]

---

88 《中國哲學史新編》第七冊，第133頁。
89 《中國哲學史新編》第七冊，第133頁。
90 《中國哲學史新編》第七冊，第133頁。
91 《中國哲學史新編》第七冊，第139頁。

此外，馮友蘭在《新編》第七冊中，還對中國舊民主主義革命、辛亥革命、社會主義革命等歷史階段作了具體分析和評價，提出了地主階級當權派與不當權派的官紳轉化論、民族資產階級與地主階級紳權聯盟論，以及毛澤東思想發展的「三階段論」等等。這些觀點都是在馮友蘭獨立思考下提出的新觀點，他認為這些觀點，對於整個《中國哲學史新編》來說，具有「畫龍點睛」的作用。他希望這些觀點能夠被理解，而不致被視為「非常可怪之論」。

10.7　向傳統文化的復歸

上一節中，我們已經引用了《中國哲學史新編》第七冊的內容，然而《新編》第七冊的出版卻有一番曲折的過程。這個曲折過程，在馮友蘭撰寫此卷《自序》時已經完全預見到了。他在《新編》第七卷《自序》中說：

在寫第八十一章的時候，我確是照我所見到的寫的。並且對朋友們說：「如果有人不以為然，因之不能出版，吾其為王船山矣。」船山在深山中著書達數百卷，沒有人為他出版；幾百年以後，終於出版了，此所謂「文章自有命，不仗史筆垂」。

這個《自序》是1990年7月馮友蘭在完成最後一卷《新編》時寫下的。被馮友蘭不幸而言中的是，此卷《新編》未能出版，其中原因雖至今未得明確，但大家的猜測正是前節所述，乃由於書中的「非常可怪之論」吧！

《新編》第七冊未能在大陸出版，卻在臺灣出版了。1991年12月，在馮友蘭去世一年以後，此卷《新編》才與讀者見面。至此，作為馮友蘭一生的最後一部著作—《中國哲學史新編》最終全部完成。從1960年馮友蘭開始撰寫《新編》起，到1990年《新編》最後一卷的完成，前後長達近三十年。作為馮友蘭學術思想晚年定論的這部《新編》，從其全部內容看，已超出了單純的哲學史的範圍。尤其《新編》第七冊，在寫作之前馮友蘭自己便有一個說法，他說：

　　《新編》的第七冊，從形式上看，與一般的哲學史書稍有不同，它將不是以派別為綱，而是以問題為綱。它將討論的問題也就是建設有中國特色的社會主義的過程中所遇到的問題。以前六冊所講的那些來龍去脈，都要在這裡結束，一切線索，都要在這裡歸宗。譬如畫一條龍，先畫出來的東鱗西爪，後來把它聯繫起來，最後給它點上一對眼睛，畫龍點睛之後，就有一條龍活靈活現地出現在紙上了。中國哲學就好像一條龍，《新編》就是要畫這條龍，前六冊是「東鱗西爪」，第七冊是「畫龍點睛」。92

　　細讀《新編》第七冊，作為對全部《新編》的「畫龍點睛」，其最後說明或其重點在最後一章。而其全書的最終歸宿，則在於向傳統文化的複歸。全部《新編》共分八十一章（與《老子》五千言分八十一章暗合），其最後一章的題目也是緊扣主題，稱為《〈中國哲學史新編〉總結》。既然是總結，就可以代表《新編》的全部觀點，

92　《〈中國哲學史新編〉回顧及其他》，《三松堂全集》第十三卷，第504—505頁。

而且是經過特別提煉而成的觀點。馮友蘭自己說，他對《新編》的總結主要分兩個部分：一個部分是，從中國哲學史的傳統看哲學的性質及其作用；再一個部分是，從中國哲學的傳統看世界哲學的未來。

關於哲學的性質及其作用，馮友蘭恢復了40年代的說法，認為哲學是「對於人生的，有系統的，反思的思想」[93]。在80年代初，馮友蘭重新修訂和撰寫《新編》時，又進一步發揮了40年代的說法，更加明確地提出「哲學是人類精神的反思」[94]。由於強調哲學是人類精神的反思，因此哲學的作用，「並不在於增加人對於實際積極的知識」，它的功用，「只在於提高人的境界」[95]。對此，馮友蘭在《新編》第七冊的最後一章裡作了詳細的論證和說明。這些論證和說明充分體現了馮友蘭晚年向傳統文化或儒家思想複歸的傾向。在他看來，哲學的功用是提高人的精神境界，而他在《新原人》中所說的四種境界之一的最高境界，是「自同於大全」的天地境界。馮友蘭認為，在中國哲學史中，能達到「自同於大全」的最高境界的人，多屬儒家。他以張載為例，認為張載的「大其心，則能體天下之物」即是「自同於大全」。尤其是張載的《西銘》，從乾坤父母說到「民胞物與」，說的都是「大其心」，而「大其心」的最高成就，就是「自同於大全」[96]。馮友蘭認為，宋儒周敦頤教二程「尋孔顏樂處」，孟子「反身而誠，樂莫大焉」等，指的都是「自同於大全」的精神境界。就其具體內容說，「仁」即儒家所說的最高境界的名稱。他說：

93　《新知言‧緒論》，《三松堂全集》第五卷，第165頁。
94　《中國哲學史新編》第一冊，1980年修訂本《全書緒論》，《三松堂全集》第八卷，第9頁。
95　《新知言‧緒論》，《三松堂全集》第五卷，第167頁。
96　《中國哲學史新編》第七冊，第199頁。

在中國文字中，「仁」、「人」兩個字可以互訓。《中庸》說：「仁者，人也。」「仁」是儒家所說的人的最高精神境界，也是人之所以為人的最高標準。「仁學」也可以稱為「人學」。[97]

在馮友蘭看來，儒家所謂的「仁」，不僅是人的最高精神境界，同時也是「人之所以為人」的最高標準。而儒家所謂的「聖人」，即是最合於「人之所以為人」的標準的人。因為這種聖人，最合於「仁」的標準，故可「廓然大公」。所以儒家認為，聖人最宜於做社會最高統治者。馮友蘭對儒家規定的理想人格一直是嚮往的。他認為，努力追求與實現這種理想人格，乃是中國哲學的精神。他說：

柏拉圖認為，在他的理想社會中，最合適的統治者是哲學家，即把哲學與政治實踐結合起來的所謂「哲學王」。儒家也認為，有聖人之德者，才宜於居最高統治者之位，這就是所謂「聖王」。《莊子・天下篇》認為，最高的學問是「內聖外王之道」，用我們現在的話說，就是哲學。[98]

「內聖外王之道」就是哲學，這既是馮友蘭對哲學的理解，也是對儒家傳統理想人格的認同，同時也反映了馮友蘭對理想政治的追求，反映了他向40年代自己思想的複歸。他在40年代的《新原道》中就提出了這樣的思想，認為：「聖人的人格是所謂內聖外王的人格。內聖是就其修養的成就說，外王是就其在社會上的功用說。聖人不一

97　《中國哲學史新編》第七冊，第202頁。
98　《中國哲學史新編》第七冊，第204頁。

定有機會為實際的政治的領袖。就實際的政治說，他大概一定是沒有機會的。」[99]因為在中國傳統社會中，「內聖」與「外王」常常是被分裂的，尤其是「在中國封建社會裡，封建統治者利用這個傳統的說法欺騙人民。照他們的解釋，不是聖人最宜於為王，而是為王者必定是聖人。所以在中國封建社會中，有關統治者的事都稱為『聖』。皇帝的名字稱為『聖諱』，皇帝的命令稱為『聖旨』，甚至於皇帝的身體也稱為『聖躬』」[100]。封建統治者利用「外王」的權力，把自己打扮成「內聖」，這就從根本上玷污了儒家的「內聖外王」的崇高理想。在馮友蘭看來，這種把「內聖」與「外王」分裂開的行為，在中國歷史上正是儒家所批判的「霸道」政治。他引用孟子的話說：

在中國哲學史中，從孟子起，就把政治分為兩種：一種名為「王」，一種名為「霸」。王者「以德服人」，霸者「以力服人」。中國的歷代王朝都是用武力征服來建立和維護其統治的，這些都是霸。至於以德服人的，則還沒有。[101]

王霸之辨是中國哲學史上長期爭論的問題，它反映了中國歷史上不同流派的思想家對不同的政治理想的追求。按著儒家的看法，「以德服人」和「以力服人」正是王霸的主要分野。「以德服人」就需要統治者在道德上做百姓的表率，這是《論語》、《孟子》以至《大學》、《中庸》十分強調的原則。因此它成為儒家的思想傳統，而「內

99　《新原道・緒論》，《三松堂全集》第五卷，第8頁。
100　《中國哲學史新編》第七冊，第204頁。
101　《中國哲學史新編》第七冊，第205頁。

聖外王之道」便成為儒家的最高道德理想。馮友蘭從40年代的「貞元六書」起，一直懷抱著儒家的這種理想，但到了1949年以後，由於各種原因，他不得不暫時放棄這種提法。一直到80年代，他又重提「內聖外王之道」，反映了他向傳統文化的複歸。

在《新編》中，反映馮友蘭向傳統文化複歸的再一個表現，是他對中國哲學和馬克思主義哲學中辯證法的重新理解。如果說，「內聖外王」是儒家哲學或中國傳統文化所推崇的理想人格或最高精神境界的話，那麼如何實現這一理想人格？中國傳統哲學亦有自己的一套理論方法。馮友蘭對此作了詳細的說明。他說：

客觀的辯證法只有一個，但人們對於客觀辯證法的認識，可以因條件的不同而有差別。照馬克思主義的辯證法思想，矛盾鬥爭是絕對的，無條件的；「統一」是相對的，有條件的。這是把矛盾鬥爭放在第一位。中國古典哲學沒有這樣說，而是把統一放在第一位。理論上的這點差別，在實踐上有重大的意義。[102]

馮友蘭認為，中國傳統哲學與馬克思主義哲學對客觀辯證法的認識存在很大差異。一個是把矛盾鬥爭放在第一位，一個是把矛盾統一放在第一位。把矛盾鬥爭放在第一位，在實踐中勢必強調鬥爭，如毛澤東所強調的「共產黨的哲學就是鬥爭的哲學」之類。把矛盾統一放在第一位，在實踐中就強調「和」。馮友蘭舉中國哲學史上的張載為例：「在中國古典哲學中，張載把辯證法的規律歸納為四句話：『有

---

[102] 《中國哲學史新編》第七冊，第206—207頁。

象斯有對，對必反其為；有反斯有仇，仇必和而解。」（《正蒙・太和篇》）」[103]馮友蘭認為，張載這四句話中的前三句，與馬克思主義辯證法是相同的，「但第四句馬克思主義就不會這樣說了」[104]，因為馬克思主義的辯證法強調鬥爭，而張載強調的卻與之相反，強調「仇必和而解」。馬克思主義不會這樣說，它會怎樣說呢？馮友蘭認為：「我還沒有看到現成的話可以引用。照我的推測，它可能會說：『仇必仇到底。』」[105]

　　一個主張「仇必和而解」，一個主張「仇必仇到底」，這即是中國傳統哲學與馬克思主義哲學的一個重要區別。就理論層面來說，「仇必和而解」的思想，是要維持兩個對立面所處的那個統一體；就社會實踐方面說，張載的思想正是要維持中國封建社會那個統一體。而「仇必仇到底」的思想，則是要破壞兩個對立面所處的那個統一體，即徹底打破舊世界，建立新世界。這正體現了革命的本質。「毛澤東是革命家，他所組織和領導的中國共產黨是革命的政黨，毛澤東思想也當然要主張『仇必仇到底』。毛澤東常說：『將革命進行到底』，就是這個意思。」[106]這裡，馮友蘭充分肯定了毛澤東領導中國人民推翻舊世界的鬥爭。但建立新政權後，是不是還用鬥爭的方法去維持這個政權？馮友蘭認為：「問題在於什麼叫『到底』？『底』在哪裡？」[107]「任何革命都是要破壞兩個對立面所共處的那個統一體。那個統一體破壞了，兩個對立面就同歸於盡，這就是『底』。革命到

103　《中國哲學史新編》第七冊，第207頁。
104　《中國哲學史新編》第七冊，第207頁。
105　《中國哲學史新編》第七冊，第207頁。
106　《中國哲學史新編》第七冊，第207頁。
107　《中國哲學史新編》第七冊，第207頁。

這個程度就『到底』了。」[108]就一個社會說，這就完成了它的總發展中的一個段落或一個階段。無論任何事物，它的發展總是分為若干階段，在每一階段上，矛盾的對立統一都有不同的表現。因此，馮友蘭總結說：

一個革命「到底」了，作為這個革命對象的那個統一體被破壞了，共處於這個統一體中的兩個對立面同歸於盡了，可是這個社會仍然存在，不過它要從一個統一體轉入到另一統一體。社會轉變了，作為原來統一體的兩個對立面的人仍然存在，人還是那些人，不過他們轉化了。革命家和革命政黨，原來反抗當時的統治者，現在轉化為統治者了。作為新的統治者，他們的任務就不是要破壞什麼統一體，而是要維護這個新的統一體，使之更加鞏固，更加發展。這樣，就從「仇必仇到底」的路線轉到「仇必和而解」的路線。這是一個大轉彎。在任何一個社會的大轉變時期，都有這麼一個大轉彎。[109]

很顯然，這是對「君以馬上取天下，能以馬上治之乎？」在理論上的回答。這也是馮友蘭在對中國傳統哲學的辯證法思想作了深入研究後所得出的結論。馮友蘭認為，張載對於辯證法所作的概括，代表了中國古典哲學的智慧。他認為「仇必和而解」的「和」，並不是沒有矛盾鬥爭，恰恰相反，它是充滿矛盾鬥爭的。他引徵張載在《正蒙》中的話說：「太和所謂道，中涵浮沉、升降、動靜、相感之性，

108　《中國哲學史新編》第七冊，第207頁。
109　《中國哲學史新編》第七冊，第208頁。

是緼、相盪、勝負、屈伸之始。」[110]馮友蘭認為，張載所謂「浮沉、升降、動靜、相感之性」就是矛盾；所謂「緼、相盪、勝負、屈伸」就是鬥爭。但這種矛盾與鬥爭是通過「和」來表現的，這正是中國傳統哲學的特點。馮友蘭認為，中國傳統哲學追求一種「和」的境界，反映了客觀辯證法的內容。因為「在中國古典哲學中，『和』與『同』不一樣。『同』不能容『異』；『和』不但能容『異』，而且必須有『異』，才能稱其為『和』」[111]。馮友蘭舉例說：

　　譬如一道好菜，必須把許多不同的味道調和起來，成為一種統一的、新的味道；一首好樂章，必須把許多不同的聲音綜合起來，成為一個新的統一體。只有一種味道、一個聲音，那是「同」；各種味道，不同聲音，配合起來，那是「和」。[112]

　　「和」、「同」既然有這樣的本質差別，因此追求「和」還是追求「同」，也就體現了辯證法和形而上學的差別。由於強調鬥爭的絕對性，在現實社會生活中，往往導致或者走上一條追求「同」的道路，不允許不同的聲音、不同意見的存在，這樣也就扼殺了事物的發展。由此馮友蘭進一步得出結論說：「『仇必和而解』是客觀的辯證法。不管人們的意願如何，現代的社會，特別是國際社會，是照著這個客觀辯證法發展的。」[113]照馮友蘭看來，第一次世界大戰結束後出現的國際聯盟，第二次世界大戰以後出現的聯合國等國際組織，都是「仇

110　《中國哲學史新編》第七冊，第208頁。引張載《正蒙‧太和篇》。
111　《中國哲學史新編》第七冊，第208頁。
112　《中國哲學史新編》第七冊，第209頁。
113　《中國哲學史新編》第七冊，第209頁。

必和而解」這一客觀辯證法在現代歷史中的表現。根據這一考察，馮友蘭斷言，中國哲學的傳統和世界哲學的未來都必定是「仇必和而解」的。他說：

現代歷史是向著「仇必和而解」這個方向發展的，但歷史發展過程是曲折的，所需要的時間，必須以世紀計算。聯合國可能失敗。如果它失敗了，必將還有那樣的國際組織跟著出來。人是最聰明、最有理性的動物，不會永遠走「仇必仇到底」那樣的道路。這就是中國哲學的傳統和世界哲學的未來。[114]

馮友蘭以上述這段話作為最後的結論結束了《新編》第七冊的寫作，從而也使這一意味深長的結論成為全部《新編》向傳統哲學和傳統文化複歸的晚年定論。

114　《中國哲學史新編》第七冊，第210頁。

■ 附錄一　馮友蘭學術行年簡譜

1895年

　　12月4日（農曆乙未年十月十六日）生於河南省唐河縣祁儀鎮。

1901年

　　始入家塾讀書。

1910年

　　考入唐河縣立高等小學預科。

1911年

　　考入開封中州公學。

1912年

　　夏，轉入武昌中華學校。冬，考入上海中國公學。

1915年

　　夏，中國公學預科結業，考入北京大學法科。入學後轉入文科中國哲學門。

1918年

　　夏，畢業於北京大學。在開封與任載坤結婚。秋，任教於河南第一工業學校。

1919年

　　秋，考取公費留學，12月抵紐約。

1920年

　　1月，入哥倫比亞大學研究院攻讀哲學博士學位。

1921年

　　在《新潮》雜誌發表《柏格森的哲學方法》、《與印度泰戈爾談話（東西文明之比較）》等文。

1922年

發表《許柏格森的〈心力〉》（《新潮》3卷2期）、《為什麼中國沒有科學—對中國哲學的歷史及其後果的一種解釋》（《國際倫理學雜誌》32卷3號）、《論「比較中西」（為談中西文化及民族論者進一解）》（《學藝》3卷10期）、《梁漱溟的〈東西文化及其哲學〉》（哥倫比亞大學《哲學雜誌》19期）等文章。

1923年

夏，通過博士論文答辯，畢業，返國，任河南中州大學教授兼哲學系主任、文科主任。

1924年

畢業論文英文本《天人損益論》改名《人生理想之比較研究》由商務印書館在上海出版。10月，《一種人生觀》由商務印書館出版。獲哥大研究院哲學博士學位。

1925年

9月，任廣州中山大學哲學系教授兼主任。

1926年

任燕京大學哲學系教授、燕大研究所導師兼北京大學講師。《人生理想之比較研究》與《一種人生觀》合併為《人生哲學》一書，由商務印書館出版。

1927年

在燕京大學講授中國哲學史。發表《名教的分析》、《中國之社會倫理》、《泛論中國哲學》、《孔子在中國歷史之地位》等文章。

1928年

任清華大學教授兼秘書長，同時在燕大、北大兼課。

1929年

辭清華秘書長職，任清華哲學系主任。

1930年

6月起，代理清華文學院長職。7月起，代理清華校務會議主席，主持學校日常工作。

1931年

《中國哲學史》上卷由上海神州國光社出版。辭去代理清華校務委員會主席及代理文學院院長職。7月起正式任清華文學院院長。

1933年

10月，啟程赴英國講學。

1934年

6月，離開英國，先後遊歷法國、瑞士、德國、奧地利、蘇聯，赴捷克參加第八屆國際哲學會議。10月，歸國。《中國哲學史》上下卷由商務印書館在上海出版。

1935年

發表《中國近代研究史學之新趨勢》、《秦漢歷史哲學》等二十餘篇文章。

1937年

隨清華南遷長沙，任長沙臨時大學教授兼哲學心理教育學系教授會主席。發表《哲學與邏輯》、《論民族哲學》等文章。

1938年

由長沙往昆明，任西南聯合大學文學院院長。

1939年

《新理學》由商務印書館在長沙出版。擬西南聯大校歌歌詞。

1940年

《新事論》由商務印書館出版。《新世訓》由上海開明書店出版。

1942年

應聘為部聘教授。發表《論人生的意義》、《論人生境界》等二十餘篇文章。

1943年

《新原人》由商務印書館在重慶出版。

1945年

《新原道》由商務印書館在重慶出版。

1946年

5月初聯大結束，撰寫《國立西南聯合大學紀念碑碑文》。夏，返北平。秋，赴美，任賓夕法尼亞大學客座教授，講中國哲學史。《新知言》由商務印書館在上海出版。

1947年

4月，獲普林斯頓大學名譽文學博士學位。秋、冬任夏威夷大學客座教授，講授中國哲學史。

1948年

3月，回國抵北平。9月，當選為中央研究院院士。12月，任清華校務會議臨時主席。《南渡集》編成。英文《中國哲學簡史》（A Short History of Chinese Philosophy）由美國麥克米倫公司出版。

1949年

解放軍接管清華，任清華校務委員會委員。9月，辭去哲學系主任、文學院院長、校委會委員等職。冬，參加北京郊區土改。

1950年

8月，哲學界開始批判新理學。10月，馮友蘭開始自我批判。

1951年

9月起參加中國文化代表團訪問印度、緬甸。獲得德里大學名譽文學博士學位。

1952年

1月，訪印歸國。參加「三反」運動。全國高校院系調整，調任北京大學哲學系教授，兼中國哲學史教研室主任。

1955年

6月，中國科學院成立，被聘為哲學和社會科學學部委員。11月，哲學所成立，受聘為兼職研究員、中國哲學史組組長。

1956年

9月，赴日內瓦出席「國際會晤」第11次大會，以觀察員身份經威尼斯列席歐洲文化協會會員大會。11月，參加中國佛教代表團訪印度。12月歸國。

1957年

在《光明日報》發表《關於中國哲學遺產底繼承問題》。7月，出席國際哲學研究所華沙會議。

1958年

《中國哲學史論文集》由上海人民出版社出版。

1959年

《四十年的回顧》由科學出版社出版。

1962年

《中國哲學史論文二集》由上海人民出版社出版。《中國哲學史史料

學初稿》由上海人民出版社出版。《中國哲學史新編》第一冊由人民出版社出版。

1964年

《中國哲學史新編》第二冊由人民出版社出版。

1975年

《論孔丘》由人民出版社出版。

1982年

7月，赴夏威夷參加國際朱熹學術會議。9月，赴紐約，接受哥倫比亞大學名譽文學博士學位。《中國哲學史新編》修訂本第一冊由人民出版社出版。

1984年

《中國哲學史新編》修訂本第二冊由人民出版社出版。《三松堂學術文集》由北京大學出版社出版。《三松堂自序》由三聯書店出版。

1985年

《中國哲學簡史》（涂又光中譯）由北京大學出版社出版。《中國哲學史新編》修訂本第三冊由人民出版社出版。《三松堂全集》第一卷由河南人民出版社出版。

1986年

《三松堂全集》四、五卷由河南人民出版社出版。《中國哲學史新編》第四冊由人民出版社出版。

1988年

《三松堂全集》第二卷由河南人民出版社出版。《中國哲學史新編》第五冊由人民出版社出版。《馮友蘭學術精華錄》由北京師院出版社出版。

1989年

《中國哲學史新編》第六冊由人民出版社出版。《三松堂全集》第三、六、七卷由河南人民出版社出版。

1990年

《中國哲學史新編》第七冊交人民出版社（後由臺灣蘭燈出版公司出版），至此《新編》全書告成。11月26日與世長辭，享年95歲。

■ 附錄二　參考文獻

（一）馮友蘭著作要錄

《一種人生觀》，上海商務印書館，1924年10月。

《人生哲學》，商務印書館，1926年4月。

《中國哲學史》（上卷），上海神州國光社，1931年2月。

《中國哲學小史》，上海商務印書館，1933年12月。

《中國哲學史》，上海商務印書館，1934年8月。

《中國哲學史補》，上海商務印書館，1936年11月。

《新理學》，長沙商務印書館，1939年5月。

《新事論》（又名：《中國自由之路》），上海商務印書館，1940年5月。

《新世訓》，上海開明書店，1940年7月。

《新原人》，重慶商務印書館，1943年12月。

《新原道》（又名：《中國哲學之精神》），重慶商務印書館，1945年4月。

《新知言》，上海商務印書館，1946年12月。

《中國哲學史論文集》，上海人民出版社，1958年1月。

《中國哲學史論文二集》，上海人民出版社，1962年6月。

《南渡集》（《資產階級學術思想批判參考資料》），科學出版社，1959年。

《四十年的回顧》，科學出版社，1959年5月。

《中國哲學史新編》（第一、二冊），人民出版社，1962年9月第一版；1964年9月第一冊第2版（修訂本）。

《中國哲學史史料學初稿》，上海人民出版社，1962年12月。

《論孔丘》，人民出版社，1975年9月。

《中國哲學史新編》（第一冊）（1980年修訂本），人民出版社，1982年1月。

《中國哲學史新編》（第二冊）（1983年修訂本），人民出版社，1984年10月。

《中國哲學史新編》（第三冊）（1984年修訂本），人民出版社，1985年3月。

《三松堂自序》，北京三聯書店，1984年12月。

《三松堂學術文集》，北京大學出版社，1984年12月。

《三松堂全集》（第一卷），河南人民出版社，1985年9月。

《三松堂全集》（第四卷），河南人民出版社，1986年8月。

《三松堂全集》（第五卷），河南人民出版社，1986年9月。

《中國哲學史新編》（第四冊），人民出版社，1986年9月。

《中國哲學史新編》（第五冊），人民出版社，1988年1月。

《三松堂全集》（第二卷），河南人民出版社，1988年5月。

《中國哲學史新編》（第六冊），人民出版社，1989年1月。

《三松堂全集》（第三卷），河南人民出版社，1989年7月。

《三松堂全集》（第六卷），河南人民出版社，1989年10月。

《三松堂全集》（第七卷），河南人民出版社，1989年11月。

《三松堂全集》（第八卷），河南人民出版社，1991年6月。

《三松堂全集》（第九卷），河南人民出版社，1991年7月。

《中國哲學史新編》（第七冊），蘭燈文化事業股份有限公司，1991年12月。

《三松堂全集》（第十一卷），河南人民出版社，1992年6月。

《三松堂全集》（第十二卷），河南人民出版社，1992年10月。

《三松堂全集》（第十三卷），河南人民出版社，1994年1月。

《三松堂全集》（第十四卷），河南人民出版社，1994年9月。

（二）研究文獻要目

中國人民大學哲學系編：《馮友蘭哲學思想批判》，中國人民大學出版社，1958年。

王鑒平：《馮友蘭哲學思想研究》，四川人民出版社，1988年。

《馮友蘭學術精華錄》，北京師院出版社，1988年。

田文軍：《馮友蘭新理學研究》，武漢出版社，1990年。

殷鼎：《馮友蘭》，臺灣東大圖書公司，1991年。

李中華編：《馮友蘭先生紀念文集》，北京大學出版社，1993年。

陳來編：《馮友蘭語萃》，華夏出版社，1993年。

程偉禮：《馮友蘭傳》，上海文藝出版社，1994年。

蔡仲德：《馮友蘭先生年譜初編》，河南人民出版社，1994年。

王中江、高秀昌編：《馮友蘭學記》，北京三聯書店，1995年。

馮鐘璞、蔡仲德編：《馮友蘭先生百年誕辰紀念文集》，清華大學出版社，1995年。

李中華編：《馮友蘭學術文化隨筆》，中國青年出版社，1996年。

後　記

　　一本書完成之後，總要寫一篇書跋或後記之類的文字，以述作書原委，以明作者心跡。這也是中國學人自古以來留下的一個傳統。本人亦不能例外。

　　談起作書原委，首先使我想到《國學大師叢書》的設計者兼此套叢書的責任編輯錢宏先生。在我以往的經驗和接觸中，還未遇到過像錢宏先生這樣對事業孜孜以求者。從他向我約稿的那一天起，便以不尋常的責任心和完成此套叢書的使命感，不斷「跟蹤」我的寫作。當他發現我因雜務而有影響寫作進程之嫌時，又不斷監督並催促我要按時交稿，並毫不留情面。可以說，如果沒有錢宏先生的督促，此稿很有可能中途輟筆。如今即使交了稿，因本人不會科學地料理時間，故對此稿一拖再拖，以至成為此套叢書的最後交稿者。在此謹向錢宏先生表示歉意。此歉意中所飽含的除內疚之外，更多的則是對錢宏先生的敬意和謝意。

　　此外，在此書撰寫過程中，還得到許多師友的指點和幫助。本來，此書曾約與我的朋友王守常先生共同撰寫，無奈他因太忙而無暇顧此。但他還是同我共同商討了許多問題，提出了許多可貴的建議並共同擬定提綱。因此，此書的完成，實有守常先生之功。

在此尤其要感謝提要的英譯者、北京大學英語系副主任劉意青女士。此書在交稿之時，正值北大放暑假，幾位英文較好的朋友又都不在北京。劉意青教授剛從延安大學助教回京，便提供了及時的幫助，使我當天即得到譯文，真可謂「雪中送炭」。

　　現在，《馮友蘭評傳》總算交稿了。照常理，當一本書完成之後，作者會有一種輕鬆的感覺。但對我卻不是。這「不是」的原因有多種。其中最大的原因，乃在於傳主的曲折而豐富的人生閱歷、渾厚而深邃的哲學體系，實非一本小小的評傳所能「勾玄探賾」的。馮友蘭先生是中國現代學術史上的一位大家。在他生前，我雖有幸親聆其教誨，但自知不敏，故常抱「非曰能之，願學焉」之心態，向先生問學。今年恰逢馮先生逝世五周年、誕生一百周年。現在擺在讀者面前的這本小書，應該說是對這位已故哲學家的最深沉、最永久的紀念。

　　但我也深知，這本《評傳》對於我，只能意味著研究的開始。因此，本人誠懇希望海內外學人對此書中的觀點給以批評指正。此即「作者心跡」之謂。

作者謹識1995年7月18日

昌明文庫·悅讀人物 A0603033

馮友蘭評傳

作　者	李中華	
版權策畫	李　鋒	
發行人	陳滿銘	
總經理	梁錦興	
總編輯	陳滿銘	
副總編輯	張晏瑞	
編輯所	萬卷樓圖書股份有限公司	
排　版	菩薩蠻數位文化有限公司	
印　刷	維中科技有限公司	
封面設計	菩薩蠻數位文化有限公司	

出　版　昌明文化有限公司

桃園市龜山區中原街 32 號

電話　(02)23216565

發　行　萬卷樓圖書股份有限公司

臺北市羅斯福路二段 41 號 6 樓之 3

電話　(02)23216565

傳真　(02)23218698

電郵　SERVICE@WANJUAN.COM.TW

大陸經銷

廈門外圖臺灣書店有限公司

　電郵　JKB188@188.COM

ISBN 978-986-496-131-3

2018 年 1 月初版

定價：新臺幣 520 元

如何購買本書：

1. 劃撥購書，請透過以下郵政劃撥帳號：

　帳號：15624015

　戶名：萬卷樓圖書股份有限公司

2. 轉帳購書，請透過以下帳戶

　合作金庫銀行　古亭分行

　戶名：萬卷樓圖書股份有限公司

　帳號：0877717092596

3. 網路購書，請透過萬卷樓網站

　網址 WWW.WANJUAN.COM.TW

大量購書，請直接聯繫我們，將有專人為您

服務。客服：(02)23216565 分機 610

如有缺頁、破損或裝訂錯誤，請寄回更換

國家圖書館出版品預行編目資料

馮友蘭評傳 / 李中華作. -- 初版. -- 桃園市：

昌明文化出版；臺北市：萬卷樓發行,

2018.01

　面；　公分. -- (昌明文庫. 悅讀人物)

ISBN 978-986-496-131-3(平裝)

1.馮友蘭　2.傳記

782.886　　　　　　　　　　107001502

本著作物經廈門墨客知識產權代理有限公司代理，由百花洲文藝出版社授權萬卷樓圖
書股份有限公司出版、發行中文繁體字版版權。